80년대
고대 학생운동사

80년대
고대 학생운동사

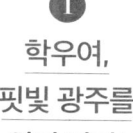

학우여,
핏빛 광주를
잊지 말자!

홍기원 지음
고려대학교 민주동우회 기획

어나더북스

40여 년 세월의 격을 넘어
이 책을 인간에 대한 사랑과 존엄 그리고 민주주의를 위해
헌신했던 분들에게 바칩니다.

책을 펴내며

우리는 왜 오늘의 시선으로
80년대 학생운동사를 소환하는가?

**우리가 강해져야
동지들을 지킬 수 있다**

1980년 10월 17일, 학교 기숙사에서 중앙도서관으로 향하다 학생들의 웅성거리는 소리를 들었다. 강렬한 외침에 호기심이 발동되어 발걸음을 옮긴 곳이 그 유명한 10.17 시위 현장이었다. 나중에 알게 되었다. 이날의 시위가 5.17 계엄 전국 확대 이후 군부와의 결사항전을 선언한 고대인의 첫 포효였음을.

그 현장에서 한 남학생이 전경들을 향해 돌이 없어 모래를 모아 던지며 "살인마 정권 물러가라!"라고 외치며 울부짖던 모습을 결코 잊지 못한다. 그때까지 학내에 사회과학 서클이 있는 줄도 몰랐던 새내기 공대생에겐 너무나 충격적인 장면이었다. 10.17 시위 때문에 19일간 휴업을 했을 때도 그 얼굴이 생생하게 떠올랐고, 수업일

수가 부족해 12월 말까지 기말고사를 치르고 났을 때도 울부짖던 그 광경이 떠나지 않았다. 방학 직전 기숙사에 있던 74학번 선배에게 고민을 털어놓았다. 그렇게 소개를 받은 서클이 동민회였다. 학생회관 2층 동민회 문을 처음 열었을 때 담배를 꼬나문 채로 맞이하던 안선덕(국문 80)의 모습을 지금도 100% 그려낼 수 있다.

  80학번으로서 1980년 5월의 광주는 우리들 마음의 부채감이었고 운동의 출발점이었다. 돌이켜 보면, 1985년에 발족한 민족통일민주쟁취민중해방투쟁위원회(약칭 '삼민투') 때까지 우리는 뚜렷한 노선으로 갈라지지 않았다. 광주항쟁의 경험이 가르쳐주는 길을 걷다 보면 반드시 우리가 바라는 세상이 만들어질 거라 믿었다. 즉 청년학생이 앞장서서 나아가면 궁극적으로 이 땅의 민중이 떨쳐 일어나 함께 간악한 군사독재정권을 끝장낼 것이라는 희망을 가지고 싸웠다. 그리고 그 혁명은 민족민주민중혁명이 될 것이라고 막연하게 생각했을 뿐, 혁명의 성격을 두고 조직이 갈라질 정도로 논쟁하지는 않았다. 다만 어떻게 학생 대중을 조직해야 가공할 군사독재정권을 효율적으로 타격할 수 있을지에 대해 고민에 고민을 거듭했다.

1982년 시위 때마다 5분을 버티지 못한 채 선배들이 형사들에게 처참하게 끌려가는 모습을 지켜봤던 우리는 매번 잡혀간 선배 이름을 부르며 울부짖었다. 고대가 하루빨리 통합오르그를 조직해야 한다며 날마다 외쳤다. 그래서 우리는 80학번 지도부 구성을 위해 서클이나 소속 따위는 따지지 않고 통합을 위한 모든 노력을 최우선했다. 그때는 모두가 통합오르그 결성을 위해서라면 모든 것을 기꺼이 협조했다. 그렇게 해서 탄생한 것이 1982년 하반기의 80학번 3인 지도부였다. 이 과정에서 복학생 선배들의 지원과 도움도 적지 않았다.

이 책 《80년대 고대 학생운동사1》에서 80학번 3인 지도부 구성 과정, 이 중 2명이 강제징집으로 학생운동을 떠나게 된 사연 그리고 80학번 전체의 노력으로 통합 81학번 지도부를 구성하려 했던 노력 등을 주요 내용으로 다루고 있다. 결과적으로 1984년까지는 고대 학생운동 내부에서 한국 사회의 성격, 투쟁론 등을 둘러싸고 격렬한 논쟁을 벌이며 대립하지 않았다. 대신 어떤 방법으로 우리 조직을 굳건하게 건설할 수 있을지를 연구했고, 또 그 힘을 바탕으로 군사독재정권을 어떻게 무너뜨릴지를 고민했다. 그 해답을 지옥에 가서라도 찾고 싶었다. 생각해 보면 고대는 80학번, 81학번 지도부 구성 때 훨씬 더 포용적이고 강력한 학생운동 조직을 만들 수 있었다. 하지만 현실은 그렇지 못했다. 이 책에서 안타까운 시선으로 그 지점을 파고들었다.

80년대 여정을 함께했던 분들의
생생한 목소리 전달하고자

이 책을 출간하기 전 두 가지를 염두에 두었다. 먼저 고대 학생운동에 뛰어든 많은 사람들의 목소리 중 소수의 목소리가 아닌 다수의 목소리를 최대한 반영하려고 노력했다. 우리 모두가 아는 〈임을 위한 행진곡〉 노래 중에 '사랑도 명예도 이름도 남김없이' 구절이 있다. 그 구절의 노랫말이 가리키는 것처럼 '아무런 명예나 이름도 남김 없이 가버린, 민주화 운동을 함께했던 친구'들을 기억하며 글을 써 내려갔다. 80년대 학생운동은 지금으로서는 상상하기도 어려울 만큼 거대한 시대적 흐름이었다. 세계사적으로도 그 유례를 찾을 수 없을 정도로 우리나라의 80년대 학생운동은 위대한 여정이었다. 그 흐름을 만들기 위해 많은 이들의 땀과 눈물 그리고 피의 아픔이 있었다.

  이 책을 통해 혼신의 힘을 다해 그 여정을 함께했던 분들의 생생한 목소리를 전달하고자 했다. 개교 100주년을 맞아 고대가 고대학생운동사를 펴낸 바 있다. 연대도 마찬가지로 개교 100주년을 기념해 연대학생운동사를 출간했다. 서울대는 4권의 책으로 서울대학생운동사를 엮었다. 이화여대도 이 흐름에 동참했다. 그런데 이들 학생운동사는 해당 시기의 자료와 기록을 기초로 한 연대기적 서술로 일관했다. 발로 뛴 사람의 생생한 목소리가 제대로 반영되지는 못한 것이다. 이 책 《80년대 고대 학생운동사1》의 출발선에서 이 점에 주목했고, 현장에서 뛴 주역들의 직접 체험한 이야기를 상세하게 담아내려 했다.

  그래서 많은 시간을 할애해 200명이 넘는 사람들과 인터뷰를 진행했다. 타 대학과 연대운동에 참여한 분들의 인터뷰도 마다하지 않았다. 고대 학생운동에 참여했던 일부의 목소리가 아닌 다수의 목소리를 담기 위한 노력이었다. 하지만 많은 이들과 인터뷰하는 것은 결코 쉬운 일이 아니었다. 꼭 인터뷰를 했으면 하는 주요 인물 중 적지 않은 인물의 인터뷰를 진행하지 못했다. 성북서의 고문

트라우마 때문에 사양한 사람도 있었고, "자신은 한 일이 없다."라며 인터뷰를 회피하는 사람도 있었다. 학생운동사 출간 자체가 의미 없다는 사람도 있었다. 40년도 더 지난 옛 기억을 들춰내는 것이 부담스럽다며 만남을 꺼리는 경우와 "언더 활동을 어떻게 적을 수 있냐."라면서 반대 입장을 드러내는 목소리도 있었다.

 그런 날이면 전화기를 내려놓고 하루 종일 마음을 쓰다듬어야 했다. 가끔은 술 한잔하면서 주위 사람들에게 고충을 내비치기도 했다. 역사를 기록한다는 일은 사적인 서운함을 버려야 할 수 있는 일이라고 스스로를 달랬다. 또 조급하면 할 수 없는 일이라고 마음을 다스렸다. 그럴 때마다 정희성 시인의 시구를 떠올렸다. '흐르는 것이 물뿐이랴, 우리가 저와 같아서.' 마음이 강물처럼 흘러가기를 원했다. 1%의 원망도 남아 있지 않기를 기원했고, 모든 것을 흘려보낼 수 있기를 희망했다. '아니 그 엄혹한 시절 군사독재정권과 목숨을 걸고 싸웠던 투사들이 자신이 경험한 이야기도 못 해주나?' 마음속에서 그냥 부글부글 일어나는 의문부호를 남기지 않기 위해 나무를 자주 쳐다봤다. 바람이 불면 어떤 바람도 다 받아내고 바람이 지나가면 다시 본래의 자세로 돌아오는 나무! 그 나무처럼 평온한 마음을 찾으려 했다. 바람을 보낸 나무처럼 평정심이 찾아오면 또 전화번호를 눌렀다. 그렇게 200명이 넘는 사람들과 인터뷰를 진행했다.

현재와 끊임없이 대화하는 과거는
자기성찰이 있는 과거여야

두 번째로 염두에 둔 것은 고대 학생운동의 빛과 그림자 모두를 보여 주는 것이었다. 빛과 그림자 모두를 안음으로써 고대 학생운동 주체들이 성찰하는 힘을 가지고 있음을 보여 주고 싶었다. 모든 역사는 빛과 그림자를 가진다. 빛나는 역사와 자랑스러운 역사만을 고집하고 그림자의 역사를 부정할 때, 반성 없는 역사가 된다. 개인도 자신의 빛만 보려고 하면 자기성찰이 없는 인간이 된다. 국가도 빛나는 역사만 강조할 때 자기성찰이 없는 국가가 되고, 일본처럼 제국주의 침략전쟁을 부정하는 역사 왜곡을 일삼게 된다.

   우리는 일찍이 '역사는 과거와 현재의 대화'라고 배웠다. 현재와 끊임없이 대화하는 과거는 자기성찰이 있는 과거여야 한다. 부끄러운 과거까지 고백하고 성찰하는 것은 쉬운 일이 아니다. '문대 9월 사건'에 관해 물어보았을 때 "사람들 가슴 속에 잊힌 흑역사를 다시 휘저어서 상기시키는 게 우리들에게 무슨 도움이 됩니까?"라며 항의하는 후배도 있었다. 그때마다 고민이 되었다. 모두가 잊히기를 바라는 이야기를 괜히 끄집어내어 분란을 자초하는 것은 아닌가 하는 의문이 속에서 끊임없이 일어났다.

하지만 김해자(국문 81)와 인터뷰했을 때 생각했던 것보다 훨씬 더 깊은 상처임을 알게 되었고, 김순천(국문 83)과의 인터뷰에서는 지난 과거가 아닌 현재진행형의 고통을 발견했다. 마음이 진정되지 않아 인터뷰 다음날 새벽 김순천에게 편지를 보냈다. 제목은 '41년 만의 편지'라고 달았다.

그 엄청난 사건을 겪고도 서로 말 한마디 못 하고 트라우마로 남은 상처를 안은 채 각자 흩어져 버렸다. 그리고 41년 동안 그때 일에 관해 이야기하지 않았다. 여기 지면이 유일하게 이야기할 기회라고 생각된다. 선배의 한 사람으로서 후배가 필요로 했을 때 옆에 있어 주지 못했다는 사실이 너무도 가슴 아프다. 조금이나마 소통이 되었더라면 서로의 오해를 풀었을 텐데. 그것을 하지 못하고 이렇게 41년의 세월이 흐르고, 치유되지 않은 감정의 계곡에 낙엽만 쌓이고 말았다. 제주 4.3도 아니고 여순 사건도 아닌데 우리는 말문을 닫은 채 41년을 보내버렸다. 이 순간을 놓치면 그 사건은 역사의 뒤편에 그냥 의미 없는 쓰레기처럼 방치될 것이다.

수많은 인터뷰 중에서 사학과 81학번 강신이 "학과 동기 유재관이 세상을 떠날 때까지 그 이야기를 한 번도 같이 해보지 않았어요."라고 했을 때 가장 슬펐다. 죽기 전에 서로의 오해를 풀고 서로가 잘못했던 부분이 있으면 솔직하게 반성하는 그런 자리가 있었더라면 하는 안타까움에 더욱 슬펐다. 아직도 41년 전에 일어났던 그 일 때문에 그 말만 들으면 심장이 뛰고 숨쉬기가 힘들어지는 사람이 있다는 사실을 그냥 넘길 수가 있을까? 41년 동안 하지 못한 이야기를 지금 하지 못한다면 언제 다시 할 수 있을까? 민주주의를 위한 투쟁에 모든 것을 바친 우리가 왜 우리 안에 언론통제 구역을 설정해 놓은 것일까?

진실만큼 위대한 힘이 없다는 것을 한 사람과의 인터뷰에서 배웠다. 연대 83학번 김용신이 그 주인공이다. 그는 1986년 말에 강제징집되었다. 그런데 1986년 10월 28일에 시작된 건대 항쟁의 연세대 배후라는 것이 드러나면서 보안대에 끌려갔다. 전기 고문을 당하고 만신창이 상태로 다시 자대에 보내졌고, 군대 내에서는 빨갱이 소리를 들으며 2년 넘게 고참에게 구타를 당했다. 그는 제대 후 정신병을 앓기 시작했다. 아버지는 똑똑하던 아들의 그런 모습을 보며 화병이 나서 세상을 뜨고 말았다. 제대 이후의 김용신 삶은 절망 그 자체였다. 정상적인 사회생활을 할 수 없었고 결혼도 하지 못했다. 상태가 악화되면 친구들이 정신병원에 입원시키곤 했다. 김용신은 10년 전부터 자신의 고문 사실을 사람들에게 알리면서 조금씩 병증을 치료하기 시작했다. 감춰 두었던 마음속 얘기를 끄집어내면서 증상이 호전되었고, 2019년 강제징집녹화선도공작진상규명위원회(약칭 '강녹진')가 발족하자 그 단체에 참여했다. 김용신은 강녹진 모임에서 비슷한 처지의 동지들을 알게 되었고, 서로의 경험을 공유하는 과정에서 희망을 찾게 되었다. 자연스럽게 상태가 더욱 좋아졌다. 무의식 속에서 트라우마로 자신을 억압하던 진실이 드러나면서 기적이 일어난 것이다.

우리가 문대 9월 사건에 계속 침묵한 채 흘러간 흑역사로 방치한다면, 마음의 상처는 결코 치유되지 않을 것이다. 진실과 진실을 향한 용기만이 깊은 마음의 상처를 치유할 수 있다. 문대 9월 사건의 진실을 밝히기 위해 상당히 많은 지면을 할애했다. 어렵게 어렵게 인터뷰를 진행했던 것은 오늘의 시선에서 다시 80년대의 치열했던 우리의 투쟁을 소환하는 이유와 맞닿아 있다고 믿기 때문이다.

더 많은 기억을 모아 진실에
좀 더 가까이 다가가기를

학생운동을 할 때 보안 문제 때문에 굳이 들으려고 하지 않고 보려 하지 않았던 것들이 제법 많다. 자신이 속한 조직 계보에 대해서도 말을 아꼈다. 이 책을 보면 자신의 조직 계보도를 파악할 수 있을 것이다. 그리그 왜 그 일을 했는지조차 모르고 했던 일들의 전후 맥락을 알 수 있는 대목도 발견하게 될 것이다. 그런 측면에서 이 책 출간을 계기로 더 많은 이야깃거리와 흥미로운 에피소드를 공유할 수 있었으면 하는 바람을 전한다.

이 책에 소개된 서사는 40년이 더 지난 이야기들이다. 한 사건을 두고 기억이 정반대인 경우도 있다. 이를 해결하는 유일한 방법은 많은 기억을 모으는 작업이다. 여기 적은 내용이 틀릴 수도 있다. 더 많은 증언이 모여야 하는 이유다. 더 많은 기억을 모아 비교하는 과정에서 진실에 좀 더 가까이 다가갈 수 있을 것이다. 이 책의 개정판이 나올 수 있으면 좋겠다. 그때 출간 이후에 모인 더 많은 증언으로 더 진실에 가까운 책으로 수정되기를 바란다. 아울러 80년대 중에서 가장 강렬한 투쟁기인 1985년과 1986년의 이야기를 2권으로 엮고, 1987년 6월항쟁과 그 이후의 과정을 3권으로 묶어, 전 3권의 고대 학생운동사를 마무리하겠다는 계획을 밝힌다. 무사히 출간되기를 기대하는 바람을 나눴으면 한다.

　타 대학에서도 주역들의 인터뷰를 모으는 사가가 있으면 좋겠다. 1984년 11월 14일의 민정당사 점거 농성에 왜 서울대는 한 명도 들어가지 못했던가? 이 문제와 관련, 타 대학 사람으로서 진실을 찾아가기가 너무 힘들었다. 서울대 학생운동사를 쓰는 사가가 있다면 그 의문에 대한 답변을 좀 더 쉽게 얻을 수 있을 것이라는 생각이 들었다. 학원자율화 이후인 1984년부터 대학 간 연대 활동이 본격화되었는데, 이 같은 연대투쟁은 80년대 학생운동사에서 매우 중요한 위치를 점한다. 이에 대한 평가를 함께하면서 각 대학의 학생운동사 사가들이 모여 더욱 풍부한 학생운동사를 공유하고 이를 기록하는 작업을 추진할 수 있다면 더할 나위 없겠다.

마지막으로 40년이 넘은 이야기를 가슴 저 밑바닥에서 끄집어내어 취조하듯 물어보는 인터뷰어의 질문에 응해주신 2백여 분에게 존경의 인사를 드린다. 무척 어지럽고 민감한 주제의 원고를 깔끔하게 정리하면서 새벽 5시 반부터 강행군을 마다하지 않았던 권무혁 후배에게 감사의 마음을 전하다. 오랜 집필 과정에서 묵묵히 불편함을 인내하고 격려해 준 아내와 아들, 딸에게 이 책을 바친다. 그리고 방방골골에서 20대의 눈빛은 바랬어도 그 '처음'을 잊지 않고 살아가는 80년대의 벗들에게 평등과 통일의 염원을 보태 강건을 기원한다.

2025년 9월 하순

갈현동에서 저자

차례

책을 펴내며
우리는 왜 오늘의 시선으로 80년대 학생운동사를 소환하는가? ············ 7

1장 | 학우여, 핏빛 광주를 잊지 말자!
서울의 봄은 끝내 오지 않았다 ································· 27
아, 광주여! 그 진실을 반드시 알려야 한다 ················· 34
전두환 군사정권에게 일격을 가한 10.17 시위 ············ 41
학생운동 내부 역량을 어떻게 키울 것인가 ················· 50

2장 | 함께 가는 길, 멀리 바라보고 뚜벅뚜벅 나아갈 때
대중운동으로 가는 길목, 튼튼한 학회를 조직하라 ········ 73
언더서클, 학생운동 조직의 근간을 구축하라 ·············· 102
학생운동 바깥에 있었던 오픈서클의 변화 ·················· 113
무림-학림 논쟁과 성대 지도부 구성 과정이 전하는 메시지 ········ 127

3장 | 거센 바람이 된 1983년 시위 현장의 함성

3.7 사건의 충격을 딛고 포효한 4.15 시위 ················· 141
5.17 이후 최대의 군중이 모인 석탑 대동제 시위 ················· 159
서울의 봄 이후 처음으로 가두 진출에 성공한 5.18 시위 ················· 172
학회 힘만으로 일궈낸 쾌거, 5.26 시위 ················· 187
대학 연합투쟁조직의 가능성을 확인하며 ················· 201
마침내 학도호국단 장악, 합법적 활동공간 확보 ················· 208
안타깝게 미수로 그친 9.24 시위 ················· 216
9월의 고연전 투쟁과 민청련 발족 ················· 222
3연속 거사의 선두타자, 문과대의 11.2 시위 ················· 232
11.11 시위, "이번에는 정경대가 책임지겠다!" ················· 244
멋진 피날레, 가두시위까지 성공시킨 11.17 시위 ················· 251

4장 | 유화국면을 가로질러 파고 높은 투쟁으로

1984년을 책임질 81학번 지도부를 구성하라 ················· 273
학원자율화를 어떻게 바라보고 어떤 대응을 할 것인가? ················· 281
유화국면에서 터져 나온 군사독재 타도투쟁의 함성 ················· 296
빼앗긴 권리를 되찾아 총학생회를 다시 건설하자 ················· 325

5장 | 총학생회의 비상과 문대 9월 사건의 어두운 그늘

가장 전투적인 학생운동 조직, 기생의 수난 ……………………… 337
일어나서는 안 되는 비극, 문대 9월 사건의 전개 과정 …………… 343
학생운동의 어두운 그늘을 여지없이 드러낸 단면 ………………… 363
고대 총학생회여, 노학연대의 깃발을 높이 올려라 ………………… 371
대규모 점거농성 연대투쟁의 효시, 민정당사를 타격하라 ………… 384
1985년의 약진을 기약하며 ……………………………………… 402

발문

1. 젊어 우리 서로 사랑했지만, 참 아무것도 몰랐었노라 | 한홍구 ………… 415
2. 세계 어느 나라의 역사에도 계엄군보다
   더 빨리 움직인 시민은 없다 | 민병두 …………………………………… 422
3. 운동을 시작하던 시점의 감동과 결의를 소환해
   진일보한 사회를 건설하는 에너지를 모으자는 뜻 | 장원택 ……………… 425

부록1 오픈서클·429 | 부록2 그때 그 사람들·432

80년대 고대 학생운동사 ❶

1장

학우여, 핏빛 광주를 잊지 말자!

▶ 서울의 봄은 끝내 오지 않았다

학우여, 신군부의
집권 음모를 분쇄하자

　　　　　　　　1980년 5월 15일, 대운동장에 5,000여 명의 고대생이 모였다. 단과대별로 무리를 지은 대규모 시위 대열의 열기는 엄청났다. 한 단과대에서 "비상계엄 해제하라!", "유신잔당 퇴진하라!", "전두환은 물러가라!" 등의 구호를 외치고 앉으면 뒤이어 옆 단과대 학생들이 일어나 구호를 외쳤다. 하루 전 5월 14일에 있었던 시청 앞 대규모 시위 소식이 알려진 탓인지, 5월 15일 집회는 전교생이 모두 나선 것 같은 분위기 속에서 거대한 함성이 운동장 너머까지 크게 울려 퍼졌다.

　5월 14일에도 고대생 2,000여 명이 대운동장에 운집했다. 이날 집회는 5월 13일 밤부터 14일 새벽까지 이어진 전국 27개 대학 총학생회 회의를 통해 결의한 사항에 따른 것이다. 12·12 쿠데타로 권력을 장악한 신군부의 집권 음모가 노골화되는 가운데, 5월 13일 밤 연세대를 주축으로 하는 서울 6개 대학 학생 3천여 명이 종로 등 시내 중심가에서 가두시위를 벌였다. 사안의 심각성을 공유하며 연대투쟁을 위한 총학생회 회의가 긴급 소집되었다. 장소는 고려대학교 총학생회실이었다. 이 회의에서 가두시위 여부를 토론한 끝에 "평화적 교내시위는 이제 끝났다. 교문을 박차고 나가 싸울 것이다."라고 결의하며 신군부의 집권 음모를 분쇄하겠다는 뜻을 분명히 했다. 이에 따라 각 대학이 14일과 15일에 가두시위에 나서기로 한 것이다.

14일 집회 연단에 긴급조치 세대의 주역 중 한 명인 안희대(정외 73)가 나섰다. 5월 2일부터 3박 4일 동안 도서관에서 벌인 민주화대행진 철야농성 때부터 검은 군복 차림으로 불꽃 같은 연설을 토해냈던 그의 사자후가 또다시 대운동장을 뒤흔들었다. 뒤이어 신계륜 총학생회장(행정 74)이 마이크를 잡고 "신군부의 집권 음모를 분쇄하는 사회 민주화 대행진을 더 이상 늦출 수 없다. 고대생이여 총궐기하자!"라고 외쳤다. 총학생회장의 지휘에 따라 시위대열은 구호를 외치고 스크럼을 짠 채로 가두시위에 나섰다. 난생처음 맛보는 페퍼포그의 질식할 것 같은 연기를 참아내며 시청 앞까지 나아간 고대생들은 밤늦게까지 시청 일대에서 숨바꼭질 시위를 이어갔다. 이 과정에서 신태식(교육 74), 안희대가 경찰에 잡혀 성북서로 연행되었다. 고대생 외에 경희대와 외대생도 함께 연행되어 총 72명이 성북서 유치장 신세를 지게 되었다.

　15일 집회는 14일과 확연히 달랐다. 끝도 없이 길게 늘어선 고대생 행렬 규모가 어머어마했고 그 기세 또한 하늘을 찌를 정도였다. 그 기세에 눌려서인지 교문을 나선 시위대열 앞을 경찰의 페퍼포그가 막지 않았다. 잠시 후 월곡동에서 온 동덕여대생 대열이 고대 시위대에 합류했다. 고대생들은 동덕여대생을 보호하기 위해 고대생 대열 중간에 위치하도록 했다. 시위대열에는 박계동(정외 72) 등의 복학생 선배는 물론 김두황, 김희근, 남영숙, 곽상중 등의 경제학과 80학번 새내기들이 대거 참여했다. 대규모 시위대 행진이 얼마 되지 않았을 때 고대 지휘부가 방향을 성북서 쪽으로 돌렸다. 신태식 등의 전날 연행된 학생 석방을 요구하기 위해서였다. 엄청난 시위대 기세 앞에 성북서 형사들이 혼비백산해 실탄을 장전한 소총을 들고 피신하기에 바빴다. 협상 대표로 나선 박계동의 석방 요구에 성북경찰서장이 "안희대와 신태식을 제외하고는 석방하겠다."라고 답했다. 이에 박계동이 "우리가 서울역에 갔다가 다시 올 때까지 석방하지 않으면 성북서를 점령하겠다."라며 엄포를 놓았다.

　시위대열이 남대문 방향으로 향할 무렵 경찰의 최투탄 난사로 인해 한순간 아수라장이 되고 대열이 뒤엉켜 압사 사고가 날 뻔한 상황이 벌어졌다. 하지만 서울역으로 향하는 행진의 걸림돌이 되

1980년 5월 14일, 시청으로 향해 나아가는 고대생 시위대. 대열 오른쪽에서 시위대열을 살피고 있는 안희대(정외 73) 모습이 보인다. 안희대는 5월 2일부터 5월 5일까지 진행된 1차 민주화대행진 때 3박 4일 동안 거의 잠을 안 자고 농성을 주도했다.

1980년 5월 15일, 대운동장을 가득 메운 5,000여 명의 고대생들이 구호를 외치고 있다. 출정식을 마친 후 시위대열은 5월 14일 시위에서 연행된 신태식, 안희대 등의 석방을 요구하기 위해 성북서에 잠시 들른 후 서울역으로 향했다.

지는 않았다. 고대와 동덕여대 대열이 서울역에 도착했을 때는 이미 광장 일대가 대학생들로 빼곡하게 들어차 있었다. 1960년 4.19혁명 이후 처음으로 연출된 대규모 대학생 시위대였다. 성북서행으로 인해 다른 대학보다 1시간가량 늦게 도착한 고대생 대열은 장엄하게 펼쳐진 10만 군중을 바라보면서 전율하며 감격했다. 3월 개강 때부터 줄곧 이어온 민주화 투쟁의 성과가 '서울의 봄'으로 가시화된 같아 가슴이 벅차올랐다.

아쉬움 가득한 10만 시위대 해산, 서울역 회군

하지만 그건 착시에 불과했다. 전두환을 비롯한 신군부 세력의 턱밑까지 압박했던 10만 군중은 얼마 되지 않아 뿔뿔이 흩어지고, 그렇게 서울의 봄은 1968년의 '프라하의 봄'처럼 꽃을 피우지 못한 채 허망하게 스러졌다. 고대 행렬이 서울역에 도착했을 때 10만 시위대의 위용은 대단했지만 현장 지휘와 대오 통제가 거의 되지 않았다. 더군다나 10만 대오를 지휘해야 할 위치에 있었던 심재철 서울대 총학생회장이 서울대 학생처에서 마련한 미니버스 안에 있었다.

그곳에서 서울대 보직 교수들은 신군부를 자극하면 유혈사태가 일어날 수 있다며 시위대 철수를 집요하게 종용했다. 그리고 무렵

지도부는 뿔뿔이 흩어져 통일된 투쟁 방향을 심재철에게 전달하지 못했다. 이 과정에서 서울역 회군이 결정되었다. 안타깝게도 서울역 회군에 반대 입장이 분명했던 신계륜 고대 총학생회장이 임시본부가 차려진 미니버스에 도착했을 때는 이미 회군을 발표한 상태였다. 용산 효창운동장과 강남 잠실운동장 인근에 중화기와 장갑차로 무장한 대규모 군 병력이 집결하고 있다는 흉흉한 소문이 떠돌면서 시위대 내부를 술렁이게 했다.

고대 학생운동 지도부 역할을 담당했던 설훈(사학 74)과 최규엽(독문 74)은 "만약 공수부대가 오더라도 맞붙어야 한다. 그리하여 4.19 때처럼 당당히 싸워야 한다."라면서 목소리를 높였다. 하지만 회군으로 가닥을 잡은 이후 군중은 서서히 서울역을 빠져나갔다. 결국 고대생들도 철수할 수밖에 없었다. 이렇게 서울의 봄 서울역 집회가 막을 내렸다.

아쉬움 가득한 걸음으로 서울역을 떠나야 했던 고대생들에게 다음날의 과제가 있었다. 5월 16일에 예정된 5.16 민주주의 장례식 행사였다. 잠도 제대로 자지 못하고 피곤한 몸을 이끌고 고대 정문에서 출발해 수유리 4.19 묘지까지 갔다가 다시 학교로 되돌아오는 행사였다. 신계륜 총학생회장과 농악대가 선두에 선 이 행사를 마친 뒤 고대생 대부분은 각자의 집으로 흩어졌다. 이날 저녁 이화여대에서 열릴 예정인 전국 대학 총학생회장단 회의 결과를 지켜본 뒤에 다음 행동에 나서자는 결정에 따른 것이다

아, 광주여!
그 진실을 반드시 알려야 한다

기습적인 비상계엄 전국 확대, 대대적인 검거령

서울의 봄 시기 고대 학생운동 지도부는 봇물처럼 터져 나왔던 민주화 열기를 모아 대규모 학생 집회 조직에 열중했다. 특히 5월 2일부터 도서관 철야농성을 시작으로 5월 15일 서울역 집회에 이르기까지 쉴 새 없는 강행군에 돌입했다. 그리고 5.16 장례식 행사 후의 하루도 안 되는 짧은 휴식! 이 달콤한 휴식 뒤에 학생들을 기다리고 있었던 게 군사독재 집단의 가공할 폭력임을 그 누구도 예측하지 못했다.

신군부는 5월 16일 밤부터 다음날 17일까지 이어진 전국 대학 총학생회장단 회의장인 이화여대를 급습해 학생운동 지도부 다수를 현장에서 검거했다. 이때가 5월 17일 오후 4시경이었고, 자정을 기해 비상계엄 전국 확대 조치가 단행되기 8시간 전이었다. 이는 군홧발로 학생운동 세력을 초토화하겠다는 신호탄이었다. 이로써 전국 대학 총학생회장단이 밤샘 회의를 통해 "5월 22일까지 비상계엄 해제, 연내 정권 이양을 위한 정치 일정의 조속한 천명 등을 요구하고, 이러한 요구들이 관철되지 않을 때는 전국 대학교에서 보다 적극적 행동을 취하겠다."라는 결의 사항은 허공에 흩뿌려진 선언이 되고 말았다.

결과적으로 서울 지역 학생운동 지도부의 상황 인식은 너무 안이했다. 서울역 집회가 열린 5월 15일은 목요일이었다. 다음날 16일 금요일은 전국 대부분 대학에서 시위를 열지 않았다. 대신 각 대학은 개별 계획을 진행했다. 고대의 경우, 5.16 장례식을 거행했다. 같은 날 서울대는 신림동 일대에 선전전을 진행했다. 이 같은 학생운동권의 움직임을 계산한 신군부는 17일 토요일에 이화여대를 급습하고 곧바로 그날 자정에 비상계엄 전국 확대 조치를 밀어붙인 것이다. 그 후유증은 실로 엄청났다. 고립된 광주에서 수많은 시민이 희생되는 비극이 벌어진 것이다. 온몸으로 저항했던 광주 시민의 거룩한 항쟁이 계엄군의 총칼에 의해 피로 얼룩진 비극, 그 참혹한 역사가 서울역 회군 뒤에 곧바로 일어난 것은 통절의 고통을 떠올리는 지점이다.

전두환 일당의 계엄 확대는 곧 자신의 집권을 반대하는 세력, 특히 학생운동 세력을 말살하려는 의도를 만천하에 드러낸 것을 의

1980년 5월 16일에 거행된 '5.16 장례식' 장면이다. 신계륜 총학생회장이 선두에 서서 대열을 이끌고 있다.

미한다. 5.17 비상계엄 전국 확대 조치로 신군부가 권력과 군을 완전히 장악한 이후 광주에서의 조직적 저항이 있었을 뿐 서울 지역의 대학가는 학생운동 지도부에 대한 대대적인 검거령에 따라 급격히 위축되었다. 고대의 경우 조성우(행정 68), 박계동, 설훈, 신태식, 최규엽 등 핵심 지휘부가 검거를 피했지만, 피신 말고 달리 할 수 있는 일이 거의 없었다.

검거령 발동 후 고대에서 가장 먼저 연행된 이는 몇 년 전에 작고한 백완승(신방 76)이다. 고대에서 가장 유명한 '여장부' 백완승은 1년 후배 박선오(사회 77)와 함께 1979년 6.25 시위 주동으로 나서 구속되었다가 10.26 사태 이후 구속취소로 풀려났다. 다시 학내에 복귀한 백완승은 고대 최초로 탈춤을 하는 문화패 민속학연구회(이하 '민연')을 창설했고, 창작 탈춤극 '궁정동 말뚝이'를 1980년 5.15 시위때 공연한 뒤 선두에 서서 서울역까지 행진했다. 다음날인 5.16 장례식 때에도 공연을 맡아 5.16 군사쿠데타 상여를 활활 불태우는 퍼포먼스를 연출했다.

5.17 이후 친척 집에 숨어 있다 검거된 백완승은 성북서에서 물고문, 통닭구이 고문 등의 가혹 행위를 당해 흉골이 부서지는 치명적인 부상을 입었다. 1979년에도 시위 주동자로 검거되어 성북서에서 혹독한 고문을 받았던 백완승은 두 차례의 고문 후유증을 평생 안고 살아야 했다.

5월 18일 아침, 당시 2학년 재학생 박민서(사학 79)가 계엄 확대 이후 상황을 살피기 위해 고려대로 향했다. 박민서가 학교 근처에서 목격한 것은 아찔한 광경이었다.

> ⋯ 버스를 탔는데 본교 한 정류장 앞에 내린 후 천천히 학교 정문 쪽으로 걸었어요. 잠시 후 학교 정문을 봤는데, 장갑차 두 대가 딱 버티고 있었어요. 1미터 간격으로 도열한 공수부대 군인들이 총을 메고 학교 전체를 에워싸고 있었어요. 도저히 정문 앞까지는 갈 수 없었어요. 결국 학교 주변을 20~30분 서성이다 물러날 수밖에 없었어요. 학교 주변을 기웃거리는 수십 명이 보였는데 그 누구나 총을 멘 계엄군 앞에서 시위를 할 수는 없었어요.

비슷한 시각, 최규엽은 동북부 지역 대학생 집결지인 청량리역 광장으로 갈 계획이었다. 하지만 총에 대검을 꽂은 공수부대원들이 대학생으로 보이는 모든 사람을 붙잡고 불심검문을 하는 장면을 목격하고서는 버스에서 내리지 못하고 대피할 수밖에 없었다.

광주항쟁의 진실을 알리는
힘겨운 투쟁

그로부터 며칠 지난 무렵부터 고립된 광주에서의 외로운 투쟁 소식이 간간이 전해졌다. 5월 하순이 되었을 때 설훈이 광주항쟁 현장에 뿌려졌던 유인물을 입수했다. 조선대 비상총학생회 명의의 유인물에 "공수부대원들이 여대생 가슴을 자르고 임신부에게 가혹한 폭행을 서슴지 않고…." 하는 참혹한 내용을 읽으며 최규엽은 하늘이 무너져내리는 충격을 받았다. 분노를 참을 수 없었던 최규엽은 설훈과 함께 광주의 진실을 알리는 유인물 작업에 돌입했다. 등사판(가리방)을 구하고 신태식, 서원기(심리 75), 윤종환(법대 77) 등과 연락을 취해 78, 79, 80학번을 동원하는 계획을 잡았다. 이렇게 해서 겨레사랑회(이하 '겨사'), 동민회, 사회과학연구회(이하 '사연') 등의 서클 소속 회원들이 광주의 진실을 알리기 위한 힘겨운 투쟁을 벌여나갔다.

첫 시위는 소수 인원이 참여한 영등포 연흥극장 앞이었다. 전성(정외 77)도 별도의 계획을 세워 겨사 후배들을 데리고 유인물을 금호동 산동네 일대에 배포했다. 6월 12일에는 성수동 5거리에서 고대에서 동원 가능한 최대 인원 90명 정도를 조직해 시위를 벌였다. 성수동 시위 이후 합동수사본부의 수사 과정에서 아지트로 사용되던 금승기(사학 78) 자취방이 발각되었는데, 금승기는 마지막으로 자취방에 들러 물건을 챙기려다 잠복해 있던 경찰에게 체포되었다. 게다가 권총으로 머리를 겨누는 경찰의 압력에 못 이겨 최규엽에게서 걸려 온 전화를 받고 청량리역 근처 다방에서 만나자는 약속을 하고 말았다.

결국 광주 진상을 알리는 시위를 주도했던 최규엽이 체포되었다. 이후 신태식, 설훈, 조성우 등이 차례대로 검거되었다. 이들의 체포로 인해 고대 학생운동 지도부가 사실상 마비되었다. 이로써 광주항쟁을 알리는 투쟁을 더 이상 전개할 수 없게 되었고, 이후 서울에서의 학생 시위는 아예 자취를 감추게 되었다. 혹독한 어둠의 시간이 상당 기간 지속되었다.

  1980년 5.18 광주민중항쟁을 피로 짓밟은 신군부 일당은 파죽지세의 기세로 쿠데타를 완성하기 위한 마지막 절차에 돌입했다. 1980년 8월 27일 통일주체국민회의에서 단독으로 입후보한 전두환에게 100% 찬성을 안겼다. 이로써 전두환 대통령 만들기가 완료되었다. 계엄 확대와 함께 휴교령이 발동되어 대학 캠퍼스는 공허한 바람소리만 공명했다. 신군부의 학생운동에 대한 대대적 탄압으로 상당수 지도부가 검거되었다. 검거를 피한 이들은 은신처를 찾아야 했고, 학생운동 내부는 대오를 정비해야 했다.

▶ 전두환 군사정권에게
   일격을 가한 10.17 시위

이제는 고대가
나서야 할 때다

12.12 군사쿠데타와 5.17 내란으로 정권을 잡은 전두환이 체육관 선거를 통해 11대 대통령이 된 이후 10월에는 7년 단임 대통령 간선제를 골자로 하는 개헌(제5공화국 개헌)을 단행했다. 그리고 이듬해 1981년 2월 25일 12대 대통령에 취임하면서 이른바 5공 군사정권을 출범시켰다. 5.17 이후 신군부의 권력 장악 시도는 정적 제거를 비롯해 사회 전반에 대한 전방위적 통제를 강행하는 것으로 구체화되었다. 김대중 내란 음모 조작 사건(1980년 7월 14일), 삼청교육대(계엄포고 제13호, 8월 4일) 등 군홧발로 지배하는 파쇼 통치의 본색을 노골적으로 드

러냈다. 그 정점이라 할 수 있는 언론통폐합은 11월 14일에 단행되었다.

    5.17 계엄 확대와 동시에 전국 대학에 휴교령이 발동되었다. 계엄군이 정문을 지키는 가운데 휴교령은 무려 4개월 가까이 지속되었다. 집중포화를 맞은 고대 운동권 피해가 적지 않았다. 지도 그룹이라 할 수 있는 조성우, 신태식, 최규엽, 설훈 등이 대부분 구속되고 거의 유일하게 박계동만 도피 생활을 이어갔다.

    9월 10일, 고대 캠퍼스가 문을 열었다. 116일간의 휴교를 끝내고 맞은 개학이었다. 신군부는 쿠데타 성공 이후 9월 3일부터 7일 사이에 전국 대학에 개학을 허용했다. 이에 따라 전국의 대학이 109일이 넘는 휴학을 끝내고 2학기 개강을 맞이할 수 있게 되었다. 개강과 동시에 대학가는 오랜 침묵을 깨고 술렁거렸다. 1980년 5월 광주학살의 진상이 학생들에게 알려졌고, 캠퍼스는 전두환 살인정권에 대한 분노가 끓어올랐다. 9월 8일 경희대가 용감하게 나섰다. 10월 8일에는 한신대 학생 146명이 살인정권을 규탄하는 농성에 돌입했다. 결과는 전원 연행이었다. 타 대학보다 개학이 조금 늦은 고대가 나설 준비를 했다. D데이는 10월 17일이었다.

    5.17 때 수배를 피해 살아남은 긴급조치 세대 복학생 그룹과 지도부 역할을 담당했던 4학년 77학번 전성이 움직였다. 전성은 전두환 신군부 체계가 정비되기 전에 빠르게 되받아쳐야 한다는 생각으로 사람들을 만나고 다녔다. 선배인 이명식(행정 76)을 만나

기 위해 부산까지 내려갔다. 5.16 장례식을 끝내고 옷을 갈아입기 위해 오랜만에 집에 들렀다가 성북서 형사 체포조에 걸거된 이명식은 계엄사 합동수사본부에서 진행한 군사재판에서 당연히 실형이 떨어질 줄 알았다. 그런데 신군부는 의도적으로 실형을 선고하지 않고 기소유예 처분을 내렸다. 강제징집을 위한 술책이었다. 뜻하지 않게 8월 초에 출소한 이명식이 부산으로 내려가 보니 집으로 배달된 영장이 나와 있었다. 입영 날짜는 9월 4일이었다. 그때 전성이 이명식을 만났다. "명식 형! 2학기 개강하면 우리가 큰일을 해야 하니까 군대는 가지 말아요."라고 말했다. 이에 이명식이 대답했다.

⋯ 우물쭈물 시간을 많이 끌수록 전두환이 정비할 시간만 주고 빨리 되받아쳐야 한다는 너의 인식에는 공감한다. 하지만 79년 9월에 구속되고 80년 5월에 또 구속된 내 상황이 좀 그렇다. 무엇보다 군대 간다는 아들 말을 철석같이 믿고 있는 어머니에게 더 큰 상처를 줄 수는 없을 것 같다. 이런 사정을 네가 이해해주길 바란다. 미안하다. 대신 같이할 수 있는 선배들을 소개할 테니 만나 봐라.

이명식이 소개한 사람은 긴조 세대의 도천수(철학 73), 박구진(경영 73), 최봉영(철학 73) 등이었다. 그렇게 해서 전성은 긴조 세대의 선배 투사들과 10.17 시위를 준비했다. 준비 과정에서 도천수와 친분이 있던 김관회(경제 74)도 적극 개입했다. 김관회는 교양체육 수업을 함께 듣던 79학번 후배 박민서와 수업 시간 내내 시국 이야기를 나누며 시위 참여를 권했다. 박민서는 대선배 김관회의 제안을 흔쾌히 받아들였다. 그렇게 해서 전성, 박구진, 최봉영, 박민서 등 10.17 시위 핵심 주동자 4명이 정해졌다. 이후 또 다른 79학번의 이상현(경영 79), 남해련(국교 79)이 가세해 시위 주동자는 6명이 되었다.

학생운동사에 길이 남을 기념비적인 시위

10월 17일 아침, 전성은 겨사 소속 80학번 김두황, 김희근, 박상중, 양창욱(사회) 등을 불러 시위 계획을 알리며 보디가드를 부탁했다. 세 곳에서 동시다발적으로 시위를 벌이기로 약속한 시간은 10시 수업이 끝나갈 무렵인 10시 40분이었다. 긴장감이 흐르는 가운데 그 시간이 되자 전성과 박민서가 문과대 서관 3-132 강의실에서 유인물을 돌리며 시위 시작을 알렸다. 순간 강의실이 아수라장으로 변했다.

당시 사학과 과대표를 맡고 있었던 박민서는 유인물을 돌린 후 책상 위에 올라가 투쟁가를 선창했다. 이때 박민서 동기인 사학과 79학번들이 여럿 가세하면서 분위기가 더욱 고조되었다. 시위 소식을 들은 전경들이 강의실 주변을 에워싸고 문과대 학장이 달려와 학생들을 설득하려 했다. 이 와중에 최봉영이 교단 위에 뛰어올라 '광주학살 진상 규명과 책임자 처벌'의 목소리를 높이며 선동했다. 뒤이어 이상진(전기 75)이 유인물을 들고 신군부의 만행을 규탄하는 성명서를 모두 낭독했다. 이상진의 성명서 낭독은 당초 계획에는 없었던 일이었다.

한편 박구진과 이상현은 경영대 수업이 휴강이 되어 자체 시위를 생략하고 곧바로 소수 인원을 이끌고 서관 시위대에 합류했다. 세 번째 장소인 도서관에서는 남해련이 나섰다. 4층 열람실 책상에 올라가 구호를 외치며 유인물을 뿌렸다. 그러자 사복형사들이 득달같이 남해련을 잡으려 뛰어들었지만 현장에 있던 학생들이 기지를 발휘해 형사들을 막아 주었다. 덕분에 현장에서의 체포를 면한 남해련은 남자 화장실로 도피한 후 어느 남학생의 옷을 빌려 입고 화장실 안쪽의 배관실에 몸을 숨겼다. 형사들이 남자 화장실까지 뒤졌지만 다행히 남해련은 들키지 않고 도서관을 빠져나갈 수 있었다.

동시 시위 세 곳 중에서 서관 3-132 강의실 시위에 가장 많은 학생이 모였다. 또한 강의실 주변에 학생들이 운집하면서 전경의 진입이 쉽지 않았고 문과대 학장의 시위 현장 등장으로 인해 시위 시간을 길게 끌고 갈 수 있었다. 서관 시위는 1시간 이상 이어졌고 그 기세를 몰아 건물 밖으로 나왔을 때는 시위대 규모가 300명에 육

1980년 10월 17일 시위 장면이다. 중앙도서관 앞에서 전경들이 시위대열을 가로막고 있는 와중에도 스크럼을 짜고 용감하게 돌진하고 있다. 신군부에 대항하는 신호탄 역할을 감당했던 10.17 시위는 고대 학생운동사에서 특별한 의미를 보탠 사건이기도 하다. 긴급조치 7호 세대와 긴급조치 9호 세대가 함께 준비한 투쟁이었을 뿐 아니라 2학년인 79학번이 세 명이나 주동으로 가세한 합작품이었다. 거기에 80년대 학번의 출발점인 80학번 새내기들도 힘을 보탰다.

중앙도서관 앞에서 전경들과 대치하고 있는 1980년 10월 17일 시위 모습. 안경을 쓴 채 앞줄 맨 오른쪽에서 구호를 외치는 이가 주동 박민서(사학 79)다.

박할 정도로 늘었다. 전경과 성북서 사복형사들이 전성을 붙잡는 등 시위 진압에 나섰지만 성난 시위대는 그들을 뿌리치고 교양관과 본관을 거쳐 도서관으로 행진했다. 시위대는 도서관에서 간단한 집회를 하며 대오를 정비한 후 다시 본관으로 향했다. 2시간이 넘는 시위는 본관 주위를 포위한 전경들에 의해 진압되었고 주동자 4명이 모두 검거되었다. 그리고 시위 후 학교를 빠져나가는 학생들을 일일이 검문해 유인물을 가지고 있거나 시위 참여가 의심되는 사람을 전원 연행했다.

  10.17 투쟁은 학생운동사에 길이 남을 기념비적인 시위라 할 수 있다. 신군부의 서슬 퍼런 칼날 앞에서도 굴하지 않는 고대생의 결기와 투쟁 의지를 여지없이 드러낸 통렬한 시위였다. 말 그대로 전두환 군사정권의 간담을 서늘하게 만들 만큼 치열한 선도 투쟁이었다. 동시에 계엄 이후 광주항쟁의 진실을 알리는 최초의 대규모 시위였다. 실제로 10.17 시위 소식이 대학가에 알려지면서 신군부에 저항하는 전국 대학의 시위가 잇따라 이어졌다.

  신군부에 대항하는 신호탄 역할을 감당했던 10.17 시위는 고대 학생운동사에서 특별한 의미를 보탠 사건이기도 하다. 긴급조치 7호 세대와 긴급조치 9호 세대가 함께 준비한 투쟁이었을 뿐 아니라 2학년인 79학번이 세 명이나 주동으로 가세한 합작품이었다. 거기에 80년대 학번의 출발점인 80학번 새내기들도 힘을 보탰다. 5.17 이후 침체일로에 놓인 학생운동권에 활력을 불어넣은 고대의

10.17 시위에 허를 찔린 신군부는 즉시 긴급회의를 열어 고려대에 휴업령을 내렸다. 1975년에 내려진 고려대만을 겨냥한 긴급조치 7호의 대자뷰였다.

▶ 학생운동 내부 역량을
  어떻게 키울 것인가

혹독한 대가를 치러야 했던
1981년의 학내 시위

계엄과 함께 광주 시민의 위대한 항쟁을 총칼로 짓밟은 신군부를 향해 정면으로 맞선 경희대, 한신대, 고려대 시위는 긴 여정의 80년대 학생운동 출발점이기도 하다. 80년대를 관통하는 가장 뜨거운 이슈는 단연 광주학살 진상 규명과 학살 원흉 전두환 일당 및 군부독재 처단이다. 또한 80년대 학생운동에 뛰어든 대다수 학생들이 자신의 운동 동기가 1980년 5월 광주의 충격과 분노였다고 말하고 있다. 그런 의미에서 세 학교의 투쟁은 칠흑 같은 어둠을 뚫고 광주항쟁을 계승하는 장엄한 투쟁의 신호탄이라 할 수 있다. 그중에서도 10.17 시위의 울림과 파급력은 신군부를 긴장시킬 만큼 적지 않았다. 물론 혹독한 대가를 피할 수 없었다.

고대를 눈엣가시로 여긴 신군부가 고려대 휴업령을 내린 후 시위 주동자들에 대한 혹독한 고문을 가했다. 도천수가 성북서에서 고춧가루 물고문을 심하게 당한 채 구속되었고, 원래 드러내지 않으려 했던 김관회와 이상진이 주동자로 몰려 구속되었다. 그리고 전성, 최봉영, 박구진, 박민서 등 주동자 외에 시위 현장에서 성북서 형사의 카메라를 빼앗은 이상민(사학 75)까지 구속되었다.

10.17 시위를 주도하는 등 1980년의 고대 학생운동 컨트롤 타워(CT) 역할을 담당했던 전성이 자신의 임무를 다하고 구속되었다. 전성이 학교에서 사라지고 1981년이 되었을 때 누가 그 책임을 대신할지가 최대 현안으로 떠올랐다. 다행히 그 문제는 박종혁(국문 78)의 출현으로 해결되었다.

박종혁은 서클 한국학연구회(이하 '한연') 출신으로 2학년 때인 1979년 YH무역 여성 노동자 투쟁을 지원하는 성명서를 발표하며 시위를 주동했던 인물이다. 그 사건으로 긴급조치 9호 세대의 막내 '빵잽이'가 되었는데, 그해 긴급조치 9호가 해제되면서 12월에 출감하고 1980년 1학기에 복학했다. 그는 서울의 봄 시기에 긴조 세대 선배들과 함께 고대 축제를 민주화운동 대향진으로 이끄는 데 일익을 담당했다. 그리고 1980년 7월 초에 신촌에서 불심검문에 걸려 성북서 유치장에 갇혔다. 박종혁은 유치장에서 선배들과

대화를 나누면서 자신이 고대 조직운동에 적극 나서겠다는 포부를 밝혔고, 선배들은 박종혁의 뜻을 암묵적으로 지지했다.

매일 밤 9시가 되면 '땡전뉴스'가 나오고 학교 캠퍼스와 강의실에 사복형사들이 상주하는 게 일상이 되었던 1981년은 확실히 학생운동의 수난기였다. 이 어려운 시기에 박종혁이 예상하지 못했던 시위가 일어났다. 4월 14일 시위였다. 주동자는 이규태(원예 78), 윤형노(금속 78), 주수홍(임학 78), 이선형(임학 79) 이었다. 그렇게 10.17 이후의 첫 학내시위가 추진되었지만 동원이 전혀 안 된 주동자만의 시위로 끝나버렸다. 시위 당일 오전에야 박종혁이 시위 주동자들로부터 인원 동원 요청을 받았던 것이다. 박종혁은 그 요청을 냉정하게 거절할 수밖에 없었다. 이날의 아쉬움과 안타까움은 한 달쯤 지난 5월 20일에 해소할 수 있었다. 5.20 시위 때는 박종혁의 치밀한 계획에 따라 10.17 시위에 버금가는 인원이 모였을 뿐 아니라 문과대 앞에서 2시간 가까이 집회를 이어갔을 만큼 대성공이었다.

하지만 10.17 시위 때처럼 혹독한 대가가 돌아왔다. 1981년 들어 처음으로 성공적인 시위를 벌였지만 강창선(경영 79), 남해련, 이상현, 박영식(정외 75) 등의 주동자들이 경찰서 조사를 받는 과정에서 박종혁이 동원책인 것이 드러났다. 이에 성북서가 박종혁을 연행해 혹독한 고문을 가했다. 머리부터 발끝까지 몸이 새까맣게 변할 정도로 심한 고문이었다. 그럼에도 불구하고 박종혁은 1981

년 2학기에 접어들어서도 한 차례 더 조직 동원책 역할을 훌륭하게 수행했다. 10월 29일 조석현(법학 79)과 곽내혁(철학 79)이 주동한 시위였다.

어려운 시기를 온몸으로 견뎌내며 박종혁은 성북서에서 호되게 당한 경험을 바탕으로 학생운동 지도부 구성안을 새롭게 마련했다. 조직을 관리하는 지도부와 투쟁을 지휘하는 지도부로 이원화하는 방안이었다. 정권의 거센 학생운동 탄압에 대비해 조직을 보호하기 위함이었다. 학생운동 조직이 비교할 수 없을 정도로 커진 1984년 이후 각종 알리바이를 투쟁위원회에 맞추는 것이 상식이 되었지만, 1981년만 하더라도 죽을 만큼 두들겨 맞고서야 온몸으로 체득한 실천적 지식이었다.

1982년을 앞두고 박종혁에게 주어진 과제는 1982년에 4학년이 되는 79학번 내의 학생운동 지도부 구성이었다. 박종혁은 조직지도부와 투쟁지도부 분리 방안을 79학번에 도입했다. 79학번 조직지도부를 김덕균(사회 79)이 맡고 투쟁지도부는 김헌(정외 79)과 양동주(철학 79)가 맡는 구도를 잡고서 작업에 돌입했다. 박종혁은 1982년 1~2월 겨울방학 내내 김덕균과 개별적으로 만나 조직지도부 구성에 대한 논의를 했고, 김헌과 양동주와는 여러 캠퍼스를 돌아다니며 투쟁지도부 운영 방안과 향후 계획에 대한 집중적인 토론을 했다. 하지만 이 작업은 1982년 신학기가 시작되어서도 매듭을 짓지 못했다.

학회 활성화 활동에
힘 모아 전념할 때

한편 겨사 출신 홍순우(중문 76)가 1981년 2학기에 군 제대 후 복학과 함께 학내 활동에 합류했다. 여기서 잠시 겨레사랑회와 현대철학회(이하 '현철') 명칭과 관련된 전후 사정과 내용을 살피고자 한다. 먼저 겨레사랑회는 고대를 대표하는 전통의 오픈서클인데, 1980년 5.17 이후 다른 서클과 함께 강제로 해체되었다. 그러다가 1981년 3월에 학교 당국의 통제하에 서클 재등록을 할 때 서클 이름을 현대철학회로 바꾸었다. 따라서 1981년 이후의 오픈서클은 현철이라 칭하고 그 이전에 활동했던 사람은 겨사 출신 혹은 겨사 선배 그룹이라 부른다. 80학번의 경우, 1학년 때는 겨사 소속이었지만 2학년인 1981년부터는 현철 소속이 된다.

그리고 1982년을 기점으로 겨사 출신이 목적의식적으로 언더 학습모임을 만들며 조직화한 언더 활동 단위를 겨사 언더라 부른다. 나아가 겨사 언더와 겨사 선배 그룹의 지도노선을 따르는 모든 활동 단위를 통칭해 겨사조직(오르그) 혹은 겨사 그룹(패밀리)으로 명명한다.

1981년 11월에 문무대 사건이 났을 때 홍순우는 현철 79학번을 모아서 대책을 협의했다. 그중 현철 회장 주은경(교육 79)으로 하여금 문무대 사건에 대한 학내 설문지를 돌리고 서명운동을 벌이는 문제에 대해 책임을 지게 했다. 한편 문무대 사건이 날 즈음, 현철 소속의 80학번 4명이 3학년에 올라가면서 맡아야 할 역할에 대한 중요한 논의를 했다. 1981년 11월 제일교회 대학부 활동을 정리하고 학내로 복귀한 김두황, 김희근, 박상중, 양창욱 등이 각자 맡아서 해야 할 일에 대한 역할을 나눈 것이다. 그 논의에서 김두황과 양창욱이 각각 정경대와 문과대 학회 활성화 작업에 집중하고, 김희근과 박상중은 각각 오픈서클과 언더서클 활동에 주력하기로 합의했다. 이들 네 명의 역할 분담에 대한 합의는 1983년 3월까지 이어졌다.

　이에 따라 김두황은 타 서클 소속의 동기들을 만나며 본격적인 정경대 학회 활성화 작업에 박차를 가한다. 김두황은 1981년 말부터 사연에 있던 김영중(정외 80), 한연 소속의 손학붕(경제 80)과 주재환(정외 80)을 만나 정경대 학회 구성에 대한 세부적인 의견을 나누며 구체적인 활동에 들어간다. 그 일환으로 동기 김희근에게 소개받은 81학번 4명과 학습 소모임을 운영했다. 김두황이 사회과학 학습 커리큘럼을 제시하고 강도 높은 세미나를 진행한 이 모임에 참여한 이들은 박래군(경제 81), 박부용(정외 81), 이재권(신방 81), 최창환(경제 81)이다. 정경대 조직을 이끌어갈 핵심 인력을 키우기 위한 코어 조직이었다.

　김두황이 학회 활동에 주력할 무렵 박상중은 81학번으로 구성된 별도의 언더 학습모임을 준비했다. 이 언더조직에 가담한 이는 현

1982년 3월 24일 시위에서 곧바로 진압되고 주동자들이 다 잡혀간 후 학생들이 웅성거리고 있다. 조직적인 동원이 제대로 이루어지지 않아 고대 학생운동에 절망감을 안겼던 시위였다.

철의 박종현(사학 81)과 배정범(국문 81) 그리고 고대불교학생회(이하 '고불회')에서 활동 중이던 이경우(경영 81) 등인데, 이 모임이 겨사 언더와 다른 현철 언더의 출발점이다.

  1982년 1학기를 맞아 첫 시위가 준비되고 있었는데, 이때까지도 79학번 지도부 구성을 매듭짓지 못한 상태였다. 81학번 109명이 대거 강제징집을 당한 문무대 징계의 부당성을 규탄하는 이 시위의 동원 책임을 맡은 이는 박종혁이었다. 홍순우도 예종영(정외 79)을 통해 동원에 적극적으로 개입했다. 이런 배경하에서 실행된 3월 24일의 도서관 시위는 20여 명 정도만 참여한 채 불과 몇 분 만에 진압되고 말았다. 현철 소속의 주은경, 박병우(철학 81), 길기관(철학 81) 등이 주동을 했던 3.24 시위는 동원 문제를 해결하지 못한 채 처참하게 실패했고, 현장에서 검거된 현철 소속의 81학번 두 명과 동원 배후로 찍힌 예종영이 강제징집되었다.

  설상가상으로 박종혁이 성북서에 연행되면서 학교를 떠나게 되었다. 1982년 4월에 박종혁은 3.24 시위의 실패 원인을 분석한 문건 등을 압수수색에 대비해 후배 집으로 옮기는 과정에서 불심검문에 걸려 검거되었다. 박종혁이 소지한 여러 문건을 보고 놀란 성북서의 전략통 이강수가 말했다. "야. 너 고대에서 관여 안 한 일이 없네. 국보로 몇 년 살고 싶냐? 아니면 하나 불래?" 성북서가 해결하지 못하고 있던 사건에 대한 정보를 제공하면 죄를 가볍게 처리해 주겠다는 수작이었다.

1982년 5월 14일 시위 장면. 학생식당에서 시작한 이 시위는 5분을 버티지 못하고 진압되었다. 사진을 찍히지 않기 위해 얼굴을 가리고 있는 시위대 모습에서 엄혹한 시기의 처절함과 치열한 투쟁 의지를 엿볼 수 있다.

박종혁은 고민에 고민을 거듭했다. 사실 박종혁은 그 사건을 알고 있었다. 1982년 3월에 강영식(사학), 백홍(사회), 이수봉(사회), 이재선(사학) 등 당시 2학년인 81학번 네 명이 선배와 상의도 없이 학내에 유인물을 뿌리고 이후에 박종혁에게 알려준 사건이었다. 고민 끝에 박종혁은 그 사실을 넘기고 징역 10개월 형을 받았다. 박종혁이 감옥에서 나오자마자 제일 먼저 한 일은 네 명의 81학번을 찾아가 용서를 구하는 거였다. 그때 강영식은 "우리는 이미 형의 입장을 이해하고 용서했어요."라고 얘기했다.

박종혁이 구속됨으로써 79학번으로의 지도부 이양 작업은 완전히 헝클어졌고, 79학번이 주도한 5.14 시위도 3.24 시위만큼이나 처참하게 5분 시위로 끝나버렸다. 박윤길(국문 79), 이희경(사학 79), 김혜영(신방 79), 성철준(불문 80), 송재석(수학 79) 다섯 명으로 구성된 5.14 시위팀은 79학번 지도부 구성이 완성되지 않은 상태에서 동원 문제를 해결해야 했다. 그 대안은 동원의 다원화였다. 박윤길은 김덕균에게 기생과 학회 동원을 부탁했다. 또 이희경은 김헌(정외 79), 양동주(철학 79)에게 오픈서클 동원을 부탁했다. 그리고 송재석은 후배들에게 공대 쪽 동원을 부탁했다.

그리고 5.14팀은 고대 시위팀 최초로 〈야학비판〉과 〈전망〉으로 갈라지는 조직노선과 투쟁노선에 대한 입장을 자체적으로 정리해 선전 유인물 형태로 만들어 시위 일주일 전에 뿌렸다. 유인물 사전 배포에 따라 5월 14일에 시위가 있을 것임을 성북서에서도 짐작하게 되었다. 긴장 상태에 들어간 성북서가 촉각을 곤두세우는 속에 벌어진 5월 14일 학생회관 식당 시위는 초동에 진압되고 말았다.

 3월 24일 시위 때와 마찬가지로 5.14 투쟁은 5분 버티기 벽을 결국 뚫지 못했다. 고심 끝에 새롭게 시도한 다원화한 동원도 실패하고 만 것이다. 79학번의 주요 역량을 동원한 시위가 실패로 돌아감으로써 고대 학생운동에 던진 패배감과 충격은 상당했다. 소수 인원으로는 경찰 방어벽을 뚫지 못하고 5분 시위를 벗어날 수 없는 학생운동의 역량 부족을 뼈저리게 느꼈던 시위였다. 결국 학생운동 역량을 강화해 조직 동원의 규모를 몇 배 늘려야 한다는 과제를 실감했던 것이다.

79학번 지도부 구성의 난맥상과 대학 연합시위

 5.14 시위 실패 후 1982년 여름방학을 통해 79학번이 나서 80학번 지도부 구성을 위한 작업을 시도했다. 오픈서클에서 활동하던 80학번 7명을 대상으로 양동주가 세미나를 실시했고, 학회에서 활동하는 80학번에 대해서는 김덕균이 학습 지도에 나섰다. 8차례 정도의 세미나가 진행되었지만 조직적인 성과를 얻지는 못했다. 여건도 79학번을 돕지 못했다. 박종혁 구속 이후 홍순우가 79학번이 지도하는 80학번 세미나 작

업을 비판하고 나섰다. 선배 그룹이 79학번에 대해 측면 지원을 하지 않고 오히려 비판하게 되니, 80학번에 대한 79학번의 장악력이 더 떨어졌다. 더욱이 79학번 내부에서 조직노선과 투쟁노선에 대한 통일적 의견을 만들지 못함에 따라 80학번들에 대한 지도력이 더욱 약화되었다.

이런 상황에서 겨사 출신의 이승환(경제 76)이 고대 학운에 적극 개입하게 된다. 1982년 2학기에 전국민주노동자연맹(약칭 '전민노련') 사건에 연루돼 조사를 받고 풀려난 뒤 복학한 이승환은 단위 캠퍼스의 학생운동 역량만으로 전두환 군사독재정권에 타격을 가할 수 없다는 입장을 강하게 가지고 있었다. 이승환은 전국의 대학이 총집결하는 연합투쟁만이 힘을 가질 수 있기 때문에 우선적으로 동원 역량을 갖춘 주요 대학의 연합투쟁을 끊임없이 시도하는 게 중요하다고 강조했다.

그렇게 해서 서울대 유기홍(국사 77), 성대 이정현(경영 78), 연대 천호선(사회 80) 등과 협의해 4개 대학이 주축이 된 1982년 9월 24일의 고연전 연합 가두시위를 성사시켰다. 뒤이어 11월 3일 학생의 날에도 4개 학교가 주축이 된 가두시위가 펼쳐졌다. 전두환 군사독재정권이 들어선 이후의 첫 대학 연합 가두시위였다.

대학 간 연대를 통한 공동투쟁은 1981년의 전민학련처럼 비밀조직을 먼저 만들어 정권의 대규모 탄압을 초래하는 조직모험주의에도 빠지지 않는 장점이 있었다. 또한 개별 대학에 국한되지 않고 궁극적인 지향인 대학 연합투쟁을 4개 대학이 먼저 실천함으로써 침체기 학생운동에 새로운 활력을 제공했다. 아직 연대투쟁에 합류하지 않은 타 대학에게 용기를 불어넣는 등 긍정적 역할도 적지 않았다. 이승환이 합류해 대학 간 연대투쟁을 이끈 것은 고대 학생운동 내부의 분위기 쇄신과 역량 강화에도 도움이 되었다. 이승환이 대학 간 페더(연대) 선을 가짐으로써 현철 80학번들이 통합 오르그를 형성해 나가는 데 큰 힘이 되었다.

이승환 외에도 겨사오르그를 돕는 여러 선배들이 복학했다. 1982년에 복학한 겨사 출신 소영진(행정 76)과 법률행정연구회(이하 '법행연') 출신 박성우(행정 77)는 행정학과 학회는 물론 사범대와 경영대 학회를 지도했다. 그리고 1983년 6월 고병헌 학도호국단 출범에도 힘을 보탰다. 준비 단계부터 후배들 활동을 지원했을 뿐 아니라 학도호국단 출범 3개월이 지난 후부터는 아예 박성우가 학도호국단 기획부장이 되어 주요 활동을 지휘했다. 아카데미 출신의 윤석환(사학 77)은 1982년 1학기에 군 제대 후 복학해 사학과 학회의 출발점이 된 81학번 세미나팀을 지도했다.

1982년 여름방학 때 양동주와 김덕균이 주도한 80학번 지도부 구성을 위한 활동이 실패로 돌아간 후 고대 학생운동 내부 조직에서 79학번의 리더십이 더욱 악화되었다. 79학번의 리더십 실종을 메우며 80학번을 지원한 이는 홍순우와 이승환 등 겨사 복학생 선배 그룹이었다. 또한 김두황, 김희근, 박상중 현철 80학번 3인이 학내 조직을 움직이는 리더 그룹으로 부상했다. 이들 3인은 거의 매일 회의를 갖고 학내에서 제기되는 다양한 현안에 대한 대응책을 마련하며 사실상 고대 학생운동의 사령탑 역할을 감당했다. 김두황은 본인이 관리하던 정경대 4인 코어 학습 소모임 외에 정경대의 김현배(정외 81)를 개별 지도했고, 문과대의 김창현(사회 81)도 맨투맨 방식으로 관리했다.

  비슷한 시기에 김희근도 오픈서클에서 활동 중이던 81학번 몇 명을 묶어 오픈서클 언더팀을 운영했다. 문학연구회(이하 '문연')의 이범재(국문 81), 스피치연구회(이하 '스피치')의 김인수(정외 81) 등이 김희근과 세미나를 했던 멤버들이다. 별도의 현철 언더모임을 가동하고 있던 박상중 역시 1982년 10월 무렵부터 인문학연구회(이하 '인연')의 조경현(사회 81)이 자생적인 언더서틀을 만드는 것을 포착하고 그 모임을 지도하기 시작했다.

학회 성장과
대중투쟁 가능성을 확인한 시위

                      1982년 5.14 시위가 5분 시위 실패 이후 고대 학생운동 조직의 현안으로 부각된 것은 6월 말의 학도호국단 선거였다. 학도호국단 체제는 전두환 신군부가 들어선 후 학생 자치조직과는 거리가 먼 완전 임명제였지만, 1982년에 접어들어서는 학생들의 요구를 학교 측이 조금씩 수용하면서 대의원 선거를 통해 학도호국단장을 선출하는 제도로 바뀌었다. 비록 신군부의 눈치를 보는 학교 당국의 통제가 있지만 학도호국단이라는 합법적 기구를 장악하는 것은 학생운동 대중화에 유리한 공간을 확보하는 일이었다. 이 좋은 기회를 놓칠 수 없다고 판단한 80학번 학회장들이 발 벗고 나섰다. 학도호국단장 후보로 진창원(법학 80) 법대 학회장을 추대했다.

경제학과 학회장 손학붕을 비롯해 정외과(학회장 주재환), 사회학과(학회장 강준원), 독문과(학회장 박종길), 중문과(학회장 한선모), 국문과(학회장 안선덕), 경영학과(학회장 하행민), 교육학과(이형숙) 등이 대거 참여했다. 결과는 학도호국단장 대의원 선거에서의 승리였다. 고대 학생운동사에서 처음으로 학회 대중 활동의 결과로 얻어낸 대중 동원의 승리였다. 비록 운동권의 학도호국단 장악을 못마땅하게 여긴 성북서의 개입으로 '3일 천하'로 끝났지만 학회의 성장과 가능성을 보여준 시그널임이 분명했다.

학회의 성장과 대중투쟁의 가능성을 더욱 극명하게 확인한 것은 1982년 9월 8일 중앙도서관에서부터 시작된 일본 교과서 왜곡 규탄시위에서였다. 일본 교과서의 역사 왜곡 문제가 전 사회적으로 불거졌을 때, 학도호국단 학술부 주최의 교양강좌가 계획되었다. 이 소식을 접하고 절호의 기회라 여긴 80학번 오픈서클 회장단과 학회장들이 총동원령을 발동했다.

1982년 9월 8일, 일본 교과서 역사 왜곡을 규탄하는 시위가 벌어졌다. 중앙도서관에서 학도호국단 주최의 강연회를 마치고 학생들이 도서관을 나오면서 자연스레 시위로 이어진 것이다. 1,000여 명의 시위대가 도서관 옆에서 구호를 외치며 스크럼을 짜고 교내를 돌고 있다. 학생들의 열기가 무척 높았던 이 시위 이후 후속 투쟁을 조직하지 못하면서 79학번 지도부가 거센 비판을 받았다.

1,000여 명이 운집해 열기를 뿜어냈고 대중강좌가 끝나자 학교 전역을 누비며 2시간 넘게 시위를 벌이며 캠퍼스를 뜨겁게 달구었다. 10.17 시위 때보다 더 많은 인원이 참여한 대중투쟁이었다. 하지만 자발적 대중투쟁을 정치적으로 발전시키는 후속 대응을 마련하지 못했다. 책임져야 할 79학번 중에 아무도 나서는 이가 없었던 것이다. 이 일본 교과서 왜곡 규탄시위 이후 79학번의 목소리가 고대 학운에서 완전히 사라져 버린다.

일본 교과서 왜곡 규탄 시위 이후 고대 학운은 겨사 복학생 그룹과 현철 소속 80학번 지도부가 연합해서 고대 학운을 끌어나가게 된다. 이 연합지도부에서 2학기 시위 계획을 짰다. D데이는 학생의 날을 기념해 준비한 단과대 축제인 11월 4~5일이었고, 학회가 규모 있게 조직 동원을 치밀하게 준비한 시위로서 1982년 하반기의 유일한 시위팀이 가동되었다. 시위팀에 참여한 이는 김광경(사회 78), 홍기원(재료 80), 어미숙(사학 80) 3명이었다. 이 시위팀을 꾸린 이는 넓은 정보망을 가진 홍순우였다. 조직 동원은 80지도부 경제학과 3인이 맡았다.

11월 4일 시위는 경찰 병력에 의해 곧바로 진압되었지만, 11월 5일에는 서관농구장에서 문과대 축제인 녹두제의 일환으로 국문과 민속반 주최 고성오광대 공연이 예정되어 있었다. 그런데 11월 4일 시위로 성북서의 압력을 받은 대학 당국이 공연 자체를 불허했다. 이에 서관농구장에 공연 관람을 위해 모인 학회원들이 항의

1982년 11월 5일에 문과대 녹두제 행사의 하나인 국문과 민속반의 고성오광대 공연이 예정되었지만 학교 당국의 방해로 무산되었다. 전날의 시위를 문제 삼아 학교 당국이 행사를 막은 것에 대해 항의하는 시위대가 서관 농구장에서 홍보관 방향으로 달려가고 있다. 이날 시위대는 민주광장에서 투석전을 벌이고 교문 진출을 시도했다. 그 과정에서 1980년 서울의 봄 이후 처음으로 사과탄이 터졌다.

표시로 침묵시위를 시작하고 곧이어 교내 행진에 돌입했다. 민주광장에서의 투석전으로까지 이어진 이날 시위는 1980년 5월 이후 처음으로 사과탄이 터질 만큼 치열했는데, 집회 도중 많은 학생들이 사과탄이 터지는 광경에 환호성을 터뜨렸다.

80학번 3인의 지도부 구성과 인적 편중 현상

1982년 11월 4~5일의 시위는 조직적으로 잘 짜인 계획이었고, 대오 형성과 전투 측면에서도 치밀성이 돋보인 모범사례라 할 수 있다. 김두황, 김희근, 박상중 등 현철 소속의 경제학과 80학번 3인은 이 시위를 성공적으로 이끌면서 지도력을 더욱 확보하게 되었고, 자연스럽게 4학년이 되기 전에 80학번 학운 지도부가 구성되었다. 이로써 79학번 지도부 구성 과정에서의 난맥상과 같은 혼란을 되풀이하지 않게 되었고, 1982년 하반기부터 확연히 바뀌기 시작한 대중조직 활성화 활동에 더욱 박차를 가할 수 있는 기반을 마련하게 되었다.

하지만 80학번 지도부 형성 과정에서 문제점도 발생했다. 박종혁이 1982년 4월에 구속된 것이 뼈아팠다. 박종혁이 선배 그룹의 일원으로 홍순우, 이승환과 같이 80학번을 지도했다면 훨씬 통합적 효과를 발휘했을 것이다. 그리고 80학번 지도부 형성에 79학번이 완전 배제된 것도 아쉬운 대목이다. 79학번이 역할을 할 수 있도록 선배 그룹에서 측면 지원하는 것이 더 나은 결과를 만들었을 것이다.

  80학번 지도부가 김두황, 김희근, 박상중 현철 3인으로 구성된 것은 너무 일방적인 인적 편성이었다. 적어도 고대 학운을 대표하는 서클이었던 현철, 사연, 기생과 언더서클 민맥이 통합적으로 참여하는 80학번 지도부를 구성했다면 좀 더 포용적이고 강한 리더십이 확보되었을 것이다. 지도부 형성 과정에 개입한 선배 그룹이 전부 겨사 출신이고 80학번 지도부 역시 전부 현철 소속인 편중 심화 현상은 이후 일어나는 모든 조직 문제의 7-장 근본적 원인이 된다.

80년대 고대 학생운동사 ❶

2장

함께 가는 길,
멀리 바라보고
뚜벅뚜벅 나아갈 때

▶ 대중운동으로 가는 길목, 튼튼한 학회를 조직하라

신군부의 엄청난 착각, 졸업정원제가 제공한 기회

전두환 신군부가 1980년 7.30 교육개혁 조치를 단행했다. 과외 금지, 대학 본고사 폐지 등을 담았지만 가장 시선을 끄는 내용은 단연 졸업정원제였다. 이에 따라 1981년부터 각 대학의 입학 정원이 늘어났다. 1982년과 1983년의 신입생 수가 이전과 비교해 큰 폭의 증가세를 보였다. 그렇다면 신군부는 왜 5.17 이후 얼마 되지 않은 시점에서 이 같은 교육개혁 조치를 강행했을까?

그 정치적 의도는 쉽게 읽힌다. 입학 정원이 대폭 늘어난 대학가에서 졸업을 위해 학점 경쟁에 몰두하는 분위기를 조성함으로써 학생운동에 관심을 갖거나 정부에 대항하는 행위 같은 '딴생각' 따위를 아예 못 가지게 하려는 얕은 발상이었다. 신군부의 이 어설픈 정책은 그들의 의도와 정반대 결과를 낳았다. 입학생 숫자를 대폭 늘이는 이 조치가 오히려 학생운동의 기반을 넓히고 외연을 확대하는 환경을 제공함으로써 결과적으로 군사정권을 압박하는 반대 세력을 스스로 키운 셈이다. 이 정책을 발표할 때 신군부 진영에 몸담고 있던 그 누구도 그것이 칼날 부메랑이 되어 자신들을 향하게 되리라는 사실은 꿈에서조차 알지 못했을 터이다.

졸업정원제 실시로 고대 학생 수가 얼마나 늘어났는지 살펴보자. 1980년과 비교해 1982년 입학 정원이 1,500명 정도 증가했다. 법과대학의 경우, 1980년은 법학과와 행정학과를 합해 정원이 140명이었는데 1982년에는 행정학과가 정경대학으로 편입되었음에도 300명으로 늘어났다. 그리고 정경대학이 175명에서 400명으로, 문과대는 300명에서 830명으로 늘어났다. 마찬가지로 경영대가 200명에서 400명, 사범대도 190명에서 450명으로 늘어났다. 1983년에는 더욱 증가해 입학 정원이 5,000명 수준이 되었다. 그래서 1983년 이후부터 '2만 학우'라는 말이 자연스럽게 회자되었다.

그중에서 본교에서 3년 동안 늘어난 숫자만 따지면 4,500명이나 되었다. 학생운동 주력이 대부분 본교에 있는 문과대, 정경대, 사범대, 법대, 경영대 소속인 점을 감안한다면, 82학번이 입학한

1982년 1학기부터 시작해 하반기부터 본격화된 학회 활성화 활동은 1981년과는 확연히 달라진 분위기에서 출발할 수 있게 되었다. 군사정권의 폭력과 감시로부터 숨죽이면서 끝내 좌절하지 않고 나아가려 했던 선배 그룹의 노력과 헌신이 서서히 결실을 맺기 시작한 것이다.

1982년부터 학회로 대표되는 학생자치조직 건설의 중요성과 그 실천 방향에 대한 논의가 활발해졌다. 시위와 동시에 5분도 안 되는 사이에 경찰에 의해 처참하게 진압되는 광경을 수없이 지켜봤던 학생운동 참여자들의 시선이 자연스레 학생 대중이 모여 있는 각 학과로 옮겨졌다. 이 시기, 학생운동의 당면 과제와 방향에 관한 논의가 활발해졌고 대중조직 및 언더조직을 어떻게 구축할 것인가에 대한 조직노선 논쟁도 치열하게 진행되었다.

학회 활성화에 대해 가장 적극적으로 의견을 개진하고 실행에 옮긴 이는 김두황을 위시한 80학번 그룹이다. 특히 김두황은 학교 당국에 학회실 확보를 끈질기게 요구하다 아예 시계탑 7층 빈 공간에 의자를 들고 들어가 학회실로 만들어버렸다. 이 일로 학생을 감시하기 위해 성북서 짭새(경찰)들이 주둔하던 옆방이 자연스럽게 없어졌다. 이렇게 경찰을 쫓아내고 경제학과 학회실을 마련한 것이다. 이후 양창욱이 주도한 문과대에서도 본관에 법과대와 함께 학회실 확보에 성공했다.

2학기 들어서서 학회 활동 움직임이 더욱 활발해졌고 활동 폭도 대폭 넓어졌다. 김두황이 주도한 학회장 연합 모임은 1983년 1월에 성사되었다. 아쉽게도 학회 활동을 선도했던 김두황은 1983년 3.7 사건으로 검거되어 학교를 떠나게 된다. 그렇지만 그 노력과 헌신은 헛되지 않았다. 1983년 하반기가 되었을 때의 학회 동원력이 기존 학생운동의 중심축이었던 오픈서클보다 2배를 상회할 정도로 비약적 성장세를 보였다. 1983년 고대 학생운동에서의 학회 위상을 이해하기 위해 1982년의 각 학회 활동상과 주요 인물들의 활약을 간략히 살펴보자.

MT 때 큰 봉변을 당해
위기를 겪은 행정학과 학회

경제학과 학회는 고대에서 가장 먼저 만들어진 학회로 꼽힌다. 그 출발점은 1981년 5월이다. 학회 필요성을 고민하던 김희근이 과 후배 81학번 중에서 함께 학회 활동을 할 만한 후배를 찾는 과정에서 박래군을 만났다. 김희근은 박래군에게 학회를 한번 만들어 보자고 제안했고, 이에 박래군이 좋은 동기가 있다며 사연에서 활동 중이던 최창환을 데리고 왔다. 그렇게 세 사람이 의기투합해 학회 결성을 위해 분주하게 뛰어다니며 학회에 합류할 수 있는 81학번을 물색했다.

9월이 되었을 때 진남근, 조경재, 민창호 등이 추가로 합류하면서 경제학과 학회 출범을 알릴 수 있게 되었다. 이 팀 세미나를 김희근이 지도했다. 이 세미나팀에 김희근과 친분이 있던 정외과의 김영중도 모임에 가끔씩 참여해 지원했다. 커리큘럼은 당시 오픈서클에서 진행하던 것과 유사했다.

1981년 말부터는 김두황이 결합해 학회 활동을 주도했다. 1980년부터 1981년 말까지 제일교회 대학생부 활동을 했던 김두황이 학내로 복귀해 김희근과 바통 터치를 한 것이다. 이는 상호 사전 협의를 거친 일이었다. 비슷한 시기 한연에서 활동하던 김두황의 학과 동기 손학붕도 학회에 합류했다.

손학붕은 김두황과 긴밀하게 상의하면서 경제학과 학회 활동을 했다. 그리고 이듬해인 1982년 3월에 정식으로 경제학과 학회장을 맡았다. 1981년 말 겨울방학에 들어갈 무렵에 당시 1학년인 81학번 몇 명이 추가되었다. 맹찬호, 임선수(사연 출신), 김종일(민맥 출신) 등이다. 이 중 임선수는 학회 활동에 매우 적극적인 모습을 보였는데, 본인이 활동하고 있던 오픈서클에 아예 발을 끊고 학회 활동에만 올인했다.

81학번 중에서 공개적인 과 단위의 학회 활동뿐 아니라 정경대 차원의 비밀 학습모임에 참여하는 이들도 적지 않았다. 대표적인 경우가 앞서 언급한 대로 김두황이 지도를 맡은 정경대 코어 모임이다. 경제학과 81학번 중에서 이 모임에 참여한 이는 박래군과 최창환이다. 후술하겠지만 이 모임 구성원이 1~2년 후 고대 학생운동의 주요 역할을 맡게 된다.

임선수도 공개되지 않은 별도의 세미나팀에 참여했는데, 1982년 정경대 학생회장을 맡았던 이동석(경제 80)의 지도하에 정외과 81학번인 김원수, 김현민과 한 팀이 되어 한동안 강도 높은 학습 활동을 했다. 재미있는 사실은 이동석이 워낙 텐트를 들고 곳곳을 떠돌며 야영하는 것을 좋아해 전국 곳곳을 여행하며 세미나를 진행했다고 한다. 이후 임선수는 정경대 편집부가 만들어지는 1983년 말부터 그곳에 차출되어 활약하게 된다. 편집부 일을 같이 하게 된 이는 같은 과의 김종일과 정외과의 김현민이다. 1983년의 경제학과 학회장은 진남근이 맡게 된다.

행정학과 학회의 출발은 조촐했다. 80학번에는 현철 출신 박기환과 법행연 출신 이영복 두 사람뿐이었다. 그리고 81학번도 이상협과 김문주 두 사람이었다. 이렇게 네 명이 1982년부터 행정학과 학회 활동을 시작했다. 1981년까지 행정학과의 단과대 소속은 법대였고 정원이 고작 20명(법학과는 120명)밖에 되지 않았다. 그 20명 중에서 80학번, 81학번이 각각 2명씩 학회 활동을 한 셈이니 마냥 작은 숫자는 아니었다. 그러다가 1982년부터 정경대로 단과대 소속이 바뀌었고 졸업정원제에 따라 정원이 무려 80명으로 늘어났다. 이 같은 외적 환경 변화가 행정학과 학회의 비약적 성장으로 이어졌다. 당연하게도 초기 학회 활동에 전념한 네 사람의 열성으로 일궈낸 성과였다.

1982년의 학회 활동이 본격화되면서 82학번 신입생 중 20명 정도 학회에 가입했다. 예전과 확연하게 다르게 학회실이 북적거렸다. 1983년 12월 말, 행정학과 학회가 겨울방학 MT를 추진했다. 장소는 다산 정약용 선생 생가가 있는 경기도 능내였고 3박 4일의 일정이었다. 1982년의 마지막과 1983년 새해 첫날을 함께하겠다는 취지였다.

방학을 맞아 시골 고향집으로 내려가려는 이들을 설득한 결과, 12명 정도의 82학번이 대거 MT에 참여하게 되었다. 시국에 대한 분석은 물론 한국노동운동사 관련 내용을 발췌한 복사물을 나누어 읽으며 열띤 토론을 벌이고 학습하는 시간을 가졌다. 하지만 방 안에 갇힌 채로 토론만 하다 보니 다들 지치고 좀이 쑤셨다. 밖에 나가 좀 놀자는 누군가의 제안이 나오게 되었고, 그 말에 다들 동의했다. 그렇게 2박을 마치고 사흘째 되는 날에 어이없는 일을 겪게되었다. 행정학과 입장에서 보면 잊고 싶은 흑역사다. 그 사건에 대해 당시 MT에 참여했던 82학번 김두수의 이야기를 들어보자.

••• 2박 후 사흘째 오후 3시쯤이었어요. 우리 숙소가 있는 능내역 앞쪽에 한 500평 되는 작은 호수가 있었어요. 얼음이 완전히 얼어 있던, 한강 뚝에 의해 한강에서 분리된 호수였어요. 거기에서 공차기를 하게 되었어요. 너무 세미나만 해서 지루했거든요. 그렇게 다들 모여서 얼음 축구를 신나게 하고 있었죠. 한참을 그렇게 놀고 있을 때, 갑자기 지프차와 버스 한 대가 호수 근

처에 도착하더라고요. 지프차에서 한 경찰이 내리더니 "너희들 이리 와." 해서 멋모르고 경찰에게 다가갔어요. 그랬더니 "너희들 어떻게 왔어?" 하며 언성을 높였어요. 우리가 "놀러 왔는데요." 하니까 숙소로 같이 가자고 하는 거예요. 그때 우리가 좀 똘똘하게 대응을 못 한 거죠. 숙소에 가 보니, 아뿔싸 세미나 하다가 치우지 않고 나왔던 상태 그대로인 겁니다. 그러니까 뭐냐 하면 보안 개념이 없었던 거죠. 80 선배들도 좀 쉽게 생각했던 것 같아요. 그냥 학생들 잡으러 순찰을 도는 지프차에 어이없이 걸린 거지요. 몽땅 실려서 남양주서로 갔어요. 거기서 3박 4일 동안 두들겨 맞았어요. 그러고선 그 다음 날 성북서로 넘겨졌어요. 성북서에서도 2박 3일 맞았지요. "쪽팔리게 새끼들, 왜 다른 서에 잡혀!" 하면서 마구 때렸지요. 마지막 날 부모들 불러서 데리고 가게 했어요. 이 사건 때문에 학회를 이끌던 80형 둘 모두가 강집을 당했어요. 너무나 허탈했어요. 그때 박기환 형과 이영복 형이 중간에 저를 붙잡고 울었던 기억이 너무나 생생해요. "만약에 우리 학회가 이번 건으로 혹시 깨지더라도 네가 꼭 살려라!" 선배의 그 말이 가슴을 후비고 들어왔어요. 결국 그렇게 부탁하면서 선배 두 분이 군대에 갔잖아요. 선배가 그렇게 훌쩍 떠난 후 우리가 가만 있을 수 없잖아요. 그때부터 선배들 생각하면서 정말 열심히 학회 활동을 했어요. 저하고 같이 학회 활동을 열심히 한 82학번 동기가 이일영과 임의영이었어요. 나중에 이일영이 행정학과 학회장을 하고 나서 이상협 형이 했던 총학생회 복지위원장을 1985년에 맡았어요. 그리고 현재 강원대 교학부총장인 임의영이 학회 학술부장을 했어요.

걸출한 학생운동가를
양산한 정경대 학회

신방과 학회 설립에는 80학번이 보이지 않는다. 대신 활동력이 뛰어난 81학번이 많았다. 스피치 출신 이재권, 현철 출신 안성주, 1984년에 정경대 학생회장을 맡았던 김현민, 민맥 출신 윤석암 그리고 이화실 등이다. 82학번에는 현재 진보당 울산시당 위원장을 맡고 있는 방석수와 현역 3선 의원인 신정훈, 강성복이 대표적이다.

방석수는 뒤에 겨사 언더조직의 수장 역할을 했고, 강성복은 문정 언더서클에서 활동하다 1985년 후반기에는 대학 간 연대활동을 책임지는 활동을 펼쳤다. 신정훈은 김두황이 만든 82 정경대 코어 모임의 멤버였고, 1984년의 민정당사 점거 농성과 1985년의 미문화원 점거 농성에 참여했다. 그 이유로 점거 농성 전문가라는 별칭이 붙기도 했다. 강성복은 김두황의 강제징집 직후(1983년 3월) 이재권의 권유로 정경대 내의 언더모임에서 윤지환(정외 82), 이정배(경제 82), 방석수 등과 같은 팀에 묶였다. 박부용의 지도하에 10개월 정도 학습모임을 가지면서 겨사 정경대 언더모임의 핵심으로 키워지지만 이후 반(反)겨사 문정 그룹의 선봉장이 된다.

정외과 학회 건립 과정에서는 특별한 사연이 있다. 졸업정원제가 큰 변수가 된 사례다. 81학번 모집 요강에 따라 경제학과와 정외과를 함께 뽑았는데, 과를 정하는 과정에서 대부분 학생이 경제학과를 선택함에 따라 2학년이 된 1982년의 정외과 81번이 20명 정도밖에 되지 않았다. 그러다가 졸업정원제에 따라 인원이 크게 늘어 82학번 신입생이 80명에 육박했다. 당시 학생운동에 적극 가담했던 정외과 80학번이 3명이었고 81학번은 5명이었다. 81학번의 경우 20명 중에서 5명이니, 학생운동에 가담한 참여 비율이 다른 과와 비교해도 결코 낮지 않았다.

그러다가 대폭 늘어난 82학번 신입생이 황금세대라 불릴 만큼 왕성한 활동력을 선보이며 학생운동에 대거 뛰어들었다. 이에 따라 학회 활동도 활력이 넘쳐났다. 스타트를 끊은 것은 정외과 81학번 3명이었다. 1981년 5월, 오픈서클 스피치에 있던 박부용과 동민회 활동을 하던 김현배가 동기 김원수와 함께 학습모임을 만들었다. 그러다가 경제학과 학회 세미나를 지원한 김영중이 3명과 만나면서 학회 활동이 가속화된다. 1981년 7월, 여름방학을 맞아 김영중과 81학번 3인이 밀양의 김원수 집으로 농활을 갔다. 이렇게 김영중의 지도하에 세미나팀이 활발하게 가동될 때 80학번 주재환이 합류한다.

이후 주재환이 1982년 정외과 학회장을 맡으며 더욱 학회 활동을 확대했고, 이 과정에서 뛰어난 활동력을 발휘하는 82학번들이 대거 참여하게 된다. 겨사 언더의 핵심 역할을 맡은 윤지환, 18대 총학생회장 허인회, 1983년에 학회장이 되는 김일영, 82학번 중 마지막 투쟁위원장으로 활약한 김형욱 등 쟁쟁한 멤버들이 학회에서 자라나게 된다. 그리고 1982년 겨울방학이 될 때, 81학번의 최상재와 신동일이 뒤늦게 학회에 합류했다. 이 중 최상재는 학회 합류가 얼마 되지 않은 1983년 3월부터 정외과 학회장의 중책을 맡았다.

반면 통계학과는 뒤늦은 1983년부터 학회 활동을 가동했다. 1983년 초부터 통계학과 학회 일에 뛰어든 81학번으로는 1983년 5월 대동제 때 학회원들을 동원했다는 이유로 강제징집을 당하는 임동익, 1983년 2학기에 학회장 대행을 맡은 서상목, 고불회 출신의 김정훈과 윤경 등이다.

그런데 1983년 1학기 통계학과 학회장은 81학번 문영배였다. 문영배가 당시 이념서클에 가입하거나 시위에 참여했컨 학생이 아님에도 통계학과 초대 학회장이 된 데에는 나름의 사연이 있다. 1982년 6월 말에 실시된 학도호국단 선거에서 진창원이 이겼지만 대의원 자격 시비에 휘말려 당선 취소된 이후, 사기극에 가까운 편법으로 장현이 학도호국단장에 오른 사건과 관련이 있다.

당시 학도호국단장에 출마하려면 자격 조건이 과 학생회장(학회장)이거나 학도호국단 간부여야 한다는 학칙이 있었다. 그래서 장현 같은 후보의 원천봉쇄를 위해 모든 과의 학생회장 선거에 운동권 내부 혹은 학생운동에 우호적인 인물을 출마시키려 했다. 학회장 출마에는 학점 3.0 이상이라는 자격 요건이 있었다. 이런 사연 때문에 학회 활동에 우호적이었던 문영배가 학생운동에 적극 가담했던 동기들을 대신해 출마했다. 뜻밖에 학회장이 된 문영배의 얘기를 들어 보자.

••• 당시 학회장에 출마하려면 학점이 3.0이 넘어야 했어요. 학회 활동에 열심이었던 통계학과 다른 친구들은 전부 학점이 3.0이 되지 않았지요. 저처럼 통계학과와 막걸리학과(?)를 복수 전공한 사람만 학점이 3.0을 넘을 수 있었죠. 어느 날 친분이 있던 경제학과 김영수 형이 우리가 학도호국단장을 장악하기 위해서는 모든 과에서 학회장을 배출해야 한다고 하면서 저보고 "야, 네가 출마해라."라고 했어요..그래서 제가 83년 1학기 학회장을 했어요. 그러다가 영장이 나와서 2학기는 서상목이 학회장을 대신했어요.

통계학과 학회 활동에 전념했던 82학번으로는 주덕, 정용찬, 조광연 등이다. 주덕은 정경연 언더서클 활동을 겸하고 있었고 1984년 학회장은 정용찬이 맡았다. 정경대에서 가장 늦게 출발했지만 통계학과 학회는 83학번 가세 이후 가파른 성장세를 보였다. 83학번 이은주와 양현모는 1학년 때 통계학과 학회에 가입한 이후 주덕의 권유로 2학년 때부터 정경연 언더서클 활동을 병행했다. 민맥 언더에 있었던 83학번 김선홍은 1986년 김윤태 총학생회의 사회부장을 맡았다. 또한 사연 언더서클에서 활동했던 양영수, 1986년 통계학과 학회장 이호철과 학회 활동만 전념했던 이길수, 김재윤 등이 있다.

인원이 가장 많고
다양성이 드러난 문과대 학회

과별 학회는 학생회관에 자리한 오픈서클과 달리 문턱이 매우 낮다. 전두환 군사정권의 폭정을 지켜보며 실천하는 지식인이 되겠다는 의지로 이념서클에 자발적으로 가입하는 일은 결코 쉬운 일이 아니다. 그만큼 엄혹한 시대였고 시위하는 선배들이 무자비한 폭력을 휘두르는 경찰에 의해 끌려가는 모습을 지켜봤던 새내기 대학생의 두려움이 상존했던 시기였다. 이런 현실에서 학회의 등장은 많은 변화를 가져왔다. 일상에서 학사 일정을 공유하는 동기 및 선후배들이 모여 서로를 격려하고 허심탄회하게 시대를 고민하는 자리가 자연스럽게 마련된 것이다. 더욱이 졸업정원제에 따라 학생 수가 급증하면서 집단적인 대학문화가 활발하게 발현되기 시작했다.

문과대는 고대에서 가장 많은 학과와 학생이 몰려 있고 어문·인문·사회 계열이 망라된 단과대인 만큼 타 단과대보다 상대적으로 자유분방한 분위기와 다양성이 펼쳐지는 공간이다. 문과대 학회도 정경대와 비슷한 시기인 1982년 1학기부터 학회 활동이 가동되었고, 이듬해인 1983년에는 폭발적으로 늘어난 신입생들이 대거 학회 활동에 가세했다. 이 중 상당수가 오픈서클이나 언더서클 활동을 병행했다. 그 기류는 1985~86년까지 계속 이어지며 고대 내에서 가장 시끄러운 동네가 되었다.

국문과는 문과대 내에서 영문과 다음으로 정원이 많은 과로 학회 참여율이 상당히 높았다. 재학생 절반을 훨씬 상회하는 비율로 학회 활동에 참여했고 6개 이상의 다양한 학회 분반이 구성되었다. 출발은 1981년 2학기에 박종혁이 80학번의 박윤희와 현철 출신 윤경진 등과 학습 소모임을 만들며 내건 문학비평반이라 할 수 있다. 그러다가 문학반으로 이름이 바뀐 후 기생 언더에서 활동하던 81학번 김해자가 1983년부터 학회 활동을 시작해 82학번, 83학번을 지도하며 괄목할 성장을 이끌었다. 학회 활동에 열성적으로 참여한 82학번으로는 1984년 국문과 학회장과 1985년 총학생회 총무부장을 맡았던 황재준, 스피치 출신으로 겨사 언더의 핵심 역할을 했던 김봉환, 김윤석, 함범찬 등이 있다. 83학번으로는 1985년에 학생회장을 맡았던 윤영수를 비롯해 김순천, 조향숙, 정미숙, 오광혁, 여경선, 강은구, 임태경, 고형숙 등이 있다. 문학반은 83년부터 각 학번당 30명 전후의 많은 학생이 북적댔다.

한편 80학번 안선덕은 동민회를 나온 뒤 1981년부터 국문과 선배들이 유신 말까지 활동하다 맥이 끊겼던 고성오광대 민속반 부활에 매달렸다. 국문과는 과 단위로는 유일하게 탈반 전통을 갖고 있었다. 민속반 부활에 81학번의 김기형과 문연 출신 최은석이 함께했다. 당시 영동여고 교사였던 76학번 송나균과 양정고 교사였던 77학번 엄영재가 유신 시절 민속반 경험을 살려 후배들의 공연 지도에 열성을 보였다. 82학번에는 김상숙, 이인옥, 최은숙, 김은실 등이 활동했다. 이 외에 나랏말씀 학회지를 만들었던 편집부, 창작 활동에 주력했던 문예창작반, 어학반, 연극반 등이 있었다. 문학반 외 학회 역시 각각 학번당 10명 내외의 많은 학생들이 참여할 만큼 활동력이 높았다.

80년대 고대 학생운동사에서 가장 많은 구속자를 배출하며 중심축 역할을 했던 사학과 학회는 군 제대 후 복학한 77학번 윤석환과 80학번 어미숙이 1982년 초부터 학과 내 학습팀을 만들고 세미나를 조직하면서 출발했다. 1982년 6월부터 시작한 학회 활동에 가담한 81학번은 자진근로반 출신 강신, 기생 출신 노기영, 카생 출신 유재관, 민맥 출신 조선희, 이기순 등이다. 같은 해 9월에 이재구, 훗날 민주노동당 국회의원이 된 이영순, 민맥 출신의 박에스더, 최영순 등이 합류했다. 82학번에는 성정헌, 권삼웅, 오훈, 조혜연 등이 핵심으로 활동했다.

사회학과의 경우, 학회 결성 전부터 기생 출신의 79학번 김덕균이 1981년 말부터 학과 내 학습모임을 만들기 위해 노력했다. 1982년에 접어들었을 때 현철 소속의 양창욱, 아카데미 출신의 강준원과 강유성 등 80학번들이 학회 활동을 주도했고, 여기에 학회 활동만 전념한 80학번 이재현과 윤성혁이 가세했다. 1982년 초대 학회장은 강준원이 맡았고 82학번 학습지도를 하는 등 안방 살림을 도맡은 이는 이재현이다. 이재현이 키워낸 82학번은 황정옥, 나미숙, 오행선, 이우관, 장동환 등인데 모두 사회학과 핵심 멤버로 활약했다. 윤성혁은 강준원이 3학년 1학기를 마치고 군대 가는 바람에 공석이 된 사회학과 학회장을 맡았다.

독문과의 경우, 아카데미 출신 80학번 박종길이 고군분투했다. 박종길은 1981년 겨울방학부터 학회 추진을 구상한 뒤 방학 때 81학번 김승태, 유종수, 김영번, 김철운, 이상희, 이상진을 규합해 학회 준비모임을 만들었다. 1982년 1학기에 직접 학회장으로 나서 당선된 뒤 82학번 팀을 만들었다. 82학번 팀에는 이숙경, 이경미, 정영현, 김우경 등이 활동했다. 이 과정에서 복학생 77학번 김동광의 적극적인 측면 지원이 큰 도움이 되었다. 81학번으로 사연 출신 김경랑도 학회 활동에 힘을 보탰다.

중문과 학회는 경철 출신의 한선모가 1982년 2학기에 학회장을 하면서 기지개를 켰다. 81학번에는 여성문제연구회(이하 '여연') 출신 이명옥이 학회를 꾸리는 데 큰 힘을 보태며 82학번 함진숙 등을 키워냈다. 노문과 학회는 80학번 박재만이 학회장을 하면서 82학번 조혁 등을 키웠다. 80학번 정택주 역시 문학반을 운영하면서 학회 활동에 적극 가담했다. 81학번에는 같이 할 수 있는 멤버가 없었다. 영문과 학회는 80학번 이재형이 81학번인 고대문학회 출신 김영춘, 아카데미 출신 이상빈, 문연 출신 최세자 등과 함께 학회를 꾸렸다. 82학번에는 1984년 영문과 학회장 박동수와 조현모, 김형진 등이 있고 83학번에는 이태주, 최재진 등이 중심적인 활동을 했던 인물이다.

철학과 학회 출범 시기는 문과대 다른 과에 비해 다소 늦는 1983년이다. 호박회에서 서클 활동을 하던 81학번 두 여성 박미혜와 송민정이 1983년부터 학과 학회 활동에 돌입했다. 당시 공부만 하던 81학번 김성호를 학회장으로 올린 뒤 열심히 후배 양성에 매진했다. 82학번 김진국, 양민성, 강인구 등이 함께했던 멤버이다. 그리고 스피치에서 활동하던 한덕승이 좀 늦게 학회에 합류했다. 김진국은 1985년에 만들어진 문정 그룹(문정 언더서클)의 주축으로 활약하고 이후 조혁 등과 반미청년회를 만드는 등 고대 NL그룹의 핵심 역할을 맡았다. 81학번 두 여성과 82학번 3명의 헌신과 열성으로 철학과 학회가 자리를 잡은 1983년 하반기 이후 83학번 이하의 많은 후배들이 학회에 몰려들었다. 83학번에 기생 언더 활동을 병행한 김창수, 순수 학회 활동에만 전념한 한영란, 유양훈, 권종현, 김연웅 등이 열성적으로 활동한 멤버다.

심리학과 학회의 시작은 1983년이다. 81학번 최호영의 역할이 컸다. 창원으로 노동운동을 하러 갔다가 지금껏 창원에서 진보당 활동을 하고 있는 82학번 석영철은 1학년 말 겨울방학 때부터 심리학과 학회 세미나를 했다. 석영철은 2학년 올라가자마자 81학번 최호영에 의해 문대 문화팀에 보내졌다. 석영철은 문대 문화팀에 가서 나미숙과 함께 김창현의 세미나 지도를 받았다. 82학번 중 학회 활동을 가장 열심히 한 인물은 1984년 학회장을 역임한 송영규다. 83학번 이후 심리학과 학회는 상당히 활성화되었다. 심리학과 학회에서 활동한 대표적인 84학번에는 현재 방송에서 왕성하게 활동하고 있는 김태형과 최도영 등이 있다.

위기를 이겨낸 법대, 82학번의 분전이 돋보이는 사대

문과대와 정경대 외의 단과대 소속 학회는 설립 시기가 다소 늦었고 규모도 작았다. 그만큼 해당 학회가 만들어지고 성장하는 과정에 진심을 쏟아부은 활동가들의 노력이 더 짙게 배어 있다는 의미일 것이다. 단일 학과로 구성된 법학과부터 살펴보자. 출발은 법행연 출신의 80학번 진창원이 학회장에 나서면서부터다. 적극적인 활동으로 진창원을 보좌한 81학번은 스피치 출신의 황인철이었다. 훗날 국회의원이 된 이원욱이 대표적인 82학번 멤버인데, 이후 법대의 겨사 언더팀을 이끌었고 1984년에는 법대 학회장으로 활약했다.

현재 새만금개발청장을 맡고 있는 김의겸도 법대의 대표적인 82학번 학회 활동가다. 김의겸은 군산제일고 출신인데, 대학 1학년 때 고등학교 동기 중 하나가 당시 군산제일고의 박정석 국어 선생에게서 빌린 오장환의 시집 《병든 서울》을 버스에 두고 내린 일로 곤욕을 치렀다. 그 시집을 버스 안내양이 경찰에 신고했고, 그것이 군산제일고 전현직 교사 9명이 반국가단체 구성했다고 처벌한 오송회 사건의 시발점이 되었다. 김의겸도 오송회 사건에 연루되어 친구들과 함께 군산경찰서에 끌려가 흠씬 두들겨 맞았다. 이 일로 김의겸의 학생운동이 1년 늦어져, 2학년 때부터 나미숙(사회 82), 유인식(철학 82) 등과 함께했던 겨사 언더팀에 합류했다 이후 김의겸은 1984년에 법대 학생회장이 되었고, 1985년 11월에는 민정당 정치연수원 점거 투쟁에 참여했다.

1982년 11월 3일, 학생의 날을 맞아 종로2가에서 연합 가두시위가 벌어졌다. 서울대, 성대, 연세대와 함께한 그 시위에 진창원이 1, 2학년인 82학번과 81학번 여럿을 데리고 나갔는데 모두 연행되고 말았다. 그 일로 진창원은 강제징집을 당했고 나머지는 구류를 살게 되었다. 문제는 구류를 살고 나온 1, 2학년 상당수가 집안의 만류와 압력에 못 이겨 학회 활동을 그만두게 된 것이다. 법학과 입장에서는 큰 타격이자 참사였다. 초창기에 벌어진 그 일로 법학과 학회가 큰 어려움을 겪었지만, 이후 살아남은 81학번과 82학번의 노력으로 탄탄한 학회를 구성하게 되었다.

사범대의 경우 교육학과 학회가 선도적 역할을 했다. 80학번 이형숙이 학회 활동에 주력하기 위해 1982년 후반 교육학과를 찾았을 때 이미 세미나팀이 있는 걸 발견했다. 주요 멤버는 동민회 출신 79학번 정인길과 80학번 이호식이었다. 즉시 세미나팀에 합류한 이형숙은 동기 이호식과 호흡을 맞춰 특유의 추진력을 발휘했다. 이때 활동했던 81학번은 김영갑, 김장오, 이원국, 최낙문, 박

위 사진은 사범대 교육학과 학회 멤버들이 5월의 정취를 나누고 있는 모습이다. 83.5.3이 선명하게 표시되어 있다. 왼쪽부터 황덕명(82), 서정화(83), 이란(82), 민주원(83), 홍진관(82)이다. 아래 사진은 영어교육학과 학회 82학번의 MT 때 모습니다. (사진제공 : 확덕명. 강순기)

윤성 등이다. 이 중 김장오와 최낙문은 1983년 1학기 농활을 갔다 온 것이 문제가 되어서 강제징집을 당한다. 그리고 82학번에는 황덕명, 홍진관, 조만희 등이 활약했다.

이 중 황덕명은 오픈장 활동을 굉장히 오래 한 것으로 유명하다. 2학년 때인 1983년 2학기부터 1984년 1학기까지 교육학과 학회장을 맡았고 뒤이어 1984년 2학기에는 사범대 학생회장이 된다. 그러다가 1985년 3월에 총학생회가 문교부로부터 합법적 지위를 얻게 되었을 때 다시 선거를 치르고 사범대 학생회장에 선출되었다. 사범대 학생회장만 1년 반이나 한 것이다. 게다가 1985년 3월에 출범한 허인회 총학생회가 구성되기 직전의 임시기구 의장을 맡기도 했다. 그리고 다른 82학번 동기 홍진관과 조만희는 각각 사연 언더와 겨사 언더 활동을 병행했다.

국어교육과 학회는 81학번 김미애와 김선혜의 노력으로 학회 세미나팀이 가동되었다. 82학번에서 가장 활동적이었던 이는 이정환과 응원부 활동을 하다 1983년부터 학회에 합류한 지민규다. 1984년 초 고대자율화추진위원회를 구성할 때 사범대 위원으로 추천된 인물이 이정환이다. 다른 단과대는 대부분 81학번이 맡았지만 사대에서 나갈 81학번이 없던 관계로 82학번 이정환이 대신 나간 것이다. 82학번 최고의 전투맨으로 불리는 지민규는 사범대 학생회에서 문화부장 역할을 맡았다.

영어교육과 학회는 81학번 신영미가 주도적 역할을 감당했다.

82학번 강순기는 학회 활동에만 전념했고 82학번 동기 김미혜와 곽명단, 김혁기 등이 서클 활동을 하다 학회 세미나팀에 합류하며 힘을 보탰다. 강순기는 1983년 2학기에 학회장이 되었고 1984년 9월에 출범한 김영춘 총학생회장단에 학술부장으로 참여했다.

수학교육과는 선배들이 없어 서클에서 활동하던 82학번 한상현(학회장), 권상진, 이해삼, 박선옥 등이 1983년에 학회를 만들었다. 지리교육과 역시 1983년에 학회가 출범했고 82학번 조성기(학회장), 조명구 등이 활동했다. 가정교육과는 81학번 고영민, 최영미 등이 학회를 만들어 82학번 노선혜(학회장), 한희숙 등을 지도했다. 수학교육과, 가정교육과와 같은 1983년에 만들어진 체육교육과 학회는 82학번 이경상(학회장)의 분투가 돋보였다.

경영대의 도약과 이공농대의 악전고투

경영대 학회의 출발점은 1980년 서울의 봄 때 등록한 경영대 내의 서클인 경영문제연구회라 할 수 있다. 경영문제연구회가 신군부의 5.17 이후 해체되자 연구회에 참여했던 몇몇이 대안 찾기에 나섰다. 그 일에 80학번 하행민과 김명기가 앞장섰다. 두 사람은 1980년 9월 개학 이후 아카데미 출신의 79학번 강영순과 몇 차례 비밀 학습모임을 가졌다. 그러다가

1982년 들어 동민회 출신의 79학번 최남기와 세미나를 하면서 학회 틀을 갖추어 나간다. 여기에 81학번 몇 명이 합류한다. 황준영, 이충근, 허재창, 김대성, 권순찬 등이다. 하행민이 학회 활동의 중심을 잡아나갈 때 선배 그룹의 소영진과 박성우가 최남기에 이어 세미나 학습지도를 담당하며 학회 활동을 지원했다. 학과 특성상 학회 활동력 제고가 쉽지 않았던 경영대 학회가 도약하는 기회를 갖게 되는데, 1983년 3월에 치러진 경영대 학생장 선거가 그 계기였다. 그 단과대 선거에 출마한 황준영이 단 1표 차이로 당선된 것이다. 경영대 단과대 학생회를 장악하고 경영학과 학회장까지 확보함으로써 합법적이고 공개적인 조직 활동의 여건을 마련하게 된 것이다.

학회 조직의 주역인 하행민이 1983년 5월 26일 동대문에서 벌인 연합 가두시위 때 연행된 뒤 강제징집되어 부산에서 방위 생활을 하고 있을 때다. 1983년 7월 하순이었다. 경영대 학생장 황준영의 다급한 전화 연락을 받았다. "형 큰일났어요. 민맥의 81학번 권순찬이 우리 학회 애들을 다 끌어가요." 그 말에 하행민은 급히 조퇴서를 제출하고 마산으로 달려갔다. 마산고 출신인 권순찬이 방학이라 마산 집에 있을 거라 생각한 것이다. 하루 종일 기다린 끝에 저녁 때 귀가하는 권순찬을 만났다. 하행민이 솔직하게 전후 사정을 얘기하자 권순찬이 "저는 민맥 활동도 하는데 마음에 맞는 후배랑 학습을 진행하고 있다."라고 대답했다. 이에 하행민이 "황준영이가 지금 곤혹스러운 입장인 것 같으니까 후배가 손을 떼 주는 게 좋을 것 같다."라고 얘기하며 수습했다.

한편 경영학과 81학번 김대성은 학회 활동을 하게 된 계기가 좀 특별하다. 김대성은 입학과 함께 3월 오픈서클 동민회에 가입했다. 그런데 2학년이 되었을 때 동민회 선배들은 김대성이 계속 학생운동을 할 재목이 아니라고 판단했다. 하지만 그것은 동민회 선배의 착각이었다. 동민회를 탈퇴한 후 보여준 김대성의 탁월한 조직 능력을 제대로 간파하지 못했던 것이다. 김대성은 새로 생긴 무역학과 학회를 조직했는데, 무역학과 83학번 정원 100명 중 30명을 학회원으로 끌어들였다. 무역학과는 82학번까지 정원이 20명이었으나 졸업정원제로 인해 83학번 정원이 100명으로 늘어났다. 그 100명을 상대로 김대성 혼자 도맡아 학회를 꾸리고 후배 관리를 감당했던 것이다. 말 그대로 일당백 리더였다.

경영학과의 경우, 1983년에 이전보다 150명이 늘어난 300명 정원이 되어 학회를 ABCD 4개 반으로 나누었다. 그리고 81학번 남익우, 이충근, 허재창, 황준영 네 명이 4개 반을 맡아 관리했다. 김대성은 무역학과 학회를 운영하면서 경영학과 학회 B반이 제대로 운영되지 않을 때 지원하기도 했는데, 그때에도 탁월한 조직 능력을 보여주었다.

본교와 떨어진 애기능 캠퍼스의 이·공·농대는 학과 특성 등의 여러 조건 자체가 열악했던 터라 학생운동에 뛰어든 인원이 극소수였다. 그랬던 만큼 학회 구성이 쉽지 않았다. 이 같은 악조건 속에서 1980년 서울의 봄 때 복학생 이상진(금속 75), 조영부(산공 78), 손동원(산공 78), 이종일(전자 78), 성환돈(건축 78), 홍상태(전자 78), 송재석(수학 79) 등이 만든 산업문제연구회가 이공대 학회의 출발이라 할 수 있다. 엄밀히 말하면 산업문제연구회는 단과대 내의 서클이다. 그런데 1981년 3월의 서클 등록 때 서클실 공간이 없고 지도교수도 구하지 못해 하는 수 없이 언더서클로 존속할 수밖에 없었다. 여기서 활동했던 81학번이 정덕수(재료), 서호준(재료), 이만규(재료), 김동일(금속) 등이다.

이 중 정덕수와 서호준은 1983년 5.18 시위의 주동자가 되었다. 1983년이 되어서는 고대과학회라는 이름으로 서클 등록을 하고 공개적인 활동을 이어갔다. 고대과학회 83학번에 민노총 활동에 매진했던 임용우(전자) 등이 있다. 이공대에서 과별 학회가 만들어지는 것은 1986년 이후다.

농대에는 김선중(농학 80) 등이 활동했던 농촌사회연구회라는 서클이 있었는데 1982년 해체되었다. 그러다가 1982년 하반기에 아카데미 출신 문택환(임학 80), 송중근(임학 80), 신상한(식품 81), 이영동(농학 81), 우수홍(농학 81), 박광호(임학 81), 김천수(농학 82) 등이 오픈서클인 상록회를 출범시켰다. 상록회는 농대의 학생운동 대중화, 즉 학과 학회를 출범시키고 강화하기 위한 목적으로 결성되었다. 하지만 1983년 4.15 시위로 김선중이 구속되고 이후 문택환과 신상한이 강제징집 당하는 등 주요 인물이 빠지면서 활동이 위축되었다.

더 큰 열정과 헌신이 필요했던
세종 캠퍼스와 의대

세종 캠퍼스의 출발은 1980년부터다. 그런데 고대 당국은 학교 건물이 세워지지 않은 상태에서 신입생을 받았는데, 여기서 세종의 모든 학내문제가 발생한다. 세종 학생운동의 출발점은 중문과 80학번 조성칠이다. 조성칠은 1학년 때 본교에서 수업 받을 때 탈반에 가입했다. 5.17 이후 백완승과 계속 교류를 하면서 사회과학 공부를 했다. 그러다가 1981년 세종에 내려와서 탈반을 만들었다.

그때까지 탈반이 세종에서 유일하게 학생운동을 하는 서클이었다. 1981년이 되어서도 건물 2동은 미완성이었고 교실이 없어서 컨테이너 건물에서 수업을 했다. 학생들의 불만이 수업거부 운동으로 터졌다. 이 수업거부 투쟁 건으로 조성칠이 다른 학생 9명과 함께 퇴학을 당했다. 조성칠은 퇴학 후에도 군대를 가지 않고 계속 탈반과 관계를 유지하면서 81학번과 82학번을 지도했다. 여기서 키워진 82학번이 임진희(국문)다. 임진희는 1984년 고대자율화추진위원회 위원이 된다. 조성칠의 군 입대(82년 11월) 이후인 1983

년 초 탈반에 가입해 열성적으로 활동한 멤버가 있는데, 82학번 최권섭(물리)이다. 최권섭은 1985년 서클연합회장이 안기부 협박을 받고 중도 포기했을 때 그 뒤를 이어 서클연합회장이 되었다.

정운봉은 경제학과 83학번으로 농악대 출신이다. 농악대는 탈반처럼 1980년 1학년 때 본교에서 농악대에 가입했던 80학번이 세종에 내려와서 1981년에 만든 서클이다. 농악대는 처음에는 탈반과 달리 순수 문화패 활동을 했다. 정운봉은 1983년에 농악대에 들어가서 혼자 학습하면서 농악대 83학번과 84학번이 학생운동을 하게 되는 길을 열었고 1986년에 서클연합회장을 맡았다.

조성칠이 군으로 떠난 후 80학번으로서 최고 선배의 자리를 메운 이는 김동선(무역)이다. 김동선은 1980년 본교에서 다니면서 고대문학회와 고대신문사에 다녔다. 1981년 4월에 방위로 갔다가 1983년 1학기에 복학했다. 복학 후 김동선은 세종 학생운동권의 선배 노릇을 하면서 1983년 6월 고병헌 학도호국단 선거에서 세종 캠퍼스 선거대책위원장을 맡게 된다. 그리고 학원자율화 조치 이후 1984년에 사회과학연구회라는 서클을 만들었다. 기존의 탈반과 농악대에 이어 새로운 사회과학 모임을 꾸리며 후배들을 키웠다. 김영춘 총학생회 때는 기획2부장을 맡았다. 김동선은 본교와 세종의 연결고리 역할을 수행하면서 세종 학생운동 활성화에 크게 기여했다. 학원자율화 이후 1984년부터 세종 캠퍼스에서도 학생운동이 활성화되었고 84학번이 3학년이 되는 1986년도부터는 단과대 학생회장도 운동권이 장악하는 시대로 진입했다.

의과대 경우, 1980년 서울의 봄 때 의료복지연구회(이하 '의복연')라는 오픈서클이 등록되었다. 이 의복연을 만든 이는 75학번 송해룡과 77학번 김장훈이다. 송해룡은 1986년 남노련에 가입해 활동했고 박선오가 1986년 인천에서 노동운동을 하다 화상을 심하게 입었을 때 치료를 받을 수 있게 주선했다. 그리고 박선희(사회 81)가 1983년 11.17 시위 주동 건으로 성북서에서 고문을 받다 목뼈가 일부 떨어져 나간 게 30년 후에 발견되었을 때 고대구로병원에서 정형외과 주임으로서 치료를 받게 해주었다. 김장훈은 의복연 만들 때 상황을 이렇게 기억했다.

··· 송해룡 선배하고 의료복지연구회를 만들 때 77학번 김성봉을 회장으로 올렸어요. 저는 기생 활동을 좀 했는데 현철 78학번 박용준과 연결되어 김두황, 손학붕 등과 현장준비팀에서 여러 번 세미나를 했어요. 김두황은 인상이 좀 강하고 진했죠. 의욕도 넘쳤고요. 그리고 저는 안산에서 개업을 했어요. 개업 이후 병원에 오가는 노동자를 박용준에게 소개하곤 했어요. 당시 의식 있는 간호사들이 좀 있었는데, 활동 상황이 금방 드러나 버렸어요. 저는 그 이후 지금까지 계속 안산에서 병원을 하고 있어요.

의복연 80학번으로는 김영수와 김동호가 있다. 김영수는 1학년 때 현철에 들어가서 열심히 활동하다 1985년 미문화원 점거 농성에 참여했다. 김동호는 의대 내에서 홍보 쪽 활동을 담당했다. 82학번의 대표적 활동가는 최대현과 안강호이다. 최대현은 사연 언더에도 참여했던 인물로 사연 언더 멤버들과 함께 인천에서 창원까지 내려가며 노동운동을 했다. 이천환은 동기 안강호와 같이 PD 노선을 걸으며 안산에서 노동운동을 한 인물이다. 이천환은 의대 방송국에서도 활동했고 의대 교지 격인 〈호의령〉 편집에도 관여했으며, 본과 1학년 때 학교를 그만두고 안산으로 내려가 노동운동에 투신했다.

의과대도 1983년에 접어들면서 상당히 활성화되는데, 최대현과 같은 노선을 취했던 이철, 안진석, 이천동 등이 대표적인 83학번 활동가다. 이철은 1986년 의과대학 학생회장을 맡아 1987년 6.10 투쟁 무렵에 의대가 있는 혜화동로터리에서 가두시위를 지휘하기도 했다. 이후 군의관 장교로 복무할 때 중부지역당 사건에 연루되어 영창 신세를 져야 했고, 장교로 입대했다가 이등병으로 강등되어 제대하는 등 적지 않은 고생을 해야 했다. 안진석은 1학년 때 본교 현철에 가입하고 언더 활동도 병행했고, 2학년 때부터는 의과대 학생회와 학회 활동에 주력했다. 동기 이철이 학생회장을 할 때 홍보부장을 맡아 선전전을 주도했다.

◗ 언더서클, 학생운동 조직의 근간을 구축하라

강인한 학생운동가를 키우는 중심축을 확보하라

앞에서 언급한 대로 1982년 고대 학생운동 내부의 가장 큰 변화는 학회 활성화로 대표된다. 이와 함께 언더서클이 학생운동 내부에서 광범위하게 만들어지는 현상 또한 1982년을 특징짓는 커다란 변화상이다. 학회가 대중운동의 기반을 마련하는 공간이라면 언더서클은 사실상 고대 학생운동을 움직였던 중심축이라고 해도 과언은 아니다.

언더서클의 존재는 1970년대 긴조 세대의 운동방식과 확연히 달라진 1980년대 학생운동의 특성을 가리키는 지점이기도 하다. 비합법 조직을 만들게 된 배경은 공안 당국의 대대적인 탄압으로부터 핵심 역량과 조직을 보호하기 위함이었고, 동시에 치열한 사상 무장과 이론 학습을 통해 강인한 학생운동가를 양성하기 위해서였다.

대개 5명 내외의 1학년으로 구성된 팀에 2, 3학년 선배가 학습 지도를 하는 형태였고, 2, 3학년을 위한 학습팀도 함께 운영되었다. 이 같은 언더서클의 존재는 1980년대 학생운동의 치열함을 반영하는 것이며, 언더서클 자체가 군사정권과 정면으로 맞서는 가장 강력한 투쟁 단위였다. 1982년부터 본격화되어 만들어진 고대 내 언더서클 그룹은 7개 내외이고 잘 드러나지 않았던 자생적인 군소 서클도 여럿 만들어진 것으로 보인다. 언더서클이 광범위하게 형성되면서 학생운동 조직 자체가 합법 및 비합법이 공존하는 다양한 형태의 중층적 구조가 되었다. 이에 따라 학생운동에 전념한 많은 이들이 합법과 비합법 활동을 병행하는 경우가 부지기수였다. 이런 흐름은 언더서클이 해체되는 1986년까지 이어졌다. 주요 서클의 형성 과정을 살펴보자.

5.17 계엄 확대 이후 모든 서클이 해체당하고 1981년 3월에 학교 측 허락을 받아야 하는 서클 재등록이 있었다. 이때 등록을 거부하거나 하지 못한 서클이 한국학연구회, 민맥, 아카데기, 농촌사회연구회 등이다. 이 중 한국학연구회는 박종혁이 몸담았던 서클로서 등록을 하지 않고서도 탄탄하게 유지되었다. 당시 79학번 이창구(경제 79)가 주로 후배 RP(재생산, 학습지도 및 관리)를 담당했

다. 80학번에는 박윤희, 손학붕, 주재환, 한선모, 최근호(화학공) 등이 있었다. 1982년 전후로 박윤희, 주재환, 손학붕, 한선모 모두 과 학회로 활동 공간을 옮겼다. 이후 주재환은 정외과 학회장, 손학붕은 경제학과 학회장이 되었다. 한선모도 중문과 학회장이 되었는데 오픈서클 경제철학회(이하 '경철', 1982년에 동민회에서 경제철학회로 이름을 바꿈) 활동을 겸했다. 대신 공대 출신인 최근호가 남아 후배 RP를 담당했다. 이렇게 탄탄하게 유지되던 서클이 1982년 4월 박종혁의 구속과 더불어 크게 흔들리면서 결국 해체의 길을 걸었다. 상당히 아쉬운 해체였다. 살아남았다면 민맥과 더불어 전통 깊은 언더조직이 되어 중요한 역할을 다했을 것이다.

언더조직으로만 맥을 이은 민맥, 현철 언더의 의문점

민맥은 학생운동을 늦게 시작한 최광범(국교 80)이 키운 조직이다. 최광범은 선배가 없는 가운데서도 끝까지 버티고 살아남아서 81학번과 82학번 후배들을 키워내며 민맥을 튼튼한 언더서클로 변신시켰다. 최광범은 81학번이 2학년 되었을 때 81학번 모두에게 학회 활동을 병행하게 했다. 싸움에 나가 검거되었을 때도 학회 적을 가지는 것이 유리하다고 판단했기 때문이다. 이때 학회 활동을 병행한 81학번은 문영철(재료),

김종일(경제), 윤석암(신방), 조선희(사학), 박에스더(사학), 문무일(법학), 권순찬(경영) 등이다. 최광범은 자신이 키운 81학번 후배가 정경대, 문과대, 이공대, 법대, 경영대에 편재되어 있어 각 단과대 학회 정보를 전부 접할 수 있었고, 사범대는 직접 정보를 모을 수 있었다. 대부분의 고대 학생운동 조직 정보를 취합할 수 있었던 최광범은 그 정보를 토대로 상황 대처 및 타 조직과의 연대 및 협력 관계를 유지했다.

아카데미는 1981년 3월의 서클 등록을 하지 않고 한동안 비합 활동을 했지만 1982년에 등록을 하고 오픈서클이 되었다. 농촌사회연구회는 1979년 정쌍은(농학 77)이 만든 농대 언더서클로 1980년 3월 서울의 봄 때 잠깐 공식 서클로 등록했다가 5.17 이후 언더서클로 존속했다. 이 서클에서 활동한 79학번은 김유천(농학), 이선형이고 80학번은 김선중과 오현세(농학 80)다. 그리그 81학번에는 강도기(임학 81) 등이 있었고, 82학번에는 정종원(사학) 등이 활동했다. 1981년 4월에 이선형이 시위 주동을 했는데, 1982년 여름 합숙 때 안타까운 일이 벌어졌다. '우리가 궁극적으로 실현할 사회가 사회주의인가'에 대한 논의를 하다가 80학번과 81학번 사이의 논쟁이 격화되었고, 그 여파로 81학번 대부분이 팀을 이탈했다. 결국 서클은 해체되었는데, 그 맥은 강도기와 정종원을 통해 정경연 언더로 이어졌다.

현철 언더(나중에 박상중과 박부용이 리더 역할을 했던 '거사 언더'

와 구분하여 '현철 언더'라고 부름)는 1981년 말 박상중이 박종현(사학 81), 배정범(국문 81), 이경우(경영 81)와 비밀 소모임을 만들면서 시작되었다. 그런데 결과적으로 현철 언더의 생존법은 선배의 도움 없는 독자생존이었다. 1982년 신학기가 되자 배정범이 거창고 후배 나영명(국문 82)을 데리고 왔다. 그리고 길기관의 대전고 후배 박형노(국문 82)가 합류했다. 그런데 무슨 이유인지 후배 학습지도를 박종현이 맡고 배정범과 이경구는 구체적 임무가 주어지지 않았다. 박상중이 지시한 역할 분담이었다고 한다.

박상중은 김두황이 정경대 코어 모임에서 진행했던 강도 높은 학습 및 토론과는 거리가 먼 방식의 후배 지도로 일관했다. 정기적인 세미나를 진행하는 것이 아니라 주로 책을 주면서 읽어보라고 하는 경우가 많았던 것이다. 이 현철 언더 모임에 홍순우도 가끔씩 참여하곤 했는데, 세미나를 같이 하는 것이 아니라 주로 술자리에서 이런저런 이야기를 들려주는 정도였다. 배정범과 이경구는 4학년 졸업할 때까지 구체적 임무가 주어지지 않고 대기 상태에서 끝나버렸다고 했다. 후배 RP를 혼자 책임진 박종현만 고군분투했다. 현철 언더는 한 학번 위 선배가 후배의 학습 세미나를 지도하는 방식을 고수했다. 현철 언더가 실질적으로 중심을 잡고 체계를 갖춘 것은 1983년이었다. 걸출한 83학번 안희정(철학), 민주원(교육), 진병기(사학) 등이 합류한 게 큰 힘이 되었다.

안희정은 1986년 조혁(노문 82)과 함께 반종파 투쟁을 이끌며 서클 통폐합 등을 주도했다. 이들 83학번이 키운 84학번이 대폭 늘어나 십여 명이 되었고, 85학번은 84학번의 두 배 이상으로 인원이 확대되었다. 강력한 언더서클로 자리매김하게 된 것이다. 그런데 현철 언더가 왜 겨사 조직에 포함되지 않고 오히려 반겨사 그룹이 되도록 방치했는지에 대한 이유를 박상중은 밝히지 않았다. 현철 언더를 만든 지 30년쯤 지난 어느 6월, 김두황 열사 추모제를 마치고 가진 뒤풀이 때 '고모집'에서 박상중 맞은 편에 우연히 박종현이 앉게 되었다. 이때 박종현은 생전 처음으로 박상중에게 왜 현철 언더를 그렇게 방치했는지 그 이유를 물으며 강력하게 따졌다.

고대 내 가장 강력했던
기생 언더와 겨사 언더

기생 언더는 김덕균이 1981년도에 만들었다. 기존의 오픈서클 기독학생회를 기반으로 내부의 비밀 학습모임을 조직한 것이다. 김덕균은 1982년 고대 학생운동 조직을 총괄하는 위치에 놓였지만 전임자인 박종혁의 예기치 않은 구속으로 인해 혼선을 겪었고, 이것이 겨사 언더와의 갈등을 일으키는 한 요인이 되었다. 기생 언더는 고대 언더서클 가운데 가장 안정적인 지도를 받는 조직이었다. 김덕균이 대학원에 진학해 5학년, 6학년까지 지도를 계속했기 때문이다. 김덕균은 한국기독학생회총연맹(KSCF)을 통해 많은 정보를 빠르게 입수했고 대학 간 네트워크도 넓었다. 김덕균은 기생 언더가 고대 언더서클 중에서 가장 강력한 조직이었다고 말한다. 80학번에서 중심적인 활동은 한이는 이상돈(법학 80)이었고 81학번의 중심은 김성환(경제)이었는데, 김성환은 1984년 김영춘 총학생회를 구성할 때 기획부장으로 활약했다. 82학번에는 이근수(사학 82)를 비롯한 뛰어난 활동가들이 많았고 기생 언더와 오픈을 대표해 고영인(건축 82)이 동분서주했다. 김덕균은 1985년 8월에 현역 입대를 했다. 기생 언더의 많은 후배들이 노동 현장으로의 이전 문제를 구체적으로 풀어야 시점에 선택한 현역 입대이었기에 아쉬운 점이 많았다.

인연 언더는 조경현이 만들었다. 사회학과 81학번 조경현은 1학년 때 오픈서클 인연에서 활동하다 2학년이 되면서 언더서클을 만들었다. 조경현은 직업적 혁명가를 양성하려면 반드시 언더조직이 필요하다고 판단하고 선배 도움 없이 독자적인 행동에 나선 것이다. 오픈서클 사연에 있던 황규식(사학 82)과 인연에서 활동 중이던 임종명(사학 82)을 규합해 언더모임을 준비했는데, 그 움직임이 박상중에게 포착되었다. 박상중은 조경현을 끌어들이기 위한 적극적인 액션을 취했다. 여러 차례 만나며 책, 학내 정보, 정세에 관한 자료 등을 제공하며 인연 언더를 지도했다. 당시 조경현은 황규식과 개운사 근처에서 자취를 하고 있었다.

한편 황규식은 조경현을 만나 1983년 여름방학 때 부천에서

1개월 공장활동을 경험한 뒤 대학연합(서울대, 연대, 고대, 상명여대) 야학을 할 계획이었다. 그런데 부천에 방도 구하고 준비모임을 하다가 1983년 9월 야학연합사건이 터져 학내로 복귀했다. 1983년 말부터 겨사 언더가 조경현과 박부용의 투톱 체계로 재편될 때 인연 언더는 겨사 언더와 통합한다. 이에 따라 조경현은 겨사조직의 문대, 법경사, 이공농대를 총괄한다. 그리고 82학번 황규식, 조진우(사회), 임종명이 각각 법경사, 문과대, 이공농대를 관리했다. 조경현은 또 이승환이 맡고 있던 서울대, 성대, 연대, 고대를 연결하는 학간 연합(페더) 연락책을 이어받았다. 동부지역을 책임지는 거점이 고대였기에 조경현은 동부지역의 리더 역할을 맡아 동부지역 11개 대학 페더라인을 새로 구축했다.

독자 활동을 하다 1986년에 통합된 사연 언더와 정경연 언더

사연 언더는 이재형(영문 80)이 오수용(법학 81)을 만나 언더 결성을 제안하면서 출발했다. 두 사람은 오픈서클 사연에서 함께 활동했던 사이다. 이자형이 1982년 겨울방학을 맞아 동대문에 있는 어머니 분식집에서 아르바이트를 할 때였다. 이재형은 어머니가 문을 닫는 밤 10시부터 새벽 5시까지 라면과 햄버거 두 종류를 팔아 용돈을 벌었는데, 거기로 오수용을 불러 두 사람이 만나게 되었다. 그 자리에서 이재형은 자신의 평소 지론을 얘기했다. "지금 고대는 너무 오픈화되어 있다. 그래서 시위가 단발성으로 그치고 있다. 시위의 지속성을 위해서도 언더서클이 필요하다." 이재형이 이런 취지로 의견을 건넸고 오수용이 동의했다. 오수용은 그때 사연 오픈서클 활동을 잠시 느슨하게 하고 있었다. 두 사람의 의기투합 후 곧바로 실행에 나섰다. 이재형은 언더서클을 만든다는 사실을 선배나 동료에게 전혀 알리지 않고 눈여겨보던 두 명의 82학번 후배를 설득했다. 두 명은 모두 오픈서클 사연에서 활동하고 있었는데, 그중 한 명이 서재택(불문)이다. 서재택은 비밀리에 오수용을 만나 언더 활동을 시작했다. 오수용은 두 명 외에 추가로 82학번 멤버를 충원했다. 제주일고 1년 후배인 강동훈(신방)을 사연 언더로 끌어들였고, 이후 강동훈이 학과 동기 김승구를 팀에 합류시켰다. 교육학과 홍진관과 의과대 최대현도 추가로 사연 언더팀에 탑승했다.

조직의 연착륙 후 김승구가 내부 조직관리를 주도했고, 강동훈은 사연 언더를 대표하는 역할을 맡으며 언더서클 대표들이 주요 현안을 논의하는 모임에 참여했다. 1학년 1학기까지 사연에서 활동하다 고불회로 옮긴 정범모도 오수용의 권유로 고불회와 사연 언더 활동을 한동안 겸했다. 83학번부터 인원이 대폭 늘어나 1984~85년 즈음에는 고대 6대 언더서클로 불릴 정도로 조직 규모가 상당히 커졌다. 83학번에는 원성묵(철학), 허걸(산공), 양영수(통계), 이영숙(국교) 등이 활동했다. 사연 언더는 '뱅가드'를 표방하며 가장 전투적인 투쟁을 전개하는 조직이 되겠다는 의지가 강했고, 실제로 시위에 앞장서다 상당수가 구속되었다. 1984년 5월 17일, 광주항쟁 재연극 공연을 마치고 벌어진 시위 때 선봉에 서서 싸우다 최루탄 직격탄을 맞아 중상을 입은 신방과 84학번 최용석도 사연 언더 출신이다.

정경연 언더의 출발점은 강도기(임학 81), 검찰총장을 역임한 바 있는 문무일, 정덕수 세 사람의 만남이다. 강도기는 김선중의 영동고 1년 후배이자 농촌사회연구회 후배이다. 농촌사회연구회 서클이 해체된 이후 강도기가 정덕수를 만나고 뒤이어 민맥에서 활동 중이던 문무일이 합류해 선배 없이 셋이서 세미나팀을 만들었다. 1983년 5.18 시위 때 정덕수가 주동이 되어 치고 나간 후부터는 강도기 혼자서 정종원(사학) 등의 학습지도를 진행하면서 82학번들을 키웠다. 정종원은 농촌사회연구회에서 1학년 1학기까지 활동했던 후배였다. 1984년 3월에 정덕수가 복귀했다. 학원자율화 조치에 따른 복학이었다. 1984년 여름방학 때 강도기가 방위병으로 입대했지만 그 빈자리를 정덕수가 훌륭하게 메꾸면서 정경연의 조직 기반이 흐트러지지 않았다. 82학번에 정종원 외 김영국(법학), 정창윤(법학), 주덕 등이 있었다. 정경연이란 이름은 고 박일남(법학 78)이 만들어준 이름으로 '정치경제학연구회'의 약자다. 83학번에서 활동한 이는 박정호(심리), 양현모(통계), 이은주(통계) 등이다. 1985년 3월이 되었을 때 주덕 주도하에 같은 이름의 오픈서 클을 만들어 학생회관 4층에 서클 공간을 마련했다. 이은주와 84학번 네 명이 함께했다. 1986년 2학기 서클 통폐합 직전에 정경연 언더는 사연 언더와 조직을 합쳤다. 그러면서 83학번 RP는 통합해서 정종원이 맡고 대외적인 일은 강동훈이 맡았다. 정경연 언더는 1984년의 복학생 선배 그룹 중 도천수, 엄주웅, 박민서, 송재석 등이 고대 학생운동과 연결하는 유일한 통로였다. 그 역할을 감당한 이가 정덕수였고, 이후 노동 현장으로의 이전 작업도 정경연 언더와 복학생 그룹이 함께 추진했다.

그 외 주요 언더서클로 문정과 문사가 있다. 문정 언더는 박래군이 정경대의 82학번 김일영, 김두수와 문과대의 82학번 조혁(노문), 김진국(철학) 그리고 오픈서클에 있던 82학번 최규섭(사학) 등 5명을 문정 코어로 묶은 시기가 1985년 2월 무렵이므로 2권에서 상술하겠다. 그리고 문사는 1984년 문대 9월 사건과 관련이 깊어 이 책 후반부에 언급하겠다.

▶ 학생운동 바깥에 있었던 오픈서클의 변화

학생운동가 사관학교의 역할을 톡톡히 해낸 스피치의 공헌, 노래얼의 변화

1982년 이전까지의 고대 학생운동의 주력은 대부분 오픈서클에서 나왔다. 가장 규모가 컸던 겨레사랑회, 기독학생회, 사회과학연구회 3대 서클과 경제철학회, 인문학연구회, 인간학회, 여성문제연구회, 문학연구회, 아카데미, 민속학연구회, 농악대 등 공개적인 활동을 했던 이념서클 소속 회원들이었다.

그러다가 정치적 격변 때마다 떨쳐 일어났던 선도적인 투쟁이 점차 대중투쟁의 성격을 띠게 되면서 오픈서클 내부에서도 큰 변화가 생겨났다. 1982년에 접어들어 오픈서클 내에서 드러난 가장 특징적인 변화는 학생운동과 거리가 있었던 기존의 서클 상당수가 자체 사회과학 학습모임을 만들며 능동적 활동에 나선 것이다. 대표적인 오픈서클의 사례를 통해 1982년 전후의 변화상을 살펴보자.

가장 두드러진 서클은 단연 스피치로 '사관학교'의 역할을 톡톡히 해낸 곳이다. 최청수(금속 78)와 성환돈(건축 78)이 1학년 때 스피치에 가입했다. 당시 스피치는 사회과학 공부나 이념학습과는 전혀 관련이 없는 서클이었다. 이 같은 서클이 최청수의 오랜 헌신으로 큰 변화를 일으킨다. 최청수는 공대생이었지만 뜻하는 바가 있어 철학으로 전공을 바꾸어 대학원에 진학할 정도로 인문학 전반에 관심이 많았다.

유신 말기부터 사회과학 및 철학 서적을 탐독했던 최청수는 2학년이 된 1979년에 스피치 내부에 사회과학 공부를 하는 스터디 모임을 만들었다. 선배들의 곱지 않은 시선이 있었지만 아랑곳하지 않고 그 활동을 중단하지 않았다. 여기에 대전고 동기이자 절친인 김영진(법대 78)이 지원 사격을 했다. 김영진은 당시 오픈서클 사연에서 활동하고 있었는데, 최청수가 지도하는 후배들 숫자가 점차 많아지자 발 벗고 나서 학습지도에 임했다.

최청수는 서울의 봄 때 80학번을 여럿 받아들여 사회과학 세미나팀을 운영했는데, 끝까지 살아남은 80학번은 김영수(경제)와 유병홍(경제)이었다. 쉽지 않았던 조건이었지만 최청수와 80학번 두 명의 끈질긴 노력 끝에 81학번들을 받아들인 1981년에는 서클룸이 미어터질 정도가 되었다. 50명 가까운 81학번이 몰린 것이다. 이 중 박부용, 황인철(법학 81), 김관(정외 81), 한상혁(법학 81), 박기종(신방 81), 송종환(교육 81) 6명이 대전고 출신이었다. 대전고 출신 외의 대표적인 81학번으로 이재권, 김창현, 정용화(영문 81), 김인수(정외 81), 이재헌(기계 81) 등이 있다.

  82학번의 인적 구성도 81학번에 뒤지지 않는다. 2학년 때 국문과 학회 활동을 하며 문과대 겨사 언더의 핵심 역할을 맡은 김봉환, 철학과 학회 활동을 주도하고 사회학과 81학번 김창현이 지도한 문과대 겨사 언더의 핵심 멤버가 된 한덕승, 1985년 고대 민족통일민주쟁취민중해방투쟁위원회(약칭 '삼민투') 위원장이 되어 미문화원 점거 투쟁을 이끌었던 사회학과 이정훈이 대표적 인물이다. 스피치를 거쳐 간 이들이 고대 학생운동에 끼친 영향력은 매우 컸다. 스피치는 1980년대 초반의 고대 학생운동에 가장 큰 기여를 한 서클이었다.

  노래얼은 석화회가 변신하면서 탄생한 서클이다. 석화회의 변신 중심에는 손방의(행정 82)가 있다. 손방의는 1학년 때 행정학과 학회에서 활동했다. 1학년 겨울방학 때 행정학과 MT 능내 사건이 날 때 그 자리에 참석했다가 김두수와 같이 남양주서와 성북서에서 매타작을 당했다. 그 사건 이후 손방의는 서울대 노래패인 '메아리' 공연을 보고 충격을 받아 2학년 초에 석화회에 가입했다. 그

스피치 출신 81학번들이 1993년 겨울에 야유회를 함께했다. 왼쪽부터 박기종 부부와 아이, 김관 부부와 아이, 송종환 부부, 한상혁(전 한국방송통신위원장), 정용화, 유주황, 박부용, 전명수다.

때 만난 82학번 동기가 조중래(영문)인데, 조중래는 1학년부터 활동하고 있었다.

석화회는 서클이 만들어진 1980년부터 회장을 전임 회장이 낙점하는 방식의 지명제를 유지했는데, 이를 손방의가 바꾸었다. 그는 1983년 2학기 회장 선출 방식을 81학번 이원국(교육)의 도움을 받아 직선제로 고치고 회장에 출마해 공대 출신의 다른 후보와 경쟁해 압도적 표차로 당선되었다. 손방의는 직선제로 당선된 회장이라는 민주적 정당성을 바탕으로 강한 추진력으로 석화회 분위기를 잡아나갔다. 손방의의 기억이다.

••• 석화회가 학생회관 2층에 있었는데 그때 다수를 차지하고 있던 회원이 공대생, 그다음에 간호학과, 사범대 순이었어요. 여학우들이 굉장히 많았고요. 그 친구들은 아무 생각 없이 팝송을 부르고 그랬지요. 그런 모습이 보이면 제가 그냥 기타를 빼앗아 부순 후 2층 밖으로 버렸어요. 기타를 3대 정도를 그렇게 했더니 자연스럽게 간호학과, 그다음에 공대, 사범대 이쪽 친구들이 빠지기 시작했어요. 뭐 약간 지리적으로도 좀 멀고 그러니까 자연스럽게 서클을 안 나오게 되면서 본교 중심의 후배들만 남게 된 거죠. 1983년 1학기에 인연의 전문규가 합류해서 후배들 세미나 학습을 맡게 되면서 저는 대외적인 활동을 했어요. 그런 와중에 도와주던 조중래는 군대를 갔어요. 그리고 자연스럽게 투표를 통해 서클 이름도 석화회에서 노래얼로 바꾸었지요.

석화회 내에서 이원국, 손방의와 함께 사회과학 학습모임을 진행했던 조중래가 기억하는 석화회의 변화상 증언이다.

••• 석화회에 들어온 82학번이 많았어요. 그냥 기타 치고 노래 부르는 것을 좋아하는 친구들이 많이 모인 거죠. 단과대가 망라되었어요. 간호학과에서도 많이 들어오고 공대와 사대 친구들도 적지 않았어요. 한 100명이 넘었을 정도로 인원이 엄청났어요. 일반적인 대중가요를 부르거나 통기타를 치는 분위기에서 민중가요나 운동권 노래를 내세우는 분위기로 약간씩 변할 때였어요. 그런 변화를 불편해 하는 친구들이 늘어났어요. 그걸 견디지 못하는 거예요. 맨 처음에 공대 애들이 떨어져 나가고 간호학과 애들이 그다음으로 나갔어요. 그리고 사대 친구들도 그만두고 문과대 애들까지 다 떠나고 보니 저랑 손방의만 남았어요. 그런데 83학번들은 우리와 완전히 달랐어요. 들어오면서부터 그냥 운동가요를 불렀어요. '우리가 그냥 기타 치고 노래 부르며 대학가요제 나가는 게 목적이 아니다. 우리가 노래 하나를 불러도 좀 의미 있는 노래를 부르고 좀 생각하는 활동을 해야 한다.'는 분위기가 자연스레 형성되었어요. 그렇게 들어왔던 83학번들은 거의 다 남았어요.

1983년 2학기에 석화회는 노래얼로 거듭난다. 변화하는 시대에 걸맞는 새 이름이 필요하다는 내부 의견을 수용해 몇 개의 이름 후보를 놓고 투표에 부친 결과 '노래얼'이 최다 득표를 했다. 그리하여 1984년 신학기 때부터 노래얼 이름으로 신입생을 맞았다.

1982년 노래얼 가을 정기공연을 마치고 찍은 사진이다. 왼쪽에서 두 번째가 조중래(영문 82)이고 오른쪽 끝은 이원국(교육 81)이다. (사진 제공 : 노래얼)

고대 극회,
고불회, 유네스코의 변신

노래얼 못지않게 홍역을 치르고 운동권 서클로 변모한 고대 극회의 서사도 흥미롭다. 선구자 역할은 표신중(산공 76)의 몫이었다. 1982년 무렵부터 사회과학 등의 이념 서적을 학습하는 내부 모임을 만들었다. 여기에 송기정(경영 79)이 가세해 세미나팀을 지도했다. 조승현(법학) 등의 6~7명 83학번이 세미나팀 멤버가 되었다. 그러다가 1983년 말에 문연에 있던 이상준(철학 83)이 합류하면서 84학번 학습팀 운영에 큰 힘을 보탰다. 1984년에 들어 학습팀이 상당히 활성화되었을 때 극회 내부의 심각한 논쟁이 벌어졌다. 선배 그룹은 번역물 위주로 사회 부조리를 고발하는 작품을 무대 위에 올리자고 했고, 이에 대해 후배 그룹은 창작극 중심으로 가자는 의견으로 맞섰다. 1985년까지 계속된 논쟁과 내부 진통을 거치며 1986년부터 운동권 서클로 자리를 잡았다. 이 시기 큰 역할을 했던 84학번으로는 1987년에 부총학생회장이 된 최훈(국교)이 있다.

극회 내부의 변화 속에 이런 일도 있었다. 이 이야기는 《고려대학교 연극 백년사:1918~2017》(양윤석 저, 연극과 인간, 2021)를 참조했다. 고대 극회가 1983년 6월 1일부터 4일까지 서관 농구장에서 〈줄리어스 시저〉 야외공연을 한다는 야심찬 계획을 세웠다. 로마에서 처음 황제가 되려는 케이사르 모습이 전두환에 비유될 수 있는 공연이었다. 그 이유로 인해 대본 검열 단계에서부터 심상치 않은 조짐이 보였다. 서클 회장 박헌구(사회 77)에게 평소와 달리 김기하(사회 76)가 연출한 대본 3부를 제출하라는 요구가 들어왔다. 그중 1부가 보안사 고대 담당에게 전달되었다. 김기하가 보안사 고대 담당을 만났을 때, 보안사 검열 후의 대본에는 무수히 많은 빨간 줄과 Z자 표시가 되어 있었다. 그것을 본 김기하는 공연할 맛이 떨어졌지만, 그래도 강행하자는 회원들의 의견을 받아들인 후 삭제된 부분은 음악이나 몸짓으로 대체하기로 하고 연습을 계속했다. 그런데 1983년 5월 5일 석탑 대동제 때 1만 명 고대생 시위가 발생하자 5월 9일 고대 당국이 '학생 행사 전면금지' 공고를 냈고 박만장 학생처장은 사표를 냈다. 그럼에도 51일간의 연습을 무산시킬 수가 없어 개막일인 6월 1일 극회 공연단이 서관 농구장에 모였다. 입소문으로 관객이 200명 정도 모였는데, 주위에 사복형사들이 가득했고 경찰이 최루탄을 쏘려는 움직임을 보였다. 하는 수 없이 포기해야 했다. 박헌구는 10분 만에 극 종료를 선언하고 왈칵 눈물을 터뜨렸다.

창작극 〈똥〉 공연은 극회 변화를 상징적으로 보여준 사건이다. 1984년이 되어 회장 김천태(영문 78)와 양윤석(영문 78)이 고대 극회를 주도하면서 많은 변화를 일궈낸 고대 극회는 3월의 정기공연을 성공적으로 마친 뒤 하반기에 새로운 도전에 나선다. 2학기 정기공연에서 공동 창작극을 무대에 올린 것이다. 1970년대 이후 서

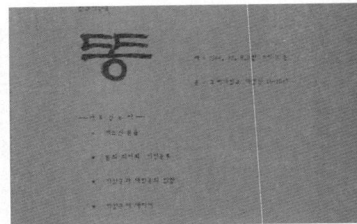

고대 극회의 1984년 11월의 2학기 정기공연에서 공동 창작극 〈똥〉을 무대에 올렸다. 팸플릿과 공연 장면을 보여주는 사진이다. 위쪽 가운데 사진은 공연 당일 교문 앞에서 있었던 시위 장면이다. (사진 제공 : 고대 극회)

구 중심의 주류 연극에 대해 비판하면서 그 대안으로 전통연희를 현대적으로 계승했고, 대학가에서 유행했던 마당극 장르를 전향적으로 수용해 그 형식을 차용했다. 1973년 김지하 시인이 썼던 담시 〈분씨물어〉를 개작하고 거기에 새로운 이야기를 더 담는 방법을 선택했다. 제목을 〈똥〉이라 했고, 표신중이 연출했다.

고불회 역시 운동권 서클과 거리가 있었다. 1980년 이후 78학번과 79학번 일부가 사회과학 스터디 모임을 추진했는데, 80학번 공계진(화학)과 전익표(경영)가 합류하면서 분위기가 크게 바뀌었다. 이들의 노력으로 활동적인 81학번이 다수 성장하면서 운동권 서클로 변모했다. 대표적인 81학번으로는 나중에 여연으로 가는 박선희(사회), 1984년 고대자율화추진위원회(이하 '고자추')가 세워졌을 때 진상조사부장 역을 맡았던 정연주(가교 81), 1982년에 현철 언더로 내려가는 이경우(경영 81), 현철과 병행하다 문무대 사건으로 강제징집된 이재혁(사학 81), 고대에서는 소수파였던 CA 활동가로서 사노맹 조직사건으로 오랜 수형 생활을 하게 되는 정명섭(통계 81) 등이다. 82학번으로 우리나라 산은 안 가본 곳이 없다는 정범모가 있다. 81학번들의 맹활약으로 고불회 위상이 크게 높아졌고, 공계진이 1983년 5.18 시위 주동에 나서면서 서클의 존재감을 더욱 부각시켰다.

유네스코 학생회는 봉사서클이었다. 여기에 정외과 82학번 김형욱과 신정훈이 1학년 때 다니게 되었다. 당시 유네스코 내에서는 학생운동을 지지하는 그룹이나 그렇지 않은 쪽이 섞여 있었지만 별도의 사회과학 학습을 하는 팀은 없었다. 주로 선배 그룹에서는 유네스코가 봉사하는 서클로 남아 있기를 원했다. 김형욱의 기억이다.

••• 제가 1학년 들어가자마자 유네스코에 다녔어요. 그런데 입학해서 얼마 안 된 4월, 그러니까 1982년 4월이었어요. 혜화동 성당에서 원풍모방과 동일방직 노동자들의 원직 복직 투쟁을 지지하는 미사가 있었어요. 그 미사가 끝나고 서울대병원을 거쳐 과학기술원 쪽으로 해서 창경궁 방향으로 내려가다 제가 붙잡혔어요. 창경궁 파출소로 끌려가 뒈지게 맞았어요. 경찰은 제가 주모자라고 생각했었나 봐요. 그냥 〈아침이슬〉 노래 부르고 그러니까 주모자인 줄 알았던 거죠. 그래서 잡아 두들겨 패긴 했지만 신분을 확인해 보니 1학년이잖아요. 그래서 창경궁 파출소에서 동대문경찰서로 넘겨졌지만 다음날 새벽에 풀려났던 거죠. 그 일이 있고 나서 복학생들 중심으로 "센 놈이 우리 서클에 들어 왔다." 하면서 곱지 않은 시선을 보냈어요. 반면 81학번 선배나 82학번 동기들은 달랐어요. 상당히 우호적이었어요. 어쨌든 전 이 일을 겪고 난 뒤 뜻한 바가 있어 유네스코를 정리하고 정외과 학회 활동을 시작했어요. 정외과 학회에는 똑똑한 82학번 동기들이 많았어요. 그러다가 3학년이 된 1984년에 문득 유네스코 작업을 좀 해야겠다는 생각이 들었어요. 그래서 신정훈과 이야기를 나누었어요. "1학년 때의 인연이란 게 있으니 유네스코에 있는 후배들을 같이 교육도 시키고 조직화도 한번 해보자."

그렇게 해서 학회 활동을 하면서 유네스코 후배들 교육을 겸하게 된 거죠. 나름 열심히 유네스코 후배들 세미나 작업을 계속했어요. 좀 성과가 있었던 지 유네스코 학생회가 학생운동을 하는 서클이 됐지요. 한 10여 년간 운동하는 서클이 되었어요.

유서 깊은 호박회는 1965년에 창립된 서클이다. 주 활동이 독서토론이었던 호박회가 운동권하고 관련을 맺게 된 것은 철학과 80학번 성정한이 문과대 학생장을 했을 때부터다. 또 다른 80학번 양운덕(법학)은 졸업 후 '서구 지성의 탁월한 안내자'라는 평판을 받는 유명한 철학자가 된다. 양운덕은 서클 후배 김태원(법학 83)에게 개인적으로 헤겔 철학을 지도했는데, 김태원은 1986년에 결성된 반미청년회의 핵심 멤버다.

81학번의 주요 멤버에는 3학년 때 기생 회장이 되는 진현철(철학), 신성환(법학), 방승준(경영), 최복천(사회), 김진아(영문), 박미혜(철학), 송민정(철학) 등이 있다. 이 중 진현철은 1학년 때 호박회 활동을 하다 기생으로 옮긴 뒤 3학년 때인 1983년에 기생 회장이 되었다. 1983년 5.5 대동제 시위 당시 호박회 회장을 맡아 강제징집된 신성환과 방승준, 최복천, 김진아는 줄곧 호박회 활동을 한 81학번들이다. 박미혜와 송민정은 3학년 때부터 철학과 학회 활동에 주력했다. 학생운동에 적극적으로 나선 82학번은 열댓 명 정도다. 이 중 서클 활동을 주도했던 인물은 김도균(경영), 서강원(경영), 양희(가교), 이원형(정외) 등을 꼽을 수 있다. 83학번도 82학번과 비슷하게 열다섯 정도가 학내시위에 적극 참여했다. 김태원은 방승준의 소개로 2학년 때부터 정경련 언더에서 활동하면서 3학년 때 호박회 회장까지 역임했다.

 83학번 내에는 민맥, 겨사, 문정 등의 언더 활동을 병행한 이들이 적지 않았다. 공대 소속의 이상수(전기)가 호박회 활동을 열심히 했던 83학번의 대표적 인물이다. 호박회는 학생운동에 주력하는 후배 그룹과 순수한 독서 모임을 추구하는 선배 그룹 간의 갈등이 심화된 1986년에 파행을 겪게 된다. 그 결과, 다수파는 한국사회연구회를 만들어 운동권 서클로 거듭났고, 소수파는 끝까지 호박회 이름을 고수했다.

▶ 무림-학림 논쟁과
성대 지도부 구성 과정이 전하는 메시지

서울역 회군에 대한
학림의 신랄한 비판

1983~84년 고대 학생운동을 이해하는 데 큰 도움이 될 수 있는 서울대와 성대 사례를 살펴보자. 먼저 서울대 이야기다. 앞서 언급한 대로 신군부가 쿠데타와 5.17 내란을 일으키고 전국 대학에 휴교령을 내렸다. 서울대는 1980년 9월 7일에 개학을 하게 되었는데, 당시 서울대 운동조직 무림의 77학번 지도부의 의견은 김명인의 회상록 《두 번의 계엄령 사이에서》에 잘 드러난다.

당시 무림 지도부의 정세 인식과 투쟁 방향의 개요는 이렇다. '5월 이후 흐트러진 주체 역량을 효율적으로 수습하고 이를 더욱 고도로 조직하는 한편, 대중 선전을 강화하고 대학 연대와 계급·계층 간 연대 작업이 우선되어야 한다. 그리고 이러한 준비가 어느 정도 마무리되는 1981년 4~5월 즈음 신군부에 대한 전면적인 일대 반격을 시작하자. 이에 따라 조직을 위태롭게 할 수 있는 불필요한 시위를 자제해야 한다.'

하지만 신군부에 맞서 용감하게 싸우는 타 대학 소식이 계속 전해지면서 서울대 내부에서 학생 대중의 열기를 제대로 담아내지 못하는 지도부에 대한 비판이 나올 수밖에 없었다. 무림 지도부에 대해 예리한 비판의 칼날을 들이댄 것은 학림이었다. 학림 쪽은 무림 지도부의 5.15 서울역 회군 문제부터 비판하고 나섰다.

사실 1980년 5월 15일 당시의 무림 지도부 자체가 통일되어 있지 않았고, 이것이 화근이 되어 혼선을 자초했다. 서울역에 10만 학생들이 모였을 때, 무림 지도부 일부에서 유시민 서울대 대의원회 의장에게 '서울역 광장에서 그대로 철야농성 한다.'는 지시를 전달했다. 이해찬 서울대 복학생협의회 회장의 입장도 비슷했다. "서울역 광장에서 10만의 학생이 그대로 철야농성 하면 군대가 못 진압한다." 이해찬은 이런 의견을 심재철 서울대 총학생회장에게 전달하려고 했다.

그런데 당시 무림 지도부인 76학번 이원주, 77학번 김명인, 현무환, 최영선 등은 한곳에 모여 투쟁 방향을 모으지도 못하고 각자 흩어져 있었다. 그 결과, 대규모 군중을 지휘하는 위치에 있었던 심재철 서울대 총학생회장에게 통일된 입장을 전달하지 못했다. 이런 상황에서 심재철은 마이크로 버스에서 서울대 보직교수들의 집중적인 설득 공세를 받았다. 결국 심재철은 '만약의 유혈사태를 방지하기 위해서는 빨리 학교로 돌아가야 한다'는 서울대 보직교수의 설득을 받아들였다. 서울역 회군에 대해 이선근 전민학련 대표의 비판은 신랄하다.

> ··· 80년 서울의 봄이 실패하고 광주의 비극이 발생한 것은 당시 학생운동을 이끌었던 학생회장단과 그 배후인 서울대 이념서클 한사 등이 근본적으로 군부에 맞서 철저히 싸우고자 하는 의지가 부족했기 때문이다.

신군부와의 싸움에 주저하는 모습에 대해 강도 높게 비판하고 학생운동의 선도성을 강조하면서 즉각적이고 전투적인 정치투쟁을 전개할 것을 주장하는 학림 그룹의 목소리를 더 이상 무림 지도부가 무시할 수 없었다. 9월 개학과 함께 경희대가 먼저 나섰고 한신대가 뒤를 이었다. 그리고 고려대가 10.17 시위를 통해 신군부의 간담을 서늘하게 만든 일이 전국 대학에 알려졌다. 서울대 무림 지도부는 밑으로부터의 강한 요구를 무시할 수 없었다.

그런데 학림 측이 12.12 1주기에 맞추어 시위를 벌인다는 첩보를 입수했다. 무림 지도부는 그 계획 자체가 무리라고 판단하고 상황을 무림 주도로 통제하기 위한 시위를 긴급하게 준비했다. 시위

1980년 5월 15일, 서울역 앞에 운집한 10만 학생 시위대 광경. (사진 출처 : 민주화운동기념사업회)

날짜도 급히 잡을 수밖에 없었다. 학림 측이 추진하려던 것보다 먼저 실행에 옮겨야 했기 때문이다. 12월 11일, 남명수(언어 77), 남충희(철학 77), 김회경(교육 77), 윤형기(토목 77)가 서울대 학생회관 앞에서 "전두환 타도!" 구호를 외치며 기습 시위를 주도했다. 시위 현장에 '반파쇼학우 투쟁선언' 제하의 유인물이 뿌려졌다. 그 현장에서 주동자 4명을 비롯한 10여 명의 학생이 연행되었다.

그런데 12.11 시위는 참담한 결과를 낳았다. 남명수 등이 주동해서 벌인 시위 현장에서 뿌린 유인물이 문제가 되었다. 12.11 유인물은 시위팀에서 준비한 게 아니라 무림 지도부 일원인 김명인이 쓴 성명서였다. 해당 시위의 유인물은 당연히 시위팀 자체에서 준비해야 하는데, 가장 중요한 이 보안 원칙이 지켜지지 않았던 것이다. 그 결과는 서울대 학생운동 조직의 막대한 피해로 이어졌다. 유인물 수사가 본격화되면서 서울의 봄 당시 지도부 면면이 모두 나오게 되었다. 그 결과, 9명이 징역형을 선고 받고 90여 명이 강제징집을 당하는 대참사가 벌어졌다.

한편 5.17 때 검거되어 가혹한 고문으로 폐병을 얻어 강제징집을 피했던 유기홍은 12.11 시위와도 관련 있는 인물이었다. 12.11 시위 자금을 마련해주었다가 수배를 당한 것이다. 유기홍은 12.11 시위의 실패를 거울삼아 후속 시위를 준비했다. 수배 상태에서 무림의 후배였던 문용식(국사 79)을 설득하고 학림의 박태견(국문 78)과도 연합해 1981년 봄에 두 차례의 학내 시위를 성공적으로 이끌었다. 3.19 시위와 4.14 시위였다.

이후 유기홍은 구속되어 12.11 시위 자금지원, 3.19 시위 주동, 4.14 시위 주동 등 3건에 연루되었음에도 8개월 형만 살고 복귀했다. 유기홍은 복귀 후 오세중(서울대 철학 77), 소준섭(외대 중국어 78)과 함께 현 시국과 학생운동의 당면과제 등을 제시한 팸플릿 〈전망〉을 작성했다. 일반적으로 학림의 팸플릿으로 알려진 〈전망〉은 사실 학림 멤버가 한 명도 참가하지 않은 무림 내부의 자기반성 팸플릿이었다.

… 학생운동은 계속되는 그 고유의 정치투쟁을 통해 민중항쟁의 기반을 마련한다는 점에서 민중운동의 선도체이며 주도체는 아니다. 주도체라 함은 전체 운동을 진행시키는 어떤 조직체가 있고, 그것을 주도해 나가는 핵심 그룹을 일컫는 것이다. 피해를 당하지 않고 그대로 사회운동으로 이전하겠다는 것은 의식만능주의자, 기회주의자이다. 결국 학생 대중의 솟아오르는 열기를 감당하지 못하고 자멸한 사건이 무림이다.

위 내용에서 알 수 있듯 뼈를 깎는 고통이 느껴지는 무림에 대한 자기비판이다. 〈전망〉은 또 광주민중항쟁을 평가하면서 앞으로의 투쟁 형태를 제시했다. "학생시위 선봉-민중합세-민중봉기-연속적 도시봉기. 현재 유일한 가동 가능 집단인 학생 세력은 민중을 대변해 투쟁의 선봉을 담당하며 전 민중적 투쟁의 발판을 만든다.

그리고 일체의 혁명적 상황은 싸우는 사람들에 의해 도래하고 또 그들에 의해 이끌어진다."라고 천명하면서 학생운동가가 견지해야 할 자세를 제시했다.

1980년대 학생운동사에서 〈전망〉은 김영환의 〈강철서신〉과 함께 가장 큰 영향력을 끼친 팸플릿이다. 그 이유 중 하나는 자신이 속한 조직 과오에 대한 치열한 반성이 전제되었기 때문일 것이다. 반면 학림은 광주민중항쟁을 반성하면서 다시 광주와 같은 비극이 반복되지 않으려면 전국동시다발 민중봉기를 일으킬 수 있는 전국적인 학생조직의 필요성을 강조했지만, 조직적 기반이 허약해 결과적으로 모험주의에 봉착하고 말았다.

1980년대 초반의 학생운동 역량을 냉정하게 따졌을 때, 학림이 얘기하는 전국동시다발 민중봉기를 일으킬 수 있는 전국적인 학생조직의 기반과는 한참 거리가 있었다. 학생운동 역량 강화를 더 기다려야만 했다. 서울대는 무림-학림 논쟁 후 혼란을 뒷수습하면서 학생운동 지도부 형태가 바뀌었다. 무림은 학회 위에 학회를 지도하는 연합서클 방식의 학생운동 지도부를 두는 형태였는데, 졸업정원제 영향으로 학생 정원이 대폭 확대되고 이에 따른 대중운동으로의 전환 추세를 능동적으로 대응하는 조직적 과제가 제시된 것이다.

이에 서울대는 80학번부터 학생운동 지도부 구성을 단과대 포스트 연합체제(포 시스템)로 변환했다. 대체적으로 이 시스템을 갖추게 된 것은 1983년 상반기이다. 성대 역시 비슷한 시기에 포 시스템을 갖추었다. 성대는 포 시스템을 빠르게 정립함으로써 전두환 신군부와 맞서 강력한 투쟁을 전개하는 학생운동 조직을 갖추게 되었다. 고대가 1983년에 가동한 각 언더서클의 연합체제 역시 포 시스템이고, 대학별로 시기와 형태는 다소 다르지만 대부분 대학의 전두환 군사정권과 맞서는 조직 형태는 비합법 조직동원 체제인 포 시스템이었다.

성대의 효율적이고 강력한 조직 운영 비결은?

성대의 80학번 지도부 형성 과정은 고대와 비교해 사뭇 다른 점이 있다. 무엇보다 패권 다툼이 극심하게 일어나고 이로 인해 조직적 갈등이 증폭된 고대와 달리 단일대오가 1987년까지 내내 유지되었다는 점이다. 성대는 서울의 봄을 맞아 총학생회장 선거, 총장사퇴 운동, 병영집체훈련 거부 투쟁, 5월 민주화대행진을 진행하면서 강홍구(경영 78), 흥사단 아카데미 출신 민병두(무역 78), 휴머니스트 출신 이정현(경제 78)의 리더십이 대중투쟁 과정에서 자연스럽게 확보되었다.

이정현은 서클연합회 회장으로서 오픈에서 활약하면서 무대에 자주 올랐다. 이를 통해 당시 1학년인 80학번들에게 비교적 잘 알려진 대중적 리더십을 획득했다. 5.17 계엄 확대 이후 비합 투쟁기에 돌입했을 때, 강홍구가 1980년 11월 교내시위 주동으로 치고 나간다. 강홍구는 4년 구형을 받았다가 6개월로 형이 감형되어 1981년 5월에 출소했고, 이후 노동운동으로의 이전을 준비했다. 민병두의 경우, 1981년 7월 전민학련 사건에 연루되어 2년 6월 형을 받아 1984년 초까지 성대 학운과 격리되었다.

이정현이 1981년 4월 시위 배후로 수배 후 7월에 검거되어 10개월 형을 살고 1982년 5월에 출소하는데, 이때부터 80학번 지도부 구성 작업이 시작된다. 출소한 이정현은 1982년 투쟁을 평가하면서 77학번의 지도를 받는 79학번 리더십이 약하다고 판단했다. 그는 77학번 지도부와 만나 80학번 지도부 구성에 대한 의견을 나눈 뒤, 전면에 나서 지도부 구성 작업을 지휘했다. 이정현이 첫 작업은 강홍구를 설득하는 일이었다. 이정현은 노동 현장 이전을 준비하고 있던 강홍구를 만나 현장 진출을 조금 늦추고 함께 80학번 지도부 형성 작업을 하자고 요청했다.

이렇게 해서 이정현은 80명 정도 되는 80학번 학생운동가 전원을 1982년 말부터 만나면서 폭넓은 대화를 나누며 교감했다. 그런 다음 28명을 선별해 겨울방학 2개월 동안 강홍구와 함께 학습 강행군에 돌입했다. 8차례에 걸쳐 서양경제사 및 한국사회 분석, 조직론, 투쟁 방향 등을 정리한 자체 내 팸플릿으로 사상통일 세미나를 실시했다.

80학번이 4학년 되는 1983년 3월 개학 직전에 강행군을 함께한 28명 중 6명을 뽑아서 포스트를 정했다. 언더서클, 오픈서클, 단대1, 단대2, 여학생 포스트 등 조직 포스트 5명과 투쟁 포스트 1명을 정해 80학번 지도부 구성을 완료했다. 주요 서클 출신들이 골고루 6인 포스트에 선정되도록 하는 안배에도 소홀히 하지 않았다. 그리고 서울대, 고대, 연대와의 4개 대학 페더 활동은 이정현이 계속 맡았다.

이정현은 80학번들에 의해 '이세원'이란 별명으로 불렸는데 '원칙을 세우는 사람'이란 뜻이다. 80학번 지도부 구성 과정에서 사심 없이 원칙적인 자세로 일을 진행했다는 점은 80학번 모두가 동의하는 사항이었다. 1983년 1학기에 시위 주동을 정하는 것은 80학번 지도부가 동료들을 내보내는 것을 의미하기에 어려움이 많다는 점을 알고 이정현이 맡았다. 대신 2학기가 되면서 80학번에게 전권을 넘겼다.

성대는 이 같은 학운 지도부 기본 프레임이 1987년 6월 항쟁까지 이어졌다. 80학번이 81학번 지도부 구성을 진행할 때는 약간의 변화가 생겼다. 80학번 지도부 구성 때는 포스트 6명을 이정현과 강홍구가 선택했지만, 81학번 포스트는 자체 선출 방식을 택한 것이다. 비합법 투쟁을 해야 하는 어려운 상황에서도 지켜낸 민주주의적인 선출 방식이었다. 성대에서 패권주의 문제가 거의 발생하지 않고 운동조직을 효율적으로 운영한 점은 고대 학운사에 시사

하는 바가 적지 않다. 단편적으로 비교하는 것은 올바르지 않겠지만 지도부 인적 구성의 형평성 확보와 민주주의적 조직 운영 등은 곱씹어야 할 대목이다.

80년대 고대 학생운동사 ❶

3장

거센 바람이 된 1983년 시위 현장의 함성

▶ 3.7 사건의 충격을 딛고 포효한 4.15 시위

너무나 뼈아픈 3.7 사건, 80학번 지도부의 대거 이탈

1983년 고대 학생운동의 서막은 침울 그 자체였다. 마른하늘에 떨어진 날벼락 같은 일이었다. 정경대와 문과대 학회를 총괄하던 김두황과 양창욱 그리고 한선모가 성북서에 연행된 것이다. 이와 관련해 많은 고대 학생운동 주역들이 큰 고초를 겪게 된 일이 3.7 사건이다.

사건의 출발은 작은 부주의에서 시작되었다. 사학과 학회 B팀의 세미나 자료인 쿠바혁명사(일서)를 고대 앞 복사점에 복사를 맡긴 것이 성북서 형사 레이더망에 걸린 것이다. 그 사실을 모른 채 복사물을 찾으러 갔던 사학과 81학번 이재구, 이재정, 박에스더 등이 성북서에 연행된 후 모진 고문을 받고 지도 선배가 윤석환(사학 77) 임이 드러났다.

성북서 형사들이 곧바로 윤석환의 자취방을 덮쳤을 때 뭔가가 빼곡히 적힌 메모지가 경찰 손에 들어갔다. 그 메모지에 적힌 내용은 1982년 2학기에 복학한 윤석환이 김두황으로부터 브리핑을 받은 고대 학회 상황이었다. 거기에 사학과 내의 언더모임 명단과 문과대 언더모임 명단이 다 들어 있었다. 이니셜로 표기했던 메모지를 본 형사들이 윤석환에게 집중 고문을 한 뒤 정경대와 문과대를 이끄는 리더 명단을 확보했다. 곧바로 체포 작전에 돌입해 3월 7일에 한선모를 3월 8일에는 김두황과 양창욱을 연행했다. 성북서가 집중 취조한 부분은 문과대 언더조직 구조와 신학기 시위 계획 그리고 '아방과 타방' 문건의 출처였다. 10일간의 무자비한 구타와 고문이 이어졌다. 이후 김두황과 양창욱은 강제징집을 당했다. 한선모는 신검에서 군 면제를 받은 상태라 강제징집 대신 지도휴학만 받았다.

수난은 윤석환과 세 명의 80학번에서 끝나지 않았다. 1982년부터 학회 활성화 활동에 앞장선 김두황을 비롯한 각 학과 학회장과 핵심 활동가들로 구성된 1983년 1월의 학회장 연합 모임에 참여한 80학번들이 타깃이 되었다. 경영대의 김명기, 교육학과 학회를 만든 이형숙, 정경대 학생장을 했던 이동석이 먼저 잡혀 취조를 받았다. 다행히 반성문과 각서를 쓰고 3월 12일 석방되었다. 다음은 경영학과의 하행민과 교육학과의 이호식 차례였다. 마찬가지로 반성문과 각서를 쓰고 3월 14일 성북서를 나왔다. 독문과 학회장을 하던 박종길은 재빨리 도피해 화를 면했다.

3.7 사건 여파로 문과대 및 사학과 언더팀 해체

성북서 취조 과정에서 한선모가 주도하던 문과대 81학번 언더팀 명단이 드러났다. 노기영(사학 81)이 3월 10일에 잡힌 뒤 악명 높은 미시간 호텔에 감금된 채 2~3일 조사를 받았다. 노기영은 미시간 호텔에서 모진 고초를 겪고 있던 김두황, 양창욱, 한선모 얼굴을 모두 봤다고 한다. 독문과 81학번 김경랑도 성북서에서 문과대 언더팀에 대한 조사를 받고 풀려났다. 김경랑은 조사 과정에서 한선모를 직접 보지 못하고 노기영만 학교 앞에서 한 번 본 적이 있다고 진술했다. 노기영은 인터뷰에서 문과대 언더팀 구성이 김창현, 신수현, 노기영, 김경랑, 이명옥(중문 81)이었다고 증언했다. 문과대 언더팀과 관련해 김경랑과 이명옥이 분명하게 기억하지 못하는 점으로 보아, 한선모가 김창현, 노기영과 문과대 언더팀 구성을 논의한 뒤 그 작업을 진행하는 시점에 3.7 사건이 터진 것으로 보인다.

김창현과 이명옥은 문과대 언더팀 수사를 피해 성북서에 연행되지 않았다. 김창현은 3.7 사건과 관련해 2개월 정도 잠수를 탄 것으로 기억했다. 그런 이유로 김창현은 이때부터 성북서 전략통 형사 이강수의 리스트에 오르고 관리대상이 되었다. 잠수 이후 김창현의 성북서 담당이 이강수로 정해졌고, 김창현은 학교에서 이강수를 만나면 차 한잔해야 했다.

메모에서 윤석환이 만들었던 82학번 사학과 언더팀 명단도 적혀 있어 사학과 언더팀이 모두 깨지고 말았다. 그나마 다행스러운 점은 김두황이 관리하던 정경대 코어 4명(박부용, 박래군, 이재권, 최창환)의 이름이 드러나지 않은 일이다. 3월 18일 김두황의 강제징집 후 정경대 코어의 관리 책임이 박상중에게 넘어갔다. 박상중은 정경대 코어 4명을 직접 다 만나는 방식을 취하지 않았다. 박부용만 만나고 나머지 3명은 박부용을 통해 관리하는 방식을 취했다. 박래군은 인터뷰에서 "저는 3.7 사건 이후 박상중 형을 한 번도 만나지 못했습니다. 저는 두황이 형이 가고 나서 아무 선배도 없이 저 혼자 모든 문제를 헤쳐야 했습니다."

나중에 반(反)겨사조직의 핵심이 되는 박래군과 박부용에게 비판적으로 돌아서는 이재권의 이후 행보를 감안하면, 김두황의 강집은 정경대 코어들의 활약에 지대한 영향을 미쳤다. 김두황이 심혈을 기울여 키운 정경대 코어 4인이 합심해 통합 조직 운영에 힘을 모으고 각자의 역할을 제대로 펼치지 못한 점은 고대 학운 차원에서 무척 아쉬운 대목이다.

두 서클을 이끌어 갈
두 80학번의 특별 훈련

3.7 사건으로 큰 타격을 입고 고대 지도부 내부가 어수선한 가운데 4월 15일의 시위가 준비되고 있었다. 4.15 시위 주동자로 선정된 이는 김선중과 이상돈이다. 김선중은 농촌사회연구회라는 언더서클 출신이었고, 이상돈은 기생 언더 출신이었다. 기생은 고대를 대표하는 이념서클이기 때문에 설명이 필요 없지만 농촌사회연구회는 좀 설명이 필요하다. 앞서 간단하게 언급한 것처럼 농촌사회연구회를 만든 인물은 농경제학과 77학번 정쌍은이다. 그는 경남 거창군 웅양면 송산마을이 고향인데, 이 마을에 1977년 8월 향림교회 대학생부가 농활을 갔다. 이것이 인연이 되어 정쌍은은 1977년 2학기 개학과 함께 향림교회를 다녔다.

정쌍은은 교내 서클도 다니고 싶어 향림교회에서 알게 된 기생 75학번 조성우의 소개로 겨사에도 가입했는데, 겨사 활동을 하면서 농대에 서클이 하나도 없다는 사실을 발견했다. 그것이 아쉬웠던 정쌍은은 79학번 후배 김유천과 이선형 등을 설득해 농대 내 학습모임을 만들었다. 처음에는 이름도 없이 비밀 소모임 형태로 운영하다가 1980년 3월에 오픈서클로 등록했다. 명칭은 농촌사회연구회였다. 농촌사회연구회는 1980년 5.17 이후 학내 이념서클 전체가 해체된 이후 언더 형태를 유지하다가 1981년 재등록 때에도 응하지 않은 채 계속 언더서클로 남아 활동을 이어갔다.

김유천의 친형이 김유선이다. 서울대 76학번이고 현재 한국노동사회연구소 이사장을 맡고 있는 인물로 평생 노동운동에 헌신했다. 김유천은 대학 입학과 동시에 형이 다니고 있던 동대문성당 대학생부 학습모임에 참여했다. 동대문성당은 당시 김승훈 신부가 주임 신부로 있던 곳이다. 김유천은 그 동대문성당을 다니면서 정쌍은과 연결되어 농촌사회연구회 결성에 합류하게 된다. 그런데 동대문성당에서 1년 후배인 최광범을 만나게 되었다. 최광범은 동대문성당의 학습모임에 참여하고 있던 친누나의 소개로 그 모임과 인연을 맺었다.

이렇게 김유천과 최광범이 동대문성당에서 만난 이후, 어느 날 최광범이 김유천에게 얘기했다. "학교에서 활동하고 싶은데 좋은 서클 하나 소개해 주세요." 김유천은 잘 알고 지내는 사이인 민맥의 장하운(사회 78)을 최광범에게 소개했다. 김유천은 "이왕 서클에 들어가려면 언더서클로 들어가라!"라고 권유했고 최광범은 선배의 권유대로 민맥에 들어가게 되었다. 최광범이 민맥에 들어가자마자 민맥을 이끌어갈 80학번 핵심이었던 이동진(영문 80)이 1980년 10.17 시위 때 체포되어 29일 구류를 받은 후 집안 압력에 따라 방위로 입대했다. 그 바람에 최광범은 민맥 존립의 중책을 맡게 되었고 자기 학습이 부족한 상태에서 81학번 학습지도를 맡을 수밖에 없게 되었다.

한편 언더서클이 된 농촌사회연구회를 관리하던 김유천에게 한 가지 고민거리가 있었다. 앞으로 서클을 책임지고 이끌어갈 후임자의 학습 능력을 키우는 문제였다. 그래서 김유천이 생각해 낸 방법이 농촌사회연구회와 민맥이라는 두 언더서클 운명을 쥐고 있는 80학번 둘을 위한 특별 트레이닝이었다. 두 사람의 부족한 공부를 채우기 위해 월곡동 김선중 자취방을 세미나방으로 삼아 6개월 넘게 특훈을 실시한 것이다.

김선중과의 특훈 이후 최광범은 나홀로 분투하며 81학번 이하의 후배들을 키우며 민맥 기반을 튼튼하게 세웠다. 그렇게 민맥을 내실 있는 언더서클로 정립한 뒤 최광범은 1982년 후반부 때 80학번 운동 지도부 3인 김두황, 김희근, 박상중을 만났다. 1983년 초부터는 80학번 CT 박상중과 일주일에 두 번씩 미팅을 가지며 80학번 지도부에 합류했다.

김선중은 4학년이 되었을 때 당시 표현으로 "동을 뜨겠다."라는 의사를 선배 김유천에게 피력했다. 김선중이 시위 주동자가 되어 빠르게 치고 나가겠다고 결심한 데에는 그동안 학자금 대출로 등록금을 마련했던 형편상 더 이상 어머니가 꾸려가는 집안에 폐를 끼칠 수 없다는 생각도 한몫 거들었다. 김유천은 이 사실을 최광범에게 전달하는 것이 최선이라 생각하고 김선중 의지를 전달했다. 이에 최광범은 "언더에 이런 동기가 있다."라고 박상중에게 알림으로써 4.15 주동자로 확정되었다.

1983년 첫 시위에서 펼쳐진
두 주동의 '강렬한 시위전술'

또 다른 4.15 시위 주역 이상돈은 기생에서 활동 중이던 80학번이다. 1학년 때 법대 서클 법행연에 가입했는데, 5.17 이후 서클이 해체되고 법행연을 이끌어 갈 수 있는 선배가 없는 바람에 활동이 갑작스럽게 중단되었다. 이상돈은 그 와중에 개인적인 연줄로 난곡동에서 야학 활동을 했다. 당시 법대 동기 중 박영준이 있었다. 이명박 정권 때 '왕차관'으로 불렸던 그 박영준인데, 박영준은 당시 자신이 다니고 있던 기생에 이상돈을 끌어들이고 정작 본인은 고시 공부한다며 나가 버렸다. 이상돈은 기생 활동에 열성을 다했다. 그런데 초기에는 80학번 여자 동기가 제법 많았지만 끝까지 남은 사람이 아무도 없었다.

80학번 남자 동기로는 김용철(체교), 이정석(건축), 송건(보건), 강재형(중문) 등이 있는데 다들 열정이 강했던 투사였다. 김용철과 이정석은 1982년 유인물 사건으로 일찍이 구속되는 바람에 학교를 정리한 상태였고, 송건은 1983년 1월 겨울 합숙 때 봉변을 당했다. 기생 멤버 15명 정도와 함께했던 양평 합숙소에 성북서 형사가 덮친 것이다. 그때 다른 동료나 후배들은 성경만 지니고 있어 괜찮았는데 발제 책임을 맡은 송건만 1983년 정세분석 문건을 소지하고 있어 문제가 되었다. 상황 자체가 강제징집을 당하는 케이스였는데 건강 문제로 징집 면제를 받은 상태여서 강제징집은 면했다.

하지만 이 일로 서클 활동을 중단할 수밖에 없게 되었다. 1983년에 기생에 남아 있던 동료는 회장을 맡고 있었던 강자 형뿐이었다. 그래서 기생 언더에서 김덕균을 도와 81학번 이하의 후배 관리를 할 수 있는 80학번은 이상돈뿐이었다. 그런 상황에서 이상돈이 시위 주동에 나서겠다는 의지를 보였을 때, 김덕균은 만류하거나 반대하지는 않았다. 기생 언더 내부에 81학번 인재들이 여러 명 있어 이상돈의 공백을 충분히 커버할 수 있다고 판단한 것이다. 김덕균은 즉시 이상돈 의사를 이승환에게 알렸다.

3월 중순, 4.15 시위 한 달 전쯤에 이승환의 주재하에 시위 준비팀(D팀)이 첫 모임을 가졌다. 신학기 초반에 치고 나갔겠다고 의사를 일찍 표방한 바 있는 여연의 임현주(정외 80)도 함께한 자리였다. 임현주는 그 모임에서 사정상 5월에 나가겠다고 얘기해서 4.15팀은 김선중, 이상돈 두 명만 하기로 결정했다. 이승환과는 D데이 날짜와 알리바이 등을 어떻게 맞출지에 대한 협의를 위해 한 차례 모임을 더 갖고서는 더 이상 만나지 않았다. 시위 당일의 전술(택)이나 준비 사항 등은 모두 둘이 결정하고 준비했다.

두 사람이 합의한 시위 전술은 강렬했다. 김선중이 먼저 4.19혁명 기념 학도호국단 주최 강연회 장소에서 동을 뜬 후에 학생 대열을 이끌고 서관 시계탑으로 행진하고, 같은 시간 서관 시계탑에서 이상돈이 밧줄 시위를 벌여 시간을 끌면서 양쪽 시위대가 합류하자는 것이 골자였다. 성명서 내용에 대해서는 약간의 의견 차이가 있어 각자 쓰기로 하고 그것을 취합해 한 장에 담기로 했다. 이상돈이 한미일 삼각군사동맹을 비판하는 내용을 피력했고 김선중은 학원민주화에 대한 입장을 정리했다. 성명서 제작을 위한 등사판(가리방) 작업 장소는 김선중 집 근처 공원에 있는 동굴로 정했다. 인적이 없는 곳이라 유인물 작업에 적당한 곳이었다.

D데이가 되었다. 서관 시계탑 건물과 인접한 대강당에서 학도호국단 주최 4.19 강연회가 오후 3시에 예정되어 있었다. 2시 45분 경이 되자 학생 숫자가 500명 정도 되었다. 긴장된 분위기 속에 2시 58분경, 김선중이 군중을 헤치고 뛰어나오며 큰소리로 구호를 외치고 선동하면서 '반파쇼 고대 학원자유화 선언' 유인물을 행사장 주변에 300장 정도 뿌렸다. 담력이 세고 용감무쌍하기로 소문이 난 김선중이 미리 준비한 스포츠 가방에서 솜에 기름먹인 솜방망이에 불을 붙이자 분위기가 후끈 달아올랐다. 횃불을 휘두르면서 김선중이 백골단 접근을 막아보려 했지만 득달같이 달려드는 무리들을 모두 감당하기는 역부족이었다. 결국 몇 분을 버티던 김선중이 붙잡히고 말았다.

비슷한 시각, 이상돈은 시계탑 건물 7층에 있는 정경대 학회실에 들어가 안에서 문을 잠그고 창틀에 로프 한쪽을 고정시키고 다른 쪽은 허리와 다리에 묶은 채 창문 틈으로 나가 화강암으로 된 시계탑 건물 외벽에 붉은 스프레이로 '反파쇼'라는 글씨를 썼다. 극도의 긴장감 때문인지 실제 글은 '쇼反파'라고 쓰였다. 글씨를

1983년 4월 15일, 이상돈(법학 81)이 서관 시계탑 건물에서 고공 시위를 할 때 로프에 매달려 쓴 글씨가 보인다. 붉은 스프레이로 쓴 것인데, 다급한 상황에서 쓴 까닭에 '反파쇼'가 아닌 '쇼 反파'가 되었다.

다 쓰고 구호를 외치려고 하는 순간 어느새 달려든 백골단들에 의해 들어 올려졌다. 결국 이상돈은 백골단에 의해 거의 신체가 반으로 접혀서 끌려 내려왔다. 그 광경을 대강당 앞에서 목격한 현철 소속 이상기(경제 82)가 이상돈을 구하기 위해 뛰어들었다가 곧바로 연행되었다. 그때 상황에 대한 이상기의 증언이다.

··· 시계탑에서 밧줄 시위를 하는 선배가 끌려가는 광경을 지켜보면서 순간 피가 끓었어요. 어떻게 하면 선배를 구해줄 수 있을까 그런 생각이 순간 들었던 거죠. 그때는 혈기 왕성했으니까요. 그래서 순간적으로 뛰어들었어요. 시위가 컸던 상황이었기 때문에 학생들이 굉장히 많았어요. 그래서 몇몇 사람이 저랑 같이 구출하기 위해 덤빈 거죠. 한번 구해보겠다고요. 그중에서 제가 연행되었어요.

대강당 주위에 모여 있던 시위대열은 학생회관 쪽으로 이동하며 계속해서 노래를 불렀다. 사복과 전경이 학생들을 해산시키려 하자 투석전을 벌이며 40분 정도 대치했다. 그런 후 중앙도서관으로 이동해 구호를 외치며 시위를 이었다. 시위는 5시가 넘어서 종료되었다. 시위 주동자 두 명은 성북서로 연행되어 조사를 받았다. 이상돈은 한미일 삼각군사동맹과 4.15 날짜에 대해 집중 추궁을 받았다. "한미일 삼각군사동맹이라는 말은 북한에서 떠드는 용어 아니냐?", "너, 4월 15일이 무슨 날인 줄 알고 시위했지?" 이상돈은 사실 4월 15일이 무슨 날인지 모르고 있었다. "야, 새끼야! 오늘이 김일성 생일이야!" 하면서 형사들이 이상돈을 마구 팼다.

김선중은 운이 좋았던 것인지 이상돈에 비해 덜 맞았다. 알리바이로 맞춘 상록회 회원이라는 말에 더 이상 추궁받지 않고 무사히 넘어갔다. 게다가 성북서 정보과 에이스 이강수가 하필이면 그날 자리를 비운 것이다. 이강수는 고대 운동권 정보를 모두 취합해 도표를 그리며 학생들을 집요하게 몰아붙이는 독종 형사였다. 그런데 이강수가 자신의 친동생이 교통사고가 나서 자리를 비운 게 행운으로 작용했다. 이강수가 없는 상태에서 "선배가 누구냐? 누구에게서 지시를 받았느냐?" 하는 가장 기본적인 조사마저 대충 처리하고 넘어갔던 것이다.

엉뚱한 곳으로 번진 상록회 조사, 김희근 강제징집으로 이어져

4.15 시위를 준비하는 과정에서 김선중은 자신의 언더조직을 보호하기 위해 알리바이를 농대 유일의 오픈서클인 상록회 소속으로 맞추었다. 사전에 문택환(임학 80)을 만나 소위 '이빨'을 그렇게 맞춘 것이다. 문택환은 4.15 시위 전에 80학번들을 만날 때마다 "김선중은 상록회 회원이다. 알았지?" 하면서 알리바이 사전 작업을 했다. 문택환과 함께 1982

년 상록회 출범의 주역 신상한(식품 81)은 김선중이 구속되면 성북서에서 자기 이름이 나올 수 있다고 생각했다. 그래서 시위 당일에 자신이 서울에 있지 않았다는 알리바이를 맞추기 위해 시위 전에 고향 진주로 내려갔다.

신상한은 진주로 내려갈 때 〈아방과 타방〉 등의 문건을 지참했는데, 이것이 화근이 되었다. 진주에 있는 동안 경상대 82학번 후배 10명에게 〈아방과 타방〉 문건 등을 공유하며 세미나를 진행한 것이 경찰에게 발각된 것이다. 그 일로 세미나에 참석한 경상대 82학번 전원이 진주경찰서에서 연행되었다. 지방의 경우 이런 사건이 터질 때면 해당 경찰서 정보과에서 조사하지 않고 안기부나 보안사로 넘길 때가 많았다.

진주경찰서도 자체 조사 후 안기부와 보안사로 사건을 넘겼다. 보안사는 이를 간첩단 사건으로 꾸미려 했다. 신상한이 '아방과 타방' 등의 이적 표현물을 통해 사회주의 사상을 전파하는 이적단체를 만들었다는 그림을 그리려 한 것이다. 그런데 간첩단 사건으로 키우기에는 부족하다고 생각했는지 신상한과 경상대 82학번 한 명의 강제징집으로 사건을 마무리했다.

하지만 신상한이 4월 21일 검거되어 조사받는 과정에서 서클 선배 문택환의 이름이 나왔다. 이에 따라 4월 말 문택환이 보안사 분실에 끌려가게 되었고, 상록회 구성과 고대 10여 개의 오픈서클 현황을 실토하라는 추궁을 받았다. 거기에 더해 데모를 모의한 사람이 누구인지를 자백하라는 강압에 의해 김희근 이름이 나오게 되었다. 언젠가 김희근에게 데모 제안을 한 적이 있다고 자백한 것이다. 사실은 학생회관 앞에서 농담처럼 문택환이 김희근에게 던졌던 얘기였다.

  불똥이 고대 학생운동 핵심 인물 중 하나인 김희근에게 튀었다. 보안사 고대 담당 정송암이 김희근을 신촌 독수리 다방으로 불러냈다. 보안사는 얼떨결에 그 자리에 나온 김희근을 바로 연행한 뒤 보안사 분실로 끌고 갔다. 4월 30일의 일이다. 참혹한 10여 일의 고문과 불법 심문을 하고서는 5월 12일 강제징집했다. 문택환과 김희근의 강제징집은 고대 학운사에서 보안사가 직접 나서 학생운동 탄압에 앞장선 사실을 증명하는 유일한 사례라 할 수 있다. 1983년 4월은 보안사가 추진하던 녹화사업이 가장 강도 높게 진행되는 시기였고, 혈안이 되어 학생운동 조직 전반에 대한 광범위한 정보를 캐고 있던 때였다.

  김희근의 강제징집 37일 후에 김두황 의문사라는 큰 사건이 발생했다. 김두황에 이어 김희근이 사라지면서 고대 학생운동 전체를 총괄하는 3인 지도부 중에서 2명을 잃게 되었다. 보안사의 직접 수사로 인해 전혀 예상치 않았던 김희근의 강제징집으로까지 연결된 것은 고대 학생운동 입장에서 볼 때 치명적인 결과였다. 이승환은 김희근의 강집 소식을 접하고 "희근이가 일찍 날아간 게 사실은 나에게도 굉장히 큰 타격이었다."라고 얘기하면서 탄식했다.

3.7 사건과 4.30 사건을
수습하기 위한 조직 정비

밧줄 시위를 하다 끌려가는 이상돈을 구하기 위해 용감하게 나섰던 이상기는 2학년임에도 불구하고 침착했다. 경찰 조사를 받는 과정에서 보안 원칙을 끝까지 지키며 의연하게 대처했다. 자신이 현철 소속임을 끝까지 밝히지 않고 경제학과 학회 소속이라고 버텼다. 그게 통했고 추가적인 피해를 막을 수 있었다. 하지만 시기적으로 불행했다. 보안사의 녹화 사업이 최고조에 달했던 시기였기에 시위 주동자와 거리가 먼 2학년이었음에도 강제징집을 피하지 못했다. 4월 15일에 잡힌 후 불과 이틀 후인 4월 17일에 불법적인 군 입대가 결정되었다. 이상기의 고향인 남원에서 부모님이 급히 상경할 수 없어 서울의 이모가 달려왔다. 이모는 어쩔 수 없이 이상기 부모를 대신해 입영통지서와 지도휴학서에 서명했다. 그리고 이상기는 4월 18일 오전 11시에 춘천 103보충대로 입대했다. 김두황, 양창욱 때보다 더 빠르게 진행된 일사천리 강제징집이었다.

3.7 사건과 4월 30일 김희근 연행으로 80학번 지도부가 큰 타격을 받았다. 김두황, 양창욱, 한선모에 이어 김희근까지 학교를 떠난 상황에서 조직을 새롭게 정비해야 했다. 홀로 남은 박상중이 주축이 되어 겨사조직의 섹터별 포스트를 정하고 이 체계에 기반한 협업 방안을 찾으려 했다.

간단히 겨사조직의 섹터별 포스트를 살펴보자. 언더 포스터는 박상중이 맡았다. 당시 언더조직을 갖춘 곳은 겨사 외에 기생과 민맥이 있었는데, 박상중은 민맥과 협력 관계를 유지하견서 민맥을 이끌던 최광범과 정기적 만남을 1학기 동안 내내 가졌다. 박상중과 사실상 80학번 더블 포스트 역할을 했던 최광범은 겨사조직의 핵심 인력인 박부용, 김창현, 황인철, 김인수(정외 81)의 학습지도를 담당하기도 했다. 최광범이 있는 동안에는 민맥과 겨사조직의 협력관계가 계속 유지되었다.

오픈 포스트 역할은 김인수의 몫이었다. 이전에 김희근과 이재형이 오픈서클 단위에서 언더모임에 대한 논의를 한 바 있지만, 김희근이 떠나고 곧바로 이재형마저 5.5 석탑대동제 건으로 구속됨에 따라 그 계획은 물거품이 되고 말았다. 김인수와 같이 오픈서클 내 언더 활동을 하던 이범재(국문 81)는 겨사 조직에 포함되지 않았다. 김인수는 오픈서클 내 언더모임의 핵심을 키우기 위해 민연 출신 최우영(건축 82)과 현철의 이완규(82), 현철의 김남중(82)을 지도했다. 정경대 포스트는 박부용이 맡았다.

김두황과 같이 활동한 정경대 코어 모임의 멤버였던 박래군과 이재권은 1983년 11월까지 박부용과 협조적인 관계를 유지했다. 경제학과에서는 박래군이 막강한 영향력을 발휘하고 있었고 정외과와 신방과는 박부용(정외)과 이재권(신방)이 각각 지도하는 윤지환(정외)과 방석수(신방)가 겨사조직을 이끄는 핵심으로 키워졌다. 문과대는 김창현과 노기영의 더블 포스트 체제였다. 김영춘은 어문 계열을 관리하며 김창현과 노기영을 뒷받침했다. 법대, 사대, 경영대 포스트는 황인철(법대 81)이 맡았고 이·공·농 포스트는 김형중(생물 81)이 맡았다.

▶ 5.17 이후 최대의 군중이 모인 석탑 대동제 시위

합법적인 문화 행사의 힘, 1만 군중의 자발적 시위로

1983년 5월 5일 석탑 대동제 마지막 날, 대운동장에서 대규모 차전놀이가 펼쳐졌다. 축제 전부터 학생회관 뒤에 새끼 꼬는 터를 마련해 단대별로 학생들의 참여를 독려했다. 그때 대동놀이 단장을 맡았던 고대 농악대 회장 우수홍(농학 81)은 당시 상황을 이렇게 기억했다.

··· 장현 학도호국단이 축제 때 대동놀이를 하는 것에 반대했어요. 그렇지만 우리가 밀어붙였어요. 그 과정에서 정경대 학생장 이동석 형이 많은 노력을 했어요. 정경대, 문대, 농대, 사범대 등 단과대별로 돌아가면서 전체 줄

1983년 5월 5일 대동놀이에 쓰일 대형 암줄을 학생들이 운반하고 있다. 이 암줄은 1개월에 걸쳐 학생회관 앞에서 학생들이 직접 꼰 새끼줄이다. 1983년부터 축제 대신 대동제라는 이름을 내걸었고, 이때부터 매년 대동놀이가 시행되었다.

짜기를 한 달 동안 했어요. 그러니까 4월 한 달 내내 줄을 짜고 줄넘기를 하면서 강행군을 한 거죠. 그러면서 꽹과리 치고 농민가 부르고 해방춤을 추면서 축제를 준비했어요. 완전 합법적인 데모예요. 성북서 놈들이 우리를 못 잡아갔어요. 합법적으로 진행한 행사라 성북서도 감히 나설 수 없었던 거죠. 그게 문화의 힘이지요. 그리고 1983년의 대동제는 특별한 의미가 있어요. 고대에서 처음으로 축제가 아닌 '대동제'라는 이름을 내건 거죠. 1985년 전후로 많은 학교들이 고대처럼 대동제라는 명칭을 쓰기 시작했어요. 더욱이 우리 고유의 전통문화를 차용한 대동놀이를 전면에 내세운 것도 큰 의미가 있고요. 참, 5.5 대동제 시위 건으로 잡혀들어갔을 때 저는 완전 강집 케이스였는데, 제가 부선망독자라 최악의 결과는 면했어요. 성북서 반성곤이 "너는 어차피 6개월 방위니까 나가."라고 하더라고요.

1개월에 걸쳐 많은 학생들이 참여해 꼰 새끼를 모두 엮어 암줄, 숫줄 두 개의 커다란 줄을 만들어 5월 5일 대운동장에서 대동놀이를 진행했다. 대동놀이에 1만 명 정도의 대규모 학생이 운집했고, 열기가 오르자 농악대를 앞세워서 대운동장 바깥길을 따라 학생회관으로 향하는 행진 대열이 자연스럽게 만들어졌다. 미리 계획한 것은 아니지만 열띤 현장 분위기를 타고 학교를 한 바퀴 돈 것이다. 행진 도중에 여기저기서 전두환 군사정권 타도를 외치는 격렬한 구호가 울려 퍼졌다. 1만 군중이 참여한 자연발생적 시위였다. 화들짝 놀란 성북서가 그냥 넘어가지 않았다. 3층 으픈서클 회장

1983년 5월 5일 축제 마지막날 대운동장에서 벌어진 대동놀이에 운동장을 가득 채운 1만여 명이 참가했다. 대동놀이가 끝나고 자연스럽게 시위대열이 형성되었고, 농악대가 앞장서서 학교를 한 바퀴 돌면서 행진을 벌였다. 예정에 없었던 자연발생적 시위였으며. 주동자가 없음에도 군사정권을 규탄하는 정치 구호가 여기저기서 터져 나왔다.

부터 잡아들여 동원 문제를 캐기 시작했다. 누가 지시를 내렸는지 집중적으로 물었다. 거기서 3명의 80학번 이름이 나왔다. 김영중, 손학붕, 이재형이었다.

  1만 명 이상의 군중이 모인 5.5 대동제 시위는 1980년 5.17 계엄 확대 이후 처음으로 연출된 대규모 집회였다. 그런 만큼 후폭풍도 만만치 않았다. 경과를 잠시 살펴보자. 1983년 3월 신학기 초반에 터진 3.7 사건의 충격이 어느 정도 가신 시점에 오픈서클과 학회 간의 의견 조정을 위한 80학번 모임이 있었다. 오픈서클에서는 김영중과 이재형이 나오고, 학회를 대표해 손학붕과 이호식이 참석했다. 이 중 이호식은 5.26 시위팀에 합류하면서 중간에 모임에서 빠지고 김영중, 손학붕, 이재형 3인이 5월 축제 건을 논의했다. 5월 대동제에 타 대학 학생들도 많이 참가하기로 한 단큼 최대한 동원하기로 하고 이에 대한 구체적 방안에 대해 합의했다. 그리고 각자 소속 단위로 내려가 81학번을 만나 사안을 공유했다.

  김영중은 학생회관 3층에 자리한 오픈서클 6곳의 회장을 긴급 소집했다. 사연 서클실에서 회의를 갖고서 5.5 대동제에 최대한 동원하자는 의견을 전달하고, 자연스럽게 시위가 이뤄지면 현장에서 외칠 구호에 대해서도 이야기를 나누었다. 손학붕은 정경대 학회 소속 81학번을 모아 마찬가지의 취지를 설명하며 당부했고, 이재형은 영문과 학회 81학번 김영춘, 최세자, 이상빈 등에게 행동지침을 얘기하면서 문과대 다른 학과 81학번에게 전달하라고 지시했다.

김영중, 손학붕, 이재형은 81학번들에게 동원을 지시하면서도 자신들이 5.5 축제 건으로 구속되리라고는 꿈에도 생각하지 못했다. 좀 문제가 되면 며칠 들어가 좀 두들겨 맞고 나오는 정도일 거라고 짐작했다. 하지만 성북서는 대동제 시위를 심각하게 받아들였다. 규모 자체가 예상을 크게 벗어난 것이라 교내 행진을 단순한 자연발생적 시위라고 보지 않았다. 주동자가 없었다 뿐이지 반정부 구호도 여기저기서 울려 퍼졌던 시위였다. 성북서는 운동권의 조직적 준비와 개입 없이는 불가능한 일이라 판단했다. 성북서 정보과는 우선적으로 오픈서클 회장들과 주요 학과 학회장들을 불러들이며 조사에 나섰다.

예상하지 않았던
80학번 3인의 전격 구속

김영중은 대동제 대열이 학생회관 앞을 지날 때 과장을 포함한 장학과 직원들이 대열을 막으려 할 때 "왜 당신들이 앞을 막고 그러냐?" 하며 목소리를 높여 싸운 것이 좀 걸려서 며칠 피해 있는 것이 좋겠다고 판단했다. 마침 정외과 졸업여행이 있어서 그 기간 동안 여의도 친구 집에 피신했다. 일주일 만에 학교에 나가 보니 이재형이 "후배들이 축제 건 때문에 막 잡혀가고 그러는데 어디 갔다 오느냐?"라며 질책하는 소리를 했다. 그 소리를 들은 후 문과대에 갔다가 성북서 형사들한테 잡혔다. 성북서에서 조사를 받는데, 성북서 형사 이강수가 축제 동원책 그림을 그려놓고 거기에 김영중이란 이름을 적은 종이를 보여주었다.

손학봉도 며칠 피해 있다 자취방으로 돌아가면서 3학년(1982년) 고연전 때를 떠올렸다. 그때 김영중과 며칠 피해 있다 자취방으로 담을 넘었는데, 기다리고 있던 성북서 형사들에게 잡혀 뒈지게 얻어터진 후 새벽에 이강수가 국밥 사주고 풀어주었던 씁쓸한 기억이 있다. 이번에도 며칠 두들겨 맞고 나오면 되겠지 하는 생각이었다. 그래서 장기 '도바리'보다는 그냥 자취방에 돌아가는 게 나을 것 같다고 생각했던 것이다. 그것이 안이한 생각이었음을 성북서에 잡혀 들어가고 나서 바로 알게 되었다. 이강수가 내놓은 도표에 축제 건 동원책 우두머리 3명에 손학봉 이름이 적혀 있었던 것이다.

이재형도 5.5 대동제 건으로 자신이 구속되리라는 것을 전혀 예상하지 못했다. 이재형은 오픈서클 후배 지도체제 구축에 대해 김희근과 이야기하던 것이 있었다. 그런데 김희근이 갑자기 보안사에 잡혀가면서 연락이 되지 않는 상태였다. 그러다가 김희근으로부터 급한 연락을 받았다. 자신이 성북서에 있으니 면회를 신청하면 자신을 볼 수 있다는 전언이었다. 보안사에서 12일간 고문을 받고 강제징집이 결정된 김희근은 강제징집 하루 전에 이재형을 잠깐 볼 수 있다고 생각한 모양이었다. 이재형이 5월 11일 성북서로 김희근을 찾아갔다. 김희근과 이전부터 논의 중이던 오픈서클 후배 지도체계 등에 관한 의견을 형사들이 알아듣지 못하는 짧은 말이라도 듣고 싶었다. 하지만 이재형이 성북서에 도착했을 때는 이미 이재형 이름이 주요 동원책으로 이강수의 도표에 분명하게 그려져 있었다. 이강수는 이재형을 잡으러 형사들을 보내려고 했는데 제 발로 들어왔으니 호박이 넝쿨째 굴러들어온 셈이었다.

이강수는 성북서를 찾은 이재형을 보자마자 물었다. "네가 5월 5일 후배들 동원했지?" 이재형이 아니라고 대답하자 "그래? 이 새끼가 맛 좀 봐야 정신 차릴 모양이다." 하고는 그 자리에서 지시를 내렸다. 즉시 이성렬 등의 정보과 형사들이 달려들어 이재형을 구타했다. 긴 대걸레로 죽신하게 얻어맞아도 이재형이 아니라고 버티자 이강수가 도표를 펼쳤다. 거기에 이재형 이름이 적혀 있었고 후배들 이름도 줄줄이 달려 있었다. 이재형은 더 이상 버텨봐야 소용없다는 것을 느꼈다. 이강수가 말했다. "군대 갈래? 빵에 갈래?" 이재형은 지체 없이 "빵에 가겠습니다."라고 대답했다.

전혀 준비되지 않은 상태에서의 구속은 괴로움을 배가시킨다. 예기치 않은 일을 맞게 된 상황 자체에 화가 났고 해야 할 많은 일들을 처리하지 못하고 '빵' 생활을 해야 하는 자신에게 화가 났다. 수형 생활을 하는 동안 이재형은 그 생각만 하면 화가 났고 마음을 잡기가 어려웠다고 한다.

대동제 시위 여파,
연쇄적인 강제징집 사태

한편 1983년의 현철 회장 김기홍 (사회 81)도 대동제 이후 성북서에서 무슨 수작을 부리겠구나 하는 막연한 느낌을 가지고 있었다. 대동제가 끝나고 일주일 정도 지난 시점이었다. 밤 10시쯤에 마포구 구수동 집에 들어가다 성북서 담당 형사를 만났다. 대뜸 성북서로 가자는 말에 '대동제 시위 건이구나!' 하는 직감이 들었다. 성북서에 도착해 보니 여러 명이 연행되어 있었고 자신과 비슷한 시점에 끌려오는 오픈서클 회장도 여럿 보였다. 조사는 간단했다. "누구한테 동원하라고 지시받았지? 그 지시 받고 후배 동원을 시켰지? 너가 동원한 후배들 이름 써봐?" 앞의 두 질문은 인정하면 되었고, 세 번째 질문에 누구를 써야 하나 조금 고민되었지만 성북서 들어가면 불어도 되는 후배는 정해져 있었으므로 후배 이름 두세 명을 적었다. 가혹한 고문은 피했다. 조사 과정에서 몇 대 맞았고 유치장에 갇혀 있을 때 몇 차례 얼차려를 받는 정도였다. 강제징집 전날인 5월 18일에 부모님 면회를 했고 다음날 5월 19일 오전에 춘천 103보충대로 입대했다. 나중에 현역 입영명령서, 지도휴학서 등을 부모님이 사인했다는 것을 들었다.

진현철은 학생회관 4층에 있던 오픈서클 기독학생회 회장이었다. 5월 5일 대동제 때 최대 동원 방침에 따라 후배들 참가를 독려

했다. '고대에서 한판 한다.'는 소문이 각 대학으로 퍼져 성대생도 꽤 오고 자신의 서울대 친구도 그날 대동제에 왔다고 한다. 대동제가 끝나고 별일 없을 것으로 생각하고 집에 있는데 자신의 성북서 담당 이강수가 집까지 찾아왔다. 어머니한테는 이강수가 "잠깐 물어볼 일이 있어서 서에 좀 데리고 가야 합니다."라고 말했다. 성북서에 도착하니 이미 오픈서클 회장 여럿이 와 있었다. 이미 조사된 진술조서대로 인정하니 별로 맞지는 않았다. 얼차려 몇 번 당하고 지내다 5월 19일 103보충대로 강제징집 당했다. 그때 진현철의 키가 159cm이고, 몸무게가 43kg, 시력이 마이너스 4.3이었다. 당시에 160cm 이상, 몸무게 45kg 이상만이 입대할 수 있었다. 그런데 103보충대에서 신체검사를 받을 때 부사관이 군의관한테 "이 애는 신장 미달, 체중 미달인데 어떻게 하느냐?"라고 묻자 군의관이 "그냥 올려서 보내 버려."라고 했다. 그렇게 해서 신장 미달, 체중 미달로 군 면제 대상임에도 면제는커녕 보충역으로도 빠지지 않고 현역으로 입대했다.

2024년 강제징집과 녹화사업에 대한 국가배상 재판을 진행할 때 진현철은 이 내용을 판사에게 문제 제기했다. 하지만 판사는 이 사안에 대해 특별한 대응을 하지 않았다, 이에 진현철은 '이건 말이 안 된다'며 자신이 받은 배상금을 다 털어 넣더라도 이 문제에 대해 제대로 된 판결을 얻어내겠다며 항소를 진행해 법원으로부터 부당한 징집이었음을 인정받았다.

최창환은 경제학과 학회원을 동원했다는 혐의로 강제징집되었다. 최창환은 부선망독자였다. 부선망독자는 병역법상 6개월 보충역만 받으면 되는데 성북서는 이를 무시하고 현역으로 강제징집했다. 아버지 없이 홀로 독자를 키우신 어머니가 이후 최창환이 부선망독자임을 밝히는 자료를 군대에 제출하는 등 백방으로 노력한 끝에 최창환은 6개월 만에 제대할 수 있었다.

경철 회장 유종승(영문 81)은 성북서에 들어가서 자신이 동원한 후배 이름을 써내야 했다. 어쩔 수 없이 경철의 후배 안순종(건축 82)과 최희송(경영 82) 이름을 적었다. 이게 평생 목에 걸렸다. 강집을 당한 지 40년이 지난 어느 날, 유종승과 안순종이 술자리를 가졌다. 그 자리에서 "순종아! 너한테 할 말이 있다. 그때 너하고 희송이 이름을 내가 성북서에서 불었다. 미안하다." 안순종은 그 말을 듣는 순간 이런 말을 했다. "아니 형! 40년이나 지났는데 그게 무슨 문제라고 그런 말을 하고 그러십니까? 뭐 들어가서 그 정도야 다 말하는 거 아닙니까. 아이고 형도!"

5.5 대동제와 관련해 문연 회장 김종각(경제 81), 호박회 회장 신성환, 통계학과 학회 활동을 하던 임동익도 강집 당했다. 스피치 회장 김관은 진현철과 같이 들어갔지만 방위를 갔다 온 군필 신분이라 조사만 받고 구금되어 있다가 친구들이 강집 당하는 5.19일 성북서에서 풀려났다. 김관과 같은 경우가 사연 회장 이종규(경영 81)다. 이종규는 2학년 신검을 받고 군 면제 판정을 받은 상태

였다. 그 덕분에 성북서에 끌려가 대동제 인원 동원에 대한 조사를 받았지만 강제징집은 피할 수 있었다.

이름이 나와 강집을 당할 케이스였는데 극적으로 모면한 이는 최상재다. 최상재는 2학년 말부터 정외과 학회 활동을 했는데 학과 내부 사정으로 차기 학회장 후보가 되었다. 1982년의 정외과 학회장 주재환은 차기 학회장으로 1학년 때부터 주도적인 활동을 했던 김원수를 점찍었지만 김원수가 학회장 자격 조건인 학점 3.0을 넘지 못해 최상재를 급히 학회장으로 밀게 되었다. 대동제 학회 동원과 관련해 성북서 조사 때 최상재 이름이 나왔다. 그런데 성북서 형사들이 최상재 얼굴을 몰라 학생처장 박만장에게 최상재를 불러달라고 부탁했다. 최상재는 학생처장이 부른다는 말에 장학과 2층에 올라갔다. 올라갈 때 경제학과 학회장 진남근과 통계학과 학회장 문영배가 동행했다.

면담을 시작했지만 학생처장이 5분가량 아무 얘기를 하지 않았다. 최상재는 속으로 굉장히 당황스러워 물었다. "왜 부르셨습니까?" 그 질문에 별말을 않고 이상한 얘기를 돌려 말하는데 무슨 얘기인지 도통 알 수가 없었다. '참 이상한 양반이네.' 속으로 생각하면서 돌아서 나오는데 문 앞에 성북서 형사 둘이 서 있었다. 최상재가 성북서 형사들에게 연행되는 것을 목격한 진남근과 문영배가 정경대 학장 조동필 교수한테 달려가서 "어떻게 교수가 학생을 경찰에 넘길 수 있습니까?" 막 난리를 쳤다. 그 말을 들은 조동필 교수가 박만장 학생처장에게도 강하게 따지고 성북서에도 강력하게 항의했다. 그 덕에 반성곤 성북서 정보과 반장이 최상재에게 "너는 집에 가."라고 얘기하며 풀어주었다. 극적으로 강제징집을 면하게 된 것이다. 최상재는 자신이 강제징집 당할 거라고 마음의 준비를 하면서 고향집에서 보낸 하숙비 10만 원을 유치장에 있는 동기 서클 회장들과 똑같이 나누었다. 그 때문에 석방 이후에 그달 하숙비가 없어서 한 달 내내 쫄쫄 굶고 다녔다고 한다.

▶ 서울의 봄 이후 처음으로
  가두 진출에 성공한 5.18 시위

자매는 용감했고,
몸이 불편해도 동 뜰 수 있다

                          5월 5일 대동제 시위에 이어 또 다른 시위가 계획되었다. 광주민중항쟁을 계승하는 5.18 시위였다. 그런데 준비 과정에서부터 계획이 틀어질 뻔했다. 4.15 시위 관련 조사에서 임현주 이름이 나왔기 때문이다. 임현주는 4.15 시위 때 학교에서 연행된 뒤 성북서에서 엄청 맞았다. 다행스럽게도 4.15 팀과 사전 준비를 하거나 주동 모임을 가진 정황이 드러나지 않아 하룻밤 고생하고 나왔다. 당시 성북역 근처에서 재수를 하고 있던 동생 임은주하고 같이 살고 있었는데, 샤워하던 언니의 시퍼렇다 못해 시꺼먼 무릎을 보고 열이 받은 동생 은주가 성북서로 쳐

들어가서 막 따졌다. 이 소식을 들은 고대 여학생들 사이에서 "자매는 용감했다."라는 칭송이 자자했다. 임현주는 4.15 시위팀에 참여했지만 서클 여연과 여학생회 정리 문제로 중도에 포기한 바 있는데, 이 문제들을 어느 정도 정리하고서 시위 팀이 만들어지기를 기다렸다.

1983년 상반기 때 고불회에서 활동하던 80학번은 2명 있었다. 회장 전익표(경영)와 공계진이다. 공계진은 선천성 장애로 다리가 불편하기 때문에 자신은 데모 주동을 할 수 없다고 생각하고 있었다. 그러다가 4.15 시위 때 이상돈이 서관 시계탑에서 로프에 매달리는 것을 보고서 자신도 로프 시위를 할 수 있겠다고 생각했다. 전익표가 치고 나갈 차례인데 미적거리는 것 같아 공계진이 선수를 치며 자신이 치고 나가겠다고 선언했다. 공계진은 이 결심을 잘 알고 지내던 이재형에게 알렸다. 이재형은 5.18팀이 처음 만나는 장소를 공계진에게 알려 주었다.

정덕수와 서호준은 재료공학과 81학번으로 1980년 서울의 봄 때 공대 유일의 이념서클로 등록되었다가 1981년 3월의 재등록 기간 때 서클실 공간도 없고 지도교수도 구할 수 없어 등록이 무산돼 언더서클이 된 산업문제연구회의 멤버였다. 서클 선배 송재석이 1982년 5.14 건으로 치고 나가자 학습 지도를 해줄 선배도 없이 소년가장처럼 스스로 자립해야만 했다. 1983년 신학기를 맞아 정덕수는 공대 공부를 하면서 서클 활동을 한다는 것이 힘들다고 판단해 빨리 치고 나가는 계획을 세웠다. 정덕수는 절친 서호준을 적극적으로 설득했고 두 사람은 의기투합했다. 그리고 재료공학과 동기이자 민맥 회원인 문영철에게 이 사실을 알렸고, 문영철은 서클 선배 최광범에게 정덕수와 서호준을 만나볼 것을 요청했다. 그렇게 해서 최광범이 정덕수와 서호준을 만났다. 최광범은 80학번인 자신은 나가지 못하는데 81학번인 후배들이 나가겠다고 하니 갑자기 미안한 감이 들어 "2학기까지 기다려 봐라."라고 대답했다. 그러자 정덕수와 서호준은 "그럴 필요 없어요. 당장 나가겠어요."라고 얘기하며 강한 의지를 내비쳤다.

두 후배의 의중을 확인한 최광범은 일주일에 두 번씩 보던 박상중과의 만남에서 그 얘기를 전했다. 박상중은 5월 시위팀 구성을 위해 동분서주하던 참이라 최광범의 전언에 화색이 돌았다. 박상중은 정덕수와 서호준에 대한 정보가 없었다. 김선중의 4.15 시위가 정리되고 난 후 박상중은 최광범에게 "야, 언더에서 주동이 나오니까 좋은 것 같다. 성북서에서 전혀 눈치도 챌 수 없고 말이야. 언더에 또 하겠다는 친구 없냐?" 하며 얘기한 적이 있다. 그때는 최광범이 손사래 치며 더 없다고 했는데, 다시 두 명의 이공대 후배들을 추천할 수 있어 다행이라 여겼다. 이렇게 해서 5.18팀이 구성되었다.

5.18팀은 종각 뒤 어느 2층 주점에서 4월 말 첫 모임을 가졌다. 시간이 얼마 없었다. 조금 불안한 점이 있었지만 시위를 준비할 수 있는 장소로 성북동 임현주 자취방만 한 곳이 없었다. 시위에 필

요한 가리방, 로프 등은 물건 사는 데 밝은 서호준이 준비했다. 타자기는 임현주가 마련했다. 임현주가 타자를 치면서 유인물에 들어갈 내용에 대해 각자 의견을 반영하고 수정에 수정을 거쳐 유인물을 완성했다. 정덕수가 유인물 내용에 광주민중항쟁 배후에 미제국주의가 있음을 주장하며 '미제국주의'라는 용어를 써서 더 많이 맞았다. 유인물은 총 3종류를 만들었는데 경제 상황에 대한 유인물을 하나 따로 만들었다. 그리고 '광주민중항쟁 기간 행동지침'이라는 16절지 유인물을 따로 만들었는데, "광주민중항쟁 기간 마지막 날인 5월 26일 동대문에 다 모이자."라는 구체적인 지침을 넣었다. 유인물 미는 작업은 임현주 집에서 하지 않고 임현주 아파트 라인의 끝에 있는 친구 아파트에서 했다. 아무래도 주목을 받고 있는 입장이었기 때문에 성북서에서 덮칠 수도 있는 만약의 가능성을 염두에 두어야 했기 때문이다.

  5.18 시위 전술은 중앙도서관에서 먼저 시위를 해서 '짭새'들을 중앙도서관 쪽으로 유인하고 그사이 서관 시계탑에서 공계진이 로프 시위를 하며 시간을 끌고 그 아래에서 서호준이 유인물을 뿌리면서 다시 선동하는 방안이었다. 시위 준비품인 등사판과 타자기 등은 폐기하지 않고 임현주 집에 고스란히 두기로 했다. 한 대라도 덜 맞기 위해서는 그렇게 하는 게 좋겠다고 입을 모았다. 임현주 동생 임은주는 먹을 것을 챙기고 온갖 심부름을 도맡아 하면서 제5 멤버 역할을 충실히 했다.

애기능에서도
시위 한번 하자

5.18 아침이 되었다. 5.18 항쟁 3주기인 그날은 성북서의 특별 경계일로 평소보다 훨씬 많은 형사들이 배치되었다. 오전 11시 50분경 약속한 대로 정덕수가 도서관 3층에서 유인물을 뿌리며 시위 개시를 알렸다. 정덕수가 직접 키운 언더 쪽 후배들이 다수 동원되어 정덕수의 보디가드가 되어 주었다. 정덕수가 1층에 내려왔을 때 임현주는 이미 짭새들에게 들려가고 난 후였다.

짭새들은 도서관 3층에서 정덕수가 뜬 줄을 모르고 임현주를 체포해서 끌고 가는 데 집중하고 있었다. 그 틈을 이용해 정덕수는 도서관을 빠져나와 서관 쪽으로 이동했다. 성북서 형사들이 그때까지 정덕수 얼굴을 모르고 있었다.

정덕수가 도서관 3층에서 유인물을 뿌리고 선동하던 때와 거의 비슷한 시각, 임현주는 도서관 1층에서 유인물을 뿌리며 선동했다. 임현주는 윗도리로 입은 흰 티에 매직으로 '독재 타도'라는 구호를 써서 입고 있었다. 임현주는 그 당시의 급박했던 상황을 이렇게 기억했다.

··· 제가 나가면 동원된 애들이 와서 저를 엄호해 줄 알았는데 짭새들이 먼저 왔어요. 제가 나가서 소리를 몇 번 지르기도 전에 짭새 4명이 달려들어

공계진(화학 80)이 1983년 5월 18일 서관 시계탑 건물 내 정경대 학회실에 로프를 걸고 매달려 샤우팅을 하고 있다. 자세히 보면 로프가 두 줄이다. 애초 계획은 경찰이 로프를 끌어올리지 못하게 커터 칼로 한 줄을 끊을 작정이었다고 한다. 한눈에 보기에도 무척 위태로운 광경이다.

서 저를 질질 끌고 갔어요. 윗도리가 거의 벗겨질 지경이 되어 들리듯이 끌려갔죠. 그래서 짭새들한테 매달린 상태에서 소리를 빽빽 지르다가 끌려갔지요. 그것으로 저는 끝이었어요.

공계진은 4.15 시위 때의 이상돈과 마찬가지로 서관의 정경대 학회실 창틀에 줄을 매고 로프 시위를 하는 전술을 짰다. 서관 시계탑 7층 정경대 학회실까지의 로프 운반은 김현배가 도움을 주었다. 김현배는 정경대 학회실에 로프를 던져주고 재빨리 내려갔다. 공계진이 제일 먼저 한 일은 준비한 망치와 대못을 꺼내 정경대 학회실 문을 안에서 못질해서 짭새가 금방 못 들어오게 막는 일이었다. 그리고 임현주 집에서 시위를 준비할 때 미리 정덕수가 사인펜으로 로프에 줄을 그으며 만들어 놓은 고리에다 발을 넣고 창문 밖으로 나가 매달렸다.

짭새들이 빨리 잡아당기지 못하도록 줄 두 개 중 하나를 자르려고 커터칼까지 준비했지만 꺼내다가 밑으로 떨어뜨려 버리고 말았다. 하지만 짭새들이 줄을 끌어올리는 10분가량 샤우팅을 하면서 시간을 끌 수 있었다. 공계진이 샤우팅을 하는 동안 밑에 동원된 학생들을 짭새들이 덮쳤다. 학생들은 재빨리 서관 앞에서 학생회관 앞으로 이동하면서 〈흔들리지 않게〉 등의 노래를 합창하고 구호를 외치면서 시위를 계속했다.

한편 최광범은 서관 쪽에서 학생회관 계단 쪽으로 이동해 있었다. 이때 서호준이 갑자기 다가와 "형 이거 어떻게 해요?" "왜?" "가방에 유인물도 그대로 있어요." "알았어. 10분 후에 교양관 계단 앞에 애들을 모을 테니까 거기서 다시 하자." 최광범은 즉시 상황을 예의주시하며 주변에 있는 민맥 후배들에게 10분 후에 교양관 앞에서 집결하자는 오더를 내렸다. 민맥 회원들이 긴급 연락을 통해 교양관 앞에 집결해 시위를 벌였지만 금방 깨지고 그 인원은 다시 본교 정문으로 이동해 시위를 이어 나갔다. 그때까지 서호준이 잡히지 않고 살아 있었다. 최광범은 그 상황을 지켜보면서 "이 공대도서관 앞에서 한 번 더 하자. 거기로 이동해라."라고 민맥 후배들에게 다급하게 지시했다.

애초 시위 전술을 짤 때 정덕수와 서호준이 살아남으면 애기능에서 시위를 벌이기로 합의한 바 있다. "애기능에서는 시위 한 번 안 했다. 그러니 애기능에서도 한번 하자!"라는 얘기를 나누었던 것이다. 최광범은 자신이 걸어서 이공대로 이동하면 위험하다는 판단을 내렸다. 그래서 중앙도서관 쪽으로 삥 돌아간 뒤 버스를 타고 이공대로 가려고 했다. 그렇게 해서 중앙도서관 쪽으로 가고 있는데, 뒤에서 미행이 붙은 것 같아 중앙도서관 안으로 들어갔다가 그만 성북서 형사들에게 붙잡히고 말았다. 성북서 형사 몇 명이 도서관 수위실로 끌고 가더니 학생증을 내놓으라고 해서 학생증을 보여주었더니 형사가 전화로 "정덕수 아닌데요." 하며 보고하는 소리를 들었다.

서울의 봄 이후 고대에서 교내 시위가
가두시위로 이어진 첫 사례

운 좋게도 최광범은 풀려났다. 곧바로 버스를 타고 이공대에 들어선 최광범은 정덕수와 서호준이 이공대에서 시위를 벌인 후 그 여세를 몰아 150여 명의 시위대와 함께 안암 로터리를 거쳐 시내 방향으로 이동하는 것을 볼 수 있었다. 정덕수가 선두에 선 가두시위대는 대광고등학교에서 신설동 로타리 쪽으로 향했고, 신설동 로터리에서 다시 동대문 쪽으로 방향을 잡았다. 정덕수는 전혀 예상하지 않았던 시위를 하게 된 당시 상황을 이렇게 얘기한다.

••• 신설동 로터리에 있던 약국이 기억나요. 그 근처에 있을 때 사람들이 나만 보고 있는 것을 느꼈어요. 저도 이거 처음 하는 거잖아요. 가두시위에는 여러 번 참여했지만 제가 직접 주동하지는 않았으니까요. 그래서 뭘 들고 하려 해도 들 수 있는 게 박카스 두 병밖에 없는 와중에 뭔가 머릿속에 스치는 게 있었어요. 본능적으로 시내로 가야 한다는 생각에 신설동 로타리에서 동대문 쪽으로 방향을 잡았어요. 조금 있다 저놈들이 동대문 쪽에서 오길래 우리는 주택가로 튀었죠. 튀면서 행동지침에 5월 26일 동대문에 모이자 했으니 그때 다시 하자는 생각밖에 없었어요. 그런데 그때 제 수중에 돈이 20원밖에 없었어요.

정덕수는 시위 주동을 한 후로 이렇게까지 안 잡히고 살아남을지 몰랐다. 그랬기 때문에 도피를 위한 돈을 하나도 준비하지 않았다. 일단 약속한 알리바이대로 최소한의 피해를 감수하고 무조건 5월 26일까지 살아남자는 생각밖에 없었다. 타 대학 친구에게 연락해서 대구 내려가는 차비를 구했다. 대구 내려가서 고등학교 친구 집에서 며칠을 지냈다. 서울에서 연락이 왔다. 다시 서울로 올라와서 남산에서 서호준과 만났다. 서호준 역시 가두시위 속에서도 잡히지 않았던 것이다. 대광고등학교 앞 여인숙에서 자면서 정덕수는 서호준에게 "우리 뭐라도 준비를 해야 하지 않을까?"라고 얘기했을 때 서호준이 "아니 뭐가 있어야 준비를 하지." 하며 현실적인 이야기를 꺼냈다.

대광고 앞 여인숙에서 자고 났더니 다음날 비가 내렸다. 돈은 없고 배는 고프고 또 5월 26일에 뭘 준비할지 고민이 되었다. 이런저런 생각을 하다 서호준과 사소한 일로 말싸움을 한 게 마음에 걸렸고 속으로 미안했다. '내가 하자고 끌어들여 놓고 고생만 시키네.' 바람에 스치듯 짠한 마음이 들었다. 학교 지도부 쪽에서 쪽지가 왔다. 성북서에 들어가면 이렇게 불어달라는 알리바이용이었다.

학교 지도부 쪽에서도 정덕수와 서호준이 살아남을 것이라고 생각하지 못했다. 살아남았다는 소식에 지도부에서도 다급해졌다. 알리바이를 맞추어야 했기 때문이다. 마침내 5월 26일이 되었다. 동대문 일대는 이미 성북서 형사들이 쫙 깔린 상태였다. 집회 참여를 위해 동대문 근처에 있던 정덕수와 서호준은 제대로 나서지도 못한 상태에서 검문을 받고 곧바로 연행되었다.

한편 5월 18일에 정덕수와 서호준이 안 잡히는 바람에 공계진과 임현주가 더 두들겨 맞았다. "도망간 장소를 어떻게 아느냐?"라고 대꾸하는 두 사람에게 성북서 형사들이 조사 방향을 바꾸어 "다음에 칠 놈이 누구냐?"라고 물으며 족치기 시작했다. 공계진은 마대를 감은 각목으로 수십 대 맞았다. 다음에 주동으로 나갈 사람이 누구인지 모른다고 하자 임현주가 보는 앞에서 물을 먹였다. 공계진의 고통스러워하는 모습을 보면서 임현주가 불게 만들려는 수작이었다. 그래도 불지 않자 반성곤이 구두발로 공계진의 가슴과 허리를 짓이겼다. 이 때문에 공계진은 허리에 문제가 생겨 서울구치소로 이감된 이후에도 후유증이 심해 엄청나게 고생했다. 거꾸로 임현주를 고통스럽게 해서 공계진의 입을 열게 하는 작전도 있었다. 임현주의 다리를 벌리게 해서 고통 때문에 점점 더 벌어져 가는 광경을 공계진이 보게 했다.

두 사람에 비해 정덕수와 서호진은 운이 좋은 편이었다. 성북서에 연행된 이후 그렇게 심한 조사를 받지 않았던 것이다. 성북서는 5.18 시위 건을 빨리 마무리해야 했고 주동자들이 모두 잡힌 마당에 더 이상의 조사를 하지 않았다. 무엇보다 동대문에서 열린 5.26 대학 연합시위에 대처해야 했다. 5.26 연합가투 건으로 각 경찰서마다 여러 대학에서 잡혀 온 학생들로 가득찼다. 성북서에 잡혀 온 수많은 학생들을 상대해야 했던 만큼 정덕수와 서호준에게 더 신경 쓸 겨를이 없었다. 1980년 서울의 봄 이후 고대 교내 시위가 가두시위로 이어진 첫 사례인 5.18 시위는 이렇게 마무리되었다.

오동진 부모의 애틋한 사연, 포로수용소에서의 해후

한편 오동진은 인터뷰를 통해 강제징집 사유를 얘기하면서, 이공대에서 거행한 4.18 기념식에 참석했다가 안암동 로터리 건널목에서 성북서 형사에게 붙들린 것이라 했다. 오동진은 인터뷰에서 당시 강남에 살았고 얼굴이 하얀 부잣집 도련님처럼 생겼다는 이유 등으로 선배들 눈에 비친 자신의 모습은 학생운동을 계속할 재목은 아니었다고 했다. 그리고 선배들이 성북서에 붙들려 가면 '현철 82학번 오동진' 이름을 알리바이용으로 불었다고 했다. 그 때문에 몇 차례 성북서에 이름이 들어갔고 자신이 성북서에 연행되었을 때 반성곤 정보과 반장이 "야 너 보고 싶었다."라는 말을 들었다고 했다.

오동진의 강집 사유에 대한 불명확한 기억이 명확해지게 된 것은 황규식의 증언을 통해서였다. 황규식은 분당 야탑역 근처의 사무실에서 2024년 9월에 인터뷰할 때는 이 이야기를 하지 않았다. 2025년 5월 31일 김두황 열사 군 의문사 현장에서 42년 만에 처음으로 위령제를 지내는 행사 모임인 '고성DMZ 평화기행'을 갈 때였다. 황규식은 자기소개 시간에 강집 당할 뻔한 이야기를 했다.

> ⋯ 1983년 5.18 시위 때 처음으로 학내 시위가 가두시위로까지 번졌고 신설동 로터리에서 주동이었던 정덕수 형 지휘에 따라 동대문 쪽을 향하다가 전경들이 덮쳐서 숭인동 주택가로 도망을 갔어요. 막다른 골목이라 급히 어느 집으로 들어갔는데 전경이 따라와 잡혔어요. 그때 한 40명 넘게 잡혔어요. 최종적으로 9명이 추려져서 "너희들은 강집이다."라는 말을 듣고 이제 군대 가는구나 생각했는데, 그다음 날 다시 3명으로 추려지고 6명이 훈방되었어요. 운 좋게도 6명 훈방된 쪽에 제가 포함되었어요

황규식은 자신이 사연 서클에서 활동하고 있다는 사실을 끝까지 숨겼고 그 전에 성북서에 잡혀 온 적이 없어 훈방될 수 있었다고 운 좋았던 상황을 설명했다. 그러면서 마지막 남은 3명 중 한 명이 바로 오동진이었다고 설명했다. 오동진이 같은 사학과 82학번 동기라서 뚜렷하게 기억하고 있다고 했다. 오동진의 기억 착오에서도 '기억하기 싫은 사실은 기억 상실 내지 기억 왜곡 현상이 일어난다'는 것이 입증된다.

오동진은 강집 후 군대 생활을 마치고 1987년 6.29 이후 흥사단 본부 청년 아카데미 활동을 한 적이 있는데, 흥사단 청년 아카데미 주관으로 사회주의 관련 서적 특별전을 했다고 한다. 이게 보안법

으로 걸려서 4개월 감방 생활을 하고 나왔는데, 이때 아버지가 생전 처음으로 당신의 이야기를 담은 노트를 보여주셨다고 한다. 오동진도 깜짝 놀랐다. 그 어떤 드라마에서도 연출하기 어려운 감동적인 서사가 노트에 담겨 있었던 것이다.

••• 아버지는 개성초등학교 선생이셨어요. 해방 후에는 개성이 남쪽이었는데 6.25 전쟁이 나면서 인민군들이 들어오고 나서 학교 선생들 모두를 학교 운동장에 모이라고 하더니 군복을 나눠주고 남쪽으로 내려가라고 했어요. 아버지는 1.4후퇴 당시 강원도를 경유해 남쪽으로 내려오셨어요.. 그러다가 낙오되었다가 미군에게 잡혀 거제 포로수용소에 수용되었어요. 아버지는 개성에 있을 때 어머니하고 약혼을 한 사이였어요. 어머니는 6.25 전쟁이 나면서 개성에서 피난을 나오셨어요. 임진강 강물이 얕은 데를 건너서 서울로 간 뒤 대구까지 피난을 가셨고 거기에서 간호보조사를 하셨어요. 그때 거제 포로수용소에서 중상을 입은 인민군들이 대구로 와서 치료를 받았다고 해요. 어머니는 혹시나 하는 마음으로 만나는 인민군마다 아버지 이야기를 했어요. 한번은 어머니가 인민군 중좌를 치료했는데 마찬가지로 약혼자 얘기를 꺼냈어요. 그러자 그 인민군 중좌가 거제도 포로수용소에서 비슷한 사람을 본 것 같다며 밑져야 본전이니까 면회를 가보라고 했어요. 그렇게 해서 어머니가 면회를 가셨어요. 그리고 어머니는 거제 포로수용소 철조망 너머 먼발치에서 아버지를 보며 왈칵 눈물을 흘렸어요. 반공포로 석방 때 아버지가 나오셔서 대구에서 기다리던 어머니를 만나 결혼하게 된 거죠.

아버지가 아들 오동진에게 노트를 보여주며 건넨 말씀은 "졸업이라도 하면 좋겠다."라는 간곡한 부탁이었다. 오동진은 졸업 이후 YTN에서 14년간 영화 소개 프로그램을 진행하다 지금은 프리랜서 영화 평론가 활동을 하고 있다. 언젠가는 아버지, 어머니 이야기를 글로 한번 써볼 것이라고 했다.

▶ 학회 힘만으로 일궈낸 쾌거, 5.26 시위

수평적 네크워크를 동원해
시위팀 구성한 첫 사례

5.26팀은 고대 학운 사상 학회 구성원만으로 시위팀을 꾸린 첫 사례다. 그리고 또 하나의 기록을 썼다. 운동 지도부나 선배 그룹의 도움 없이 수평적 네트워크를 동원해 자체 D팀을 만들어 낸 것이다. 5.26팀을 구성하고 실행에 옮긴 주역은 이형숙이다. 이형숙은 현철 출신으로 2학년 때부터 교육학과 학회 활동에 전념했다.

 이형숙은 현철 서클 활동에서는 별 흥미를 못 느낀 것인지 1학년 때부터 청계피복 야학을 하는 서울대팀에 합류했다. 거기에서 함께 야학 활동을 했던 인물 중에 한나라당 소속 국회의원을 했던 서울대 79학번 차명진이 있다. 그때 차명진은 순수한 이상으로 가득 찬

청년이었다고 한다. 이형숙이 교육학과 학회에 처음 연결되었을 때에는 동민회 출신 79학번 정인길이 1981년부터 교육학과 내 스터디팀을 운영하고 있었다. 이 팀에 동기 이호식이 있었는데, 이호식은 다른 서클 활동을 하지 않고 순수하게 교육학과 학회 활동만 하고 있었다. 이형숙이 5월에 치고 나갈 결심을 하고 함께하자며 제일 먼저 손을 내민 인물이 바로 학과 동기 이호식이다. 이호식은 이형숙 제안에 흔쾌히 동의했다.

이호식을 끌어들인 이형숙은 독문과 학회장을 했던 박종길을 찾아갔다. 박종길은 1학년 때부터 고대방송국 기자 생활을 하면서 아카데미 활동을 겸하고 있었다. 3학년 겨울방학 때부터 독문과 학회를 만들고 81학번, 82학번의 세미나팀을 거의 동시에 조직했다. 이형숙과는 김두황이 1983년 겨울방학 동안 80학번 학회장 연합 모임을 할 때부터 알고 지내던 사이였다. 이형숙이 시위 제안을 하자 박종길도 선뜻 동의했다. 다음으로 현철 동기로 국문과 학회에 있던 윤경진을 찾아갔다. 윤경진은 그때 마포구 공덕동에 있는 경서중학교에서 교생실습 중이었다. 이형숙은 경서중학교로 찾아가서 교생실습 마치고 나오던 윤경진과 찻집에서 커피를 마시며 제안했다. 그때를 기억하는 이형숙의 말이다.

··· 경진이가 겉으로는 되게 연약하게 생겼는데 평소에 강단이 있었어요. 저는 그걸 느낄 수 있었어요. 그래서 제가 제안하면 함께할지도 모른다는 그

런 막연한 생각으로 경진이를 찾아갔어요. 교생을 하고 있는 상황은 문제가 안 될 거라는 생각도 했어요. 경진이 캐릭터상 결기가 있기 때문에 제안을 받을 거라고 믿었어요. 그리고 교생을 하고 있던 곳으로 가서 경진이를 만났어요.

반면 그 제안을 받은 윤경진은 이렇게 생각했다.

··· 제가 결기가 아니라 무모하게 덤비는 게 많았어요. 그러니까 그 뒤를 생각하지 못하는 편이었어요. 그래 놓고는 막상 닥쳐서는 벌벌 떨고 맨날 이불킥 하면서 후회하고 그랬던 것 같아요. 어쨌든 국문과 공부도 제대로 안 했고 그렇다고 엄청 사회과학 공부를 많이 한 건 아니지만 4학년이고 하니까 교생 실습을 나갔지만 국어 교사를 할 생각은 전혀 없었어요. '그러니까 나는 이렇게 치고 나가는 게 나의 졸업 논문이다.'는 생각을 했어요. 그 뒤는 생각 안 하고 졸업 논문은 내야겠다는 생각뿐이었어요. 대학 시절을 끝내는 제대로 된 마무리 같아서 계속 마음에 있었던 여러 가지 고민이나 죄책감 혹은 빚 같은 것들을 이렇게 해결하자는 생각이 있었어요. 그렇게 마음먹고 윤희한테 같이 하자 그랬어요. 윤희와는 약간 운명 공동체 같은 교감이 있었어요.

윤경진은 2학년 때 국문과 학회로 가서 한연 출신인 박윤희와 함께 당시 학내 CT 역할을 하던 박종혁과 문학비평반 모임을 같이 하게 된다. 문학비평반은 안선덕이 주도한 민속반과 함께 국문과

1983년 5월 26일 시위 때 페퍼포그가 뿜어낸 지독한 연기를 피해 중앙도서관 근처에 있던 학생들이 황급히 도망가고 있다. 이 광경을 고대신문 사진기자가 리얼하게 포착했다.

학회를 이끌고 가는 두 축이 된다.

  이렇게 5명으로 꾸려진 5.26팀은 이호식 부모님이 운영하던 여관에 모여서 유인물 내용에 어떤 것을 넣을 것인가 등을 토의하고 시위 전술에 대한 의견도 나누었다. 시위 관련 일체의 준비 사항을 여관에서 점검하고 처리했다. 윤경진의 교생실습 시간이 끝나는 때에 맞추어서 모임 시간을 정했다. 유인물을 3종류 준비했다. 시국선언문, 학내민주화에 대한 입장, '여학생에게 고함'이었다. 여학생에게 고함은 윤경진이 강력하게 주장해 채택한 유인물이었다. 시국선언문은 각자의 의견을 취합해 종합했고 학내민주화 관련 유인물은 박종길이 작성했다. 시위 전술은 1차로 중앙도서관 3층에서 윤경진과 이형숙이 동을 뜬 뒤 학생들을 몰고 서관으로 가면 서관에서 대기하던 박윤희가 한 번 더 시위를 하고, 마지막으로 박종길이 학생회관 앞에서 동을 뜨는 거였다. 그리고 교문이 돌파되면 이호식이 그 시위대를 이끌고 가두시위를 전개한다는 게 골자였다.

  5월 26일은 광주민중항쟁 주간 마지막 날이기 때문에 성북서에서도 학생들의 시위가 있을 거로 예상했던 날이다. 때문에 5.18 때와 마찬가지로 성북서 형사들이 잔뜩 긴장하며 대기하고 있었다. 12시경에 이형숙이 본교 뒷문으로 완전 변장을 하고 들어갔다. 태어나서 처음으로 화장을 한 날이었다. 성북서 형사들이 이형숙이 주범이라는 것을 알고 있었으므로 집에도 못 들어간 채 변장을 위해 가발도 쓰고 화장을 했다. 변장이 완벽해서 성북서 형사들이 전혀 눈치를 채지 못했다. 목표 지점인 도서관 3층에 안전하게 도착했다.

도서관, 서관, 교양관으로 이어진 5월의 투쟁

12시 50분경 윤경진이 먼저 나섰다. 도서관 3층 책상 위에 올라가서 '반파쇼투쟁 선언'이라는 제목의 시국선언문을 200여 장 뿌리며 구호를 외치자 동원된 학생 150명 정도가 스크럼을 짜고 시위대열을 형성했다.

〈흔들리지 않게〉 등의 투쟁가를 부르며 시위대가 도서관을 장악하자 이형숙이 도서관 책상 위로 올라가서 3종의 유인물(반파쇼 투쟁 선언, 학내민주화, 이 땅의 여대생들은 무엇을 하는가)을 뿌리며 다시 선동했다. 도서관 1층으로 집결한 시위대가 밖으로 나가려 하자 전경들이 도서관 입구를 막았다. 나가려는 시위대와 이를 막는 교직원, 형사들, 전경이 뒤섞여 대치하고 있는 와중에 사복 경찰들이 윤경진을 낚아챘다. 그러는 사이 이형숙이 앞장선 시위대 본대가 경찰들을 밀어내고 밖으로 진출했다. 시위대가 도서관에서 언덕 아래로 내려가려고 하던 순간 선두에 서서 구호를 외치던 이형숙을 사복들이 잡아채서 끌고 갔다. 이형숙은 자신을 체포하는 사복들에게 쌍욕을 하고 싶었다. 하지만 마음먹은 대로 되지 않았다. "제가 시위대를 계속 이끌고 가야 하는데 순간 형사들에게 잡힌 거예요. 그때 제가 형사들한테 존댓말을 썼어요. 그게 너무 창피해서 나중에 제 머릿속에 딱 남았어요. 이건 도저히 제대로 된 모습이 아니다. 여전사의 모습이 아니다." 이형숙은 형사들에게 들려 가면서 고문의 두려움보다 창피함 때문에 얼굴이 화끈거렸다. 교육학과 학회장과 사대 학생회장을 했던 황덕명은 그때 2학년으로 주동자의 보디가드 역할을 부여받았는데 형사들이 이형숙을 끌고 가는 것을 눈앞에서 보면서도 순간 두려움 때문에 전투적으로 싸우지 못했다고 두고두고 자책했다.

도서관 앞에서 경찰들에 의해 시위대열이 흩어지자 다시 서관 쪽으로 이동했다. 시위대가 서관 앞을 지날 때 미리 준비하고 있던 박윤희가 뛰어들었다. '반파쇼투쟁선언' 유인물 200여 장을 살포한 박윤희는 시위대 선두에 서서 노래를 선창하며 선동했다. 그러자 사복 경찰들이 박윤희를 재빨리 덮쳐 낚아챘다. 순간 시위 대오가 잠깐 흩어졌고 다시 학생회관과 교양관 앞으로 200명 정도가 집결했다.

이때 준비를 마친 박종길이 나섰다. 박종길은 자신이 직접 작성한 학내민주화 유인물 200여 장 뿌리고 학생회관 1층에서 선동을 시작했다. 이후 스크럼을 짜고 정문 쪽으로 행진하려다 사복들이 박종길을 덮쳐 끌고 가면서 남아 있던 시위 학생들은 경찰과 대치하면서 투석전을 전개했다. 최루탄이 터지는 가운데 5.18 시위 때처럼 가두로 진출하는 데에는 실패했다. 시위대가 교문을 돌파하면 선두에서 가두시위를 이끌려 했던 이호식은 주동 역할을 제대로 할 수가 없었다. 대신 이호식은 며칠 후 따로 하게 되는 가두시위에서 동을 뜬 후 구속되었다. 그 때문에 5.26팀과 분리되어 별도 사건으로 기소되었다.

"누가 시켰냐?"라고 묻자
"내가 다 했다."라고 대답

성북서 조사 과정에서 이형숙은 여전사의 면모를 드러내며 당당하게 자신이 주동자라고 밝혔다. 이형숙에게 성북서 형사가 물었다. "누가 시켰냐?" 이에 이형숙은 "내가 다 했다."라고 답했다. 이형숙에게 모진 고문이 행해졌다. 물고문에 이어 각목으로 허벅지를 수없이 때려 피멍이 들어 제대로 걸을 수도 없게 되었다. 또한 박종길을 이형숙이 보는 앞에 무릎 꿇리고서는 발바닥을 각목으로 수십 대를 쳤다. 이형숙에게 동료가 맞는 모습을 보여주어 심적 고통을 주겠다는 악랄한 작업이었다. 박종길은 유일하게 잡힌 남자 주동자라 본보기로 더 맞고 물고문도 심하게 당했다.

윤경진은 성북서에 연행된 지 얼마 되지 않아 서장실로 불려갔다. 어머니인 성우 고은정이 서장에게 특별 부탁해 마련된 면담이었다. 자식을 위한 어머니 마음이었지만 실제로는 도움이 되지 못했다. 오히려 어머니가 가고 난 후 윤경진은 더 심한 고문을 받았다. 형사들은 "잘난 집에서 그렇게 유복하게 자랐으면 곱게 학교나 다닐 것이지 왜 데모질을 하느냐?" 하면서 주전자 물고문이 아닌 욕조에 얼굴을 빠트리는 물고문을 했다. 그날 윤경진은 유치장에서 난생처음으로 통곡했다.

5.26 시위에 관련해 엉뚱하게 불똥이 튄 경우가 사회학과 80학번 강유성이다. 강유성은 그때 미아리에 있는 어느 중학교에서 교생실습 중이었다. 5월 26일 시위 당일, 도서관과 문과대에 일이 있어 교생 일과를 마치고 학교에 들렀다가 본교 정문을 통해 나가려 하는데 시위 뒷정리를 하고 있던 이강수를 만났다. 이강수가 강유성을 보자마자 대뜸 "오랜만이다. 오늘 너 시위 있었던 거 알았지? 너 관련 있지?" 하면서 다짜고짜 성북서로 끌고 갔다. 시위 관련 여부를 추궁받으며 심하게 구타를 당한 강유성이 "나는 현재 교생실습 중이다. 이번 시위에 나는 아무 상관이 없다. 나 진짜 몰랐다. 시위 날짜를 모르니까 이렇게 왔지. 내가 뭐 유인물을 뿌리기도 했냐. 아무것도 안 하지 않았냐? 날 풀어줘라." 하지만 이강수는 강유성을 풀어주지 않았다. 대신 강유성 고향에 있던 아버지를 불러 미시간 호텔에 머물게 하면서 매일 아침 강유성 앞에 데리고 오며 괴롭혔다. 그때 일을 강유성은 이렇게 얘기한다.

한 3일을 그랬던 것 같아요. 성북서 형사가 매번 아버지에게 "아들 설득해서 군대 보내세요. 뭐 아들 신세 망치게 할 일 있습니까?"라고 얘기했어요. 그럴 때마다 무척 괴로웠어요. 그래도 "군대는 못 가겠다. 차라리 감옥에 보내 달라." 하면서 버텼어요. 3일을 버티다가 도저히 참을 수 없어 아버지한테 "그럼 군대 가겠습니다."라고 했어요.

이렇게 시위 주동도 하지 않은 것에 연루되어 자기 의사와 상관없이 강제징집을 당한 강유성은 훗날 후배 신상한과 더불어 탈영까지 하게 된다.

고대 학생운동사에서 가장 슬픈 소식, 김두황 군 의문사

한편 1983년 6월에 접어들었을 때 너무나 충격적인 소식이 들려왔다. 김두황이 군대에서 의문의 죽음을 당했다는 소식이었다. 1983년 6월 18일 김두황 군 의문사가 발생하고 난 뒤, 김두황 열사의 바로 윗형 김두원과 큰매형, 작은매형이 6월 19일 강원도 고성의 의문사 현장을 방문했다. 군 헌병대가 김두황 열사를 즉시 군 의문사 장소 인근 고성군 간성의 간이화장장에서 급히 화장을 하게 했다. 6월 20일 김두황 열사의 유해가 서울 서대문구 백련사에 안치되었다. 김두황 군 의문사가 학교에도 알려졌다.

박상중은 화곡동 김두황 열사의 본가를 찾아가서 "사인을 밝히지도 않은 채 왜 급히 화장에 동의했느냐?" 하면서 따지다가 열사의 매형과 얼굴을 붉히며 싸우기도 했다. 하지만 엄혹하기 짝이 없는 시절에 김두황 군 의문사에 대한 대책위원회를 꾸리는 등의 적극적 대응을 전혀 할 수 없었다. 49재를 하던 날인 8월 초 백련사에서 열린 간소한 장례식 때 80학번 동기와 후배 몇이 참석한 것이 김두황 군 의문사에 대한 슬픔을 표현하는 모든 것이었다. 겨사조직의 문과대 코어로서 김두황과 일 대 일 세미나 지도를 받았던 김창현의 말을 들어보자.

··· 두황이 형 사망 소식은 학교 애들이 금방 다 알았어요. 어디 가서 대놓고 말도 못 했어요. 제대로 울지도 못했지요. 그때는 보안이 생명이라고 생각할 때니까 두황이 형하고 제가 어떤 관계였다는 것을 아무한테도 말을 하지 못했어요. 대책기구 이런 것도 엄두도 못 냈지요. 현철 출신이고 사회학과 동기인 김미숙은 술집에서 사람이 보는 앞에서 소리지르면서 울더라고요. 저는 그 모습을 보면서 그게 부러웠어요. 또 같은 서클 선배였다고 두황 형 추모하는 이야기를 이것저것 많이 하고 그러는데 저는 그냥 일반적인 대응 있잖아요. "아! 좋은 선배였구나!" 이 정도 말만 할 수밖에 없으니까 제 자신이 참 한심하고 서글퍼졌지요. 사람이 가슴이 아프고 슬픈데 내놓고 슬퍼하지도 못하니 얼마나 답답해요. 어디 풀 곳이라도 있어야 하는데… 저는 그

때 박상중 선배가 마음에 안 들었어요. 두황이 형 죽음에 대해 같이 추모하고 같이 슬퍼하는 자리를 마련해줄 수 있는 사람은 상중이 형밖에 없었거든요. 같이 운동하는 사람으로서 동지애 같은 것이 있어야 하잖아요. 그 형은 그런 게 없었어요.

김두황이 직접 키웠던 82학번 정경대 코어 3명 중 한 명이었던 허인회는 김두황 군 의문사 소식을 전해 들었던 당시 상황을 이렇게 기억했다.

··· 두황이 형의 군 사고사 소식을 듣고 저는 완전 비공개 조직이니까 무슨 표현을 할 수가 없었지요. 저는 대학 4년 때까지 일반 학생대중이었어요. 총학생회장도 제가 대중이었기 때문에 될 수 있었어요. 제가 만약 드러났으면 타 정파에 의해 총학생회장으로 추대가 될 수 없었어요. 허인회는 순진한 대중이었기 때문에 반대가 없었습니다. 제가 두황이 형 죽었다고 어떻게 표현을 할 수 있었겠습니까?

수학교육과 82학번 한상현의 친형은 김두황과 함께 제일교회 대학생반 활동을 했던 인물이다. 그런 인연으로 한상현은 입학하고 나서 친형 소개로 김두황을 만났다. 그런 후 현대철학회 활동을 시작했다. 한상현의 기억이다.

… 두황이 형이 군 의문사 당했다는 소식을 듣고 충격을 받았지요. 저도 두황 형 소개로 현철에 들어갔는데, 그런 소식을 들으니 더 놀랐지요. 현철에서 80선배, 81선배, 82동기까지 강제징집 당한 사람이 너무 많았어요. 당시에는 여차하면 강집 당하는 상황이었지요. 강집 당하면 죽는다는 위기의식이 팽배했어요. 두황 형이 죽었어도 저희가 할 수 있는 일이 없었어요. 맨날 현철 사람들하고 술만 먹었지요. 서글픈 날들이었어요.

김두황 군 의문사 소식은 형언하기 어려운 충격 그 자체였다. 고대 학생운동사에서 그 유례를 찾기 어려운 큰 슬픔이었다. 하지만 그 감정마저 드러내지 못하고 마음 깊은 곳에서 눈물을 삼켜야 했던 이들이 적지 않았다. 보안 문제 때문이었다. 김두황 군 의문사를 접하며 슬픔과 분노를 그대로 드러낸 이들은 80학번 동기와 현철 선후배 그리고 경제학과 선후배들뿐이었다. 언더 학습조직을 같이했던 후배들은 김두황과의 관계를 드러내지 못하고 속으로 피눈물을 흘릴 수밖에 없었다.

김두황의 희생은 겨사조직을 더욱 전투적으로 무장하고 강하게 결속하게 하는 정신적 에너지로 작동했다. '우리 오르그는 대적 전선에서 죽음으로 지킨 조직이다.'라는 인식이 조직원 전체에게 전달되었다. 이런 인식이 과하게 작동하면서 부정적 측면도 드러났다. 선민의식 같은 겨사조직 내부의 강한 자긍심이 배태한 반작용이기도 하다. 다른 조직에 대한 경시나 배타적 태도를 보이는 경향이 드러나기도 했다. 실제로 1983년 2학기 싸움을 추진하는 과정에서 주동으로 나서지 않으면 '기회주의적'이라는 말을 쉽게 거론하는 등 겨사조직만이 전투적이고 타 조직은 그렇지 않다는 식의 모습을 보이기도 했다. 이 같은 겨사조직의 경직화 현상은 고대 학생운동 내부의 갈등을 야기하는 한 요인으로 작용했다.

▶ 대학 연합투쟁조직의 가능성을 확인하며

한양대, 서울대와 함께 6.26 연합가투를 성사시키다

5.26 시위 직후 최광범은 부평고 동기이자 동대문성당에서 같이 세미나를 했던 한양대 박유순을 만났다. 박유순은 한양대 80학번의 원탑이었다. 박유순이 말했다. "너네 고대는 어떻게 그렇게 싸움을 잘하냐. 우리는 교내 시위를 하는 것도 너무너무 힘들다. 우리랑 같이 할 수 있는 싸움이 없을까?" 이에 최광범은 "싸움을 어떻게 같이 하냐? 각자 알아서 하는 거지."라고 대답했다.

대화를 이어가던 중에 박유순이 "좋은 아이디어가 있다. 학내에서 하는 것보다 오히려 가투가 더 안전할 수 있을 것 같다. 니네가 가투 경험이 많으니까 같이 연합가투를 한번 해보자." 그 말에 최광범이 "그 방법도 좋을 것 같다. 나는 동원 능력이 없으니까 우리 학교 CT 박상중을 소개할 테니 같이 보자. 내가 상중이를 곧 만나니까 제안해서 OK 하면 같이 보자."

그날 오후 남영동 카페에서 박상중을 만난 최광범이 5.26 시위를 평가하면서 한양대 박유순 이야기를 꺼냈다. 박유순이 제안한 내용을 설명하자 박상중도 좋다고 했다. 그렇게 해서 세 사람이 두 차례 모임을 갖게 되었다. 그 모임에서 박유순이 제안했다. "우리 두 대학이 하는 것보다 서울대를 끌어들이는 게 좋을 것 같다. 나하고 광범이 부평고 동기가 윤철호인데 서울대 철학과 80학번으로 지금 서울대 인문대를 책임지고 있는 친구야. 그 친구한테 제안해 볼게. OK 하면 같이 보자." 박유순의 제안에 따라 고대 박상중, 서울대 윤철호, 한양대 박유순 3자 모임이 몇 차례 진행되었다.

그 결과, 연합 가두시위 날짜가 6월 26일로 정해졌다. 고대, 서울대, 한양대 부평고 라인 페더레이션(페더)이 만들어진 것이다. 학생운동이 군사독재정권에 대한 파괴력을 가지려면 결국 연합조직 결성을 통한 연대투쟁이 활발하게 진행되어야 한다. 학림의 경우처럼 전국조직의 큰 그림을 먼저 그리고 조직 결성을 나서다가 공안 당국의 탄압을 자초하는 것보다 연대 가능한 지역부터 실질적인 연대와 공동투쟁을 통해 조직을 강화해가는 것이 훨씬 현실적인 노선이었다.

6.26 가투의 전술은 종로5가 기독교회관 앞에서 먼저 처음 동을 뜨고 이것이 실패할 경우 계림극장 앞에서 2차로 동을 뜨는 것으로 했다. 협의 끝에 동은 서울대가 맡기로 했다. 고대에서 100명 정도 동원되었다. 한양대에서 50명 정도 서울대에서 120명 정도 동원되었는데, 기독교회관 앞에서 종로5가 방향으로 행진해 계림극장 쪽으로 가는 가투를 전개했는데 꽤 성공적인 시위로 마무리되었다. 박유순은 6.26 연합가투를 다음과 같이 기억했다.

··· 사실은 그때 페더가 많지가 않았고 또 쉽지가 않았는데 다행히 성공했죠. 그래서 계속 페더를 유지했어요. 7월에 연합 피세일(유인물 배포)을 했는데, 학교별로 지역을 배당했어요. 우리 한양대는 잠실 지역을 맡아 진행했어요. 유인물 작성은 공동으로 하고 유인물 제작은 각 대학에서 진행해 배포한 거죠. 83년 11월 초 제가 빵에 갈 때까지 계속 상중이를 만났죠. 시내에서 주로 봤는데 다방 이런 데도 별로 안 좋으니까 오락실에서 약속을 많이 했어요. 전화기도 없던 시절이니까 미리 다음에 만날 오락실을 지정해 놓고 만났죠. 걔는 오락도 잘해요. 키도 크고 좀 거침이 없던 친구였죠. 광범이하고 스타일이 완전 다른 친구예요. 광범이가 나중에 전교조를 하는데 그게 그 친구한테는 딱 맞아요.

윤철호는 1983년 서울대 5개 포스트 중 인문대 포스트 역할을 맡고 있었다. 한양대 박유순과 여러 차례 만난 것을 기억하고 있었고, 6.26 연합가투에서 서울대 쪽 동원은 인문대와 자신의 소속 서클인 아카데미 후배들 그리고 기독교 연합서클 쪽 인원을 동원했을 것이라고 말했다. 윤철호는 1983년 6월의 서울대 상황을 이렇게 설명했다.

> 그 당시에는 무림 쪽 사람들이나 학림 쪽 사람들이 70년대 서클 연합체 중심으로 활동하는 방식에서 벗어났어요. 무엇보다 70년대보다 학생운동에 참여하는 사람들 숫자가 대폭 늘어난 상황이었어요. 그래서 80년과 81년을 거치면서 서클이 아니고 말하자면 뭐 단대별로 구성된 지하학생회가 중심이 되어 주요 활동을 이끌어가는 방식으로 바뀌었어요. 6.26 가투 때에는 단대 포스트 모임이 서울대 지도부를 구성했기 때문에 포스트 몇 명과 논의해 연합가투 동원 문제를 해결했던 것으로 기억해요.

허인회의 운, 최광범의 아쉬운 학생운동 정리

6.26 연합가투 때 고대생이 10명이 잡혔다. 허인회도 그중 한 명이었다. 당시 1983년 분위기로 보면 강제징집 케이스인데 천운이 따랐다. 학생운동을 하는 과정에서도 분명 운이라는 것이 존재하는 모양이다. 허인회는 당시를 이렇게 기억했다.

··· 성북서 얘들이 저를 한 달 넘게 쫓아다녔어요. 왜냐하면 5 18 시위 때 제가 맨 앞에 있는 사진이 채증이 된 거예요. 제가 덕수 형 옆에서 나란히 있었던 거죠. 그러니까 성북서 새끼들 눈에 제가 주동인 것처럼 보인 거죠. "이놈이 누구냐? 처음 보는 놈인데…." 하며 성북서 애들이 찾으러 다닌 거예요. 그러다가 우연히 박부용 선배가 그 사진을 어디서 보고 와서는 "성북서 애들이 널 잡으러 다닌다. 정문 앞에서 너 잡으러 다니니까 학교 오지 말라." 라고 그러더라고요. 그래서 학교 안에 안 들어가고 바깥을 전전하다가 6월 26일 종로5가 기독교회관 가투에 나갔다가 거기서 잡힌 거예요. 경찰이 양팔을 끼고 끌고 가니까 나미숙이가 용감하게 달려와서 막 뜯어내려고 했어요. 혜화서에 우리 고대 애들만 한 10명 정도 잡혔어요. 잡고 보니 전부 고대생이니까 혜화서에서 성북서에 전화해서 "애들이 전부 고대 아들이니까 성북서 너희 책임이다." 하는 소리를 들었어요. 이에 성북서가 "너희 관할에서 잡혔으니까 너희가 책임지라." 하면서 책임을 미루더라고요. 서로 책임을 두고 공방을 했지요. 성북서에서 반성곤하고 이성렬이 달려왔더라고요. 이성렬이 저를 보더니 사진을 보여주며 "너를 한 달 넘게 찾아다녔다."라고 하면서 따로 불러내 패더라고요. 한 2시간 정도 엄청 맞았어요. 이제 꼼짝없이 강집이다 생각하고 있었지요. 그런데 그다음 날 훈방이라는 거예요. 저는 어리둥절했어요. 아마도 서로 책임 공방을 계속하다가 서로 피곤하니까 훈방 처리했던 모양이더라고요. 어쨌든 저는 운 좋게도 강집을 피한 거죠.

6.26 연합가투에 대해 나미숙은 이렇게 기억했다.

··· 붙잡힌 인회를 끌어내려고 하다가 경찰에 의해 제지당한 후 도망갔을 거예요. 하여튼 그때 전 안 끌려갔어요. 근데 경찰 곤봉으로 머리를 맞았어요. 그때 병원에 가서 머리 꿰매고 막 그랬어요. 황정옥이가 저를 병원에 데려갔지요. 제가 인회를 끄집어내려고 했던 게 학교에 소문이 확 났어요. 애들이 "그렇게 인회가 좋았냐? 대단하다."라고 놀리고 그랬어요. 철없던 시절 이야기인데 무슨 그런 용기가 났는지 모르겠어요.

이 연합가투 이후 최광범은 학생운동을 정리하고 부천의 조그마한 공장에 들어간다. 군사독재정권을 무너뜨리기 위해서는 학생운동만으로는 되지 않고 노동자 계급이 강맹하게 조직되어야 한다는 의식이 강했던 것이다. 최광범은 선배 김유천의 후배답게 준비론적 입장을 견지했다. 하지만 개인적으로 공장에 들어갔기 때문에 공장 경험 이상의 일을 할 수는 없었다. 김두황의 강제징집 후 충격적인 군 의문사 소식이 전해진 후였고 김희근 역시 강제징집으로 학생운동에서 떨어진 상태에서 80학번 지도부가 박상중 혼자였다. 그 상황에서 1983년 1학기 내내 박상중과 협의하며 언더조직을 관리하던 최광범이 학운을 떠난 것은 지도부 리더십의 적지 않은 공백이었다.

  노동 현장으로 가야 한다는 개인적 신념이 강해 결과적으로 학생운동의 가치를 상대적으로 경시했다는 지적이 나올 수 있다. 노동 현장에 혼자 가서는 아무것도 하지 못한다는 사실을 간과한 아쉬운 결정이었다. 최광범은 여름방학 때 학운을 정리하면서 민맥 조직을 문영철에게 맡기고 언더서클 대외관계는 문무일에게 넘기면서 역할 분담을 하게 했다. 그리고 문무일을 박상중에게 소개했지만 일이 제대로 진행되지 못했다. 더욱이 한때 학생운동에 열정적인 모습을 보였던 문무일이 학생운동에서 이탈했다. 최광범이 군 제대 후 들었던 것은 황당한 소식이었다. 문무일이 연락을 끊고 사라져 고시 공부를 한다는 전언이었다.

▶ 마침내 학도호국단 장악, 합법적 활동공간 확보

치밀하게 준비한 끝에
합법조직 학도호국단 접수

1982년 6월 대강당에서 실시한 학도호국단장 선거에서 운동권에서 입후보한 진창원 후보가 장현 후보를 누르고 승리했다. 하지만 성북서에서 개입해 장현 후보 진영에 정보를 주며 부추겼다. 장현 후보 측은 이 정보를 가지고 선거관리위원회에 경제학과와 정외과 학회장의 학점이 3.0을 넘지 못해 학회장 자격이 없으므로 학회장이 추천한 대의원 역시 자격을 상실했다며 선거 무효를 주장했다. 그 주장이 받아들여져 진창원 학도호국단 체제가 '3일 천하'로 끝나 버렸다.

시기가 학기말이어서 학교 측이 제시한 6월 말 재선거를 9월 초로 옮겨 실시하기로 양측이 약속했는데, 장현 후보가 비열하게 반칙 행위를 저질렀다. 등록 마감 시간 임박해서 "화장실을 갔다 오겠다."라고 거짓말을 하고서 혼자 등록해 학도호국단장이 된 것이다. 이 사기 행각으로 인해 1982년 학도호국단을 민주학생회로 만들려는 시도가 무산되었다. 뼈아픈 실패를 1983년에 되풀이할 수 없다는 공감대 속에 1983년 초 겨울방학 때부터 총학생장을 배출하기 위한 준비 작업에 돌입했다. 당시 학도호국단장을 '총학생장'이라 불렀고, 1984년 9월에 직선제로 당선된 김영춘부터 '총학생회장'이라 호칭했다.

김두황, 김희근, 박상중 80학번 지도부 그룹이 6월 학도호국단 장악에 대한 문제를 논의했고, 학회를 책임지고 있던 김두황이 책임지고 이를 추진하기로 했다. 김두황은 선배 소영진과 상의했고, 법경사 후배들을 지도하고 있던 소영진은 법경사 80학번들에게 81학번 중에서 총학생장 후보 추천을 요청했다. 이에 이형숙은 교육학과 81학번 고병헌을 추천했다.

이형숙이 처음 말을 꺼냈을 때 고병헌 본인은 한사코 고사했지만 이형숙의 끈질긴 설득에 학생운동 내부의 지원이 있다면 한번 해보겠다는 의사를 내비쳤다. 고병헌은 유네스코학생회 쿠사(KUSA) 출신으로 1학년 때는 여러 대학이 모여 진행한 생활야학 활동을 하다가 2학년 때부터 교육학과 학회에 합류했다. 고병헌의 학생운동 경력이 좀 약하지 않느냐는 의견도 잠시 있었지만 이내 후보 자격이 충분하다는 판단이 내려졌다.

1983년 초 겨울방학 때 성신여대 입구에 있는 레스토랑에서 소영진, 박성우 등 선배 그룹과 고병헌의 상견례가 있었다. 선배 그룹이 두 줄로 앉고 고병헌이 끄트머리에 앉아 선배들이 하는 여러 질문에 답하는 자리였다. 일종의 면접 같은 자리였는데 고병헌이 합격 점수를 받았다. 이어 신학기 시작되기 전까지 김두황이 고병헌 집에서 개인지도에 나섰다. 총학생장 역할을 충분히 해낼 수 있는 기본 역량을 키우기 위한 여러 분야의 학습이었다. 김두황이 고병헌 개인지도를 하는 도중에 강집을 당했으니 고병헌이 김두황의 마지막 세미나 후배라고 할 수 있다.

소영진은 박성우와 논의하면서 김두황의 공백을 메우려 노력했다. 하지만 법경사에서 같이 논의하고 일했던 80학번들이 연이어 강집과 시위 주동으로 빠지게 되었다. 3.7 사건으로 김두황이 강집된 이후 4월 2일 행정학과 80학번 박기환과 이영복이 강집되었다. 5.26 시위 주동으로 예정된 이형숙과 이호식은 이미 만날 수 없는 상태였다. 6월 총학생장 선거 대비를 위해 논의할 수 있는 80학번 후배는 경영대의 하행민밖에 없었다. 소영진은 축제 준비위원에 이름을 올린 하행민에게 고병헌 후보 지원 활동을 지시했다.

그런데 총학생장 선거를 지원하던 하행민마저 강제징집을 당하게 된다. 5.26 동대문 대학연합 시위 때 종로6가 버스 정류장에서 하차하던 하행민이 하필 성북서 형사와 눈이 마주친 것이다. 바로 동대문 이대병원 앞에 주차되어 있던 봉고차로 끌려갔고 성북서로 이송된 이후 무차별 구타 후 강집되었다.

  이런 우여곡절을 겪으며 총학생장 선거를 준비했다. 가장 중요한 것은 6월 말 선거 일정 고시에 맞춰 대의원을 확보하는 일이었다. 대의원 확보 작업은 1년 전보다 훨씬 원활하게 진행되었다. 학회장 선출을 학칙에 맞게 학점 3.0 넘는 학생으로 준비했기 때문에 또다시 대의원 자격 시비에 휘말릴 수 있는 소지를 원천적으로 차단했다. 무엇보다 1년 동안 학회가 비약적으로 발전해 대부분 학과에서 학회가 만들어진 상태였다. 이공농대와 세종캠퍼스도 더 이상 학생운동 불모지대가 아니었다. 학도호국단장 입후보 마감시간이 되었을 때 등록한 후보는 고병헌뿐이었다. 단독후보가 된 것이다. 고병헌의 옛 기억을 들어보자.

  ••• 성북서에서도 학교에서도 저를 전혀 몰랐어요. 드러나는 순간 어떤 공작이 들어올지 모르잖아요. 그래서 아주 극비리에 진행했는데 그게 결과적으로 단독후보가 돼 버린 거예요. 그러니까 성북서나 학교 쪽에서 깜짝 놀란 거죠. "고병헌이가 누구냐?" 이렇게 된 거죠. 왜냐하면 털어도 나올 게 없으니까요. 후보 등록을 하고 나서 저는 도바리를 쳤어요. 왜냐하면 등록 서류를 내고 나서 등록 마감이 될 때까지가 제일 위험한 시기였거든요. 그때 성북서에 들려 갈 수 있으니까. 저는 강당에 대의원들이 모여서 투표하는 날

나타나면 되니까 계속 숨어 있었어요. 그런데 단독후보라 투표도 할 필요 없고 학교의 유권해석이 나올 때까지 그렇게 도피 생활을 계속했어요.

학도호국단을 민주학생회로
만들기 위한 노력

드디어 운동권에서 총학생장단을 장악했다. 신임 고병헌 총학생장은 준비팀 구성과 함께 신속하게 진용을 짜야 했다. 오픈과 언더, 학회를 망라해 필요한 인재를 물색했다. 중요한 기획부장 자리에는 고병헌 동기인 기생 언더 출신의 김용일(교육 81)을 뽑아 올렸다. 김용일은 학생운동에서 노동운동으로의 이전만이 유일한 길이라는 논리에 대해 반대했다.

김용일은 학생운동가가 모두 노동운동으로 이전해야 한다는 논리 자체가 경직된 논리이며 소중한 자산을 잃을 수 있다고 지적하며, 교사가 되어 교육운동에 매진하는 것도 좋은 이전의 방법이 될 수 있다는 소신을 피력했다. 자신이 그런 주장을 펴고 있을 때 학도호국단을 민주학생회로 만들어야 한다는 전교 차원의 논의가 진행되자, 학도호국단에서 여러 의미 있는 활동을 펼칠 수 있을 거라는 기대감으로 지원한 케이스였다.

문화부장은 오픈서클 몫이었는데 사연의 이영훈(경제 81)이 발탁되었다. 이영훈은 조경현의 고교 동창으로 고등학교 때 5.17 계엄 확대를 반대하는 데모를 조직하다 경찰 조사를 받고 학교로부터 징계를 받은 경력의 소유자다. 그리고 총무부장은 정경대 학회 몫으로 경제학과 학회장을 역임한 진남근이 맡았다. 문과대 학회 몫으로 할당된 학술부장에 오른 인물은 장용수(국문 81)인데, 안타깝게도 그는 초기 전교조 활동을 하다 서른 초반에 대장암으로 세상을 떠났다.

1983년의 학생처장은 악명이 높았던 박만장이었다. 박만장은 초지일관 고병헌에게 '총학생장은 학도호국단장이고 학도호국단은 학교의 통제를 받아야 하는 조직'임을 강조했다. 고병헌 총학생장단이 출범하고 3개월 정도 지났을 무렵, 박만장이 고병헌을 폭행하는 사건이 발생했다. 학교에 제대로 보고하지 않고 총학생장단을 마음대로 운영했다는 것이 그 이유였다. 이 문제를 현명하게 풀어야 했다. 그때는 부총학생장이 없어 그 역할을 기획부장이 대신했다. 김용일 기획부장이 고병헌 총학생장은 물러날 수는 없으니까 자신이 책임을 지고 사퇴하는 선에서 이 문제를 매듭지었다. 후임 기획부장으로 박성우가 나섰다. 김용일에서 박성우로 교체되는 것에 대해 당시 정경대 학생장으로서 총학생장단 운영위원이었던 김현민은 해석을 달리했다.

・・・ 당시 겨사가 언더를 장악하고 있었으니까 박성우가 겨사 언더와 고병헌 호국단 사이의 메신저 역할을 했어요. 왜 기획부장이 기생 김용일에서 박

성우로 바뀌었는가? 언더를 장악하고 있던 겨사의 의도대로 김용일이 움직여주지 않으니까 교체한 것이라 생각해요. 언더에서 무슨 시위를 한다 그러면 학도호국단에서도 이를 반영해 중첩되거나 충돌되지 않도록 조정하는 게 필요했는데, 그 조정 역할을 박성우 선배가 했어요.

당시 이영훈 문화부장도 박성우에 대해 상당히 좋은 기억을 갖고 있다.

··· 성우 형이 제일 중요한 역할을 했죠. 그러니까 그때 총학생장단 운영에 있어 중심축 역할을 한 게 박성우 선배였어요. 박성우 선배가 거의 논의의 중심이었죠. 상당히 일을 잘하셨고요. 그 형이 일하는 것을 우리가 옆에서 지켜보면서 굉장히 놀랐죠.

고병헌 총학생장단 출범 전에 학도호국단을 민주학생회로 바꾸려고 준비하는 5개 대학 준비 모임이 신촌 '우리마당'에서 열린 바 있다. 그리고 총학생장단 출범 이후에도 운동권이 처음으로 학도호국단을 꾸려가는 데 있어 부딪히는 여러 어려움을 함께 풀어가기 위한 소통 공간을 만들었다. 비슷한 시기 연세대에서도 학도호국단을 운동권에서 장악해 이성헌 총학생장단 체제가 출범했다. 서로 배우고 대안을 고민하는 시도가 각 학교에 큰 도움이 되었다. 이영훈 문화부장이 그때의 일을 간단히 설명한다.

··· 연대를 비롯해 신설된 총학생장단 사람들과 논의를 많이 했어요. 서로가 필요했고 서로 도움이 되었어요. 처음으로 운동권 출신이 총학생장단을 꾸리다 보니 참고할 만한 벤치마킹 대상이 없었잖아요. 그래서 서로 처지가 비슷한 상황에서 수평적인 교류를 하며 상호 협력하면서 일들을 진행했어요. 그 테이블에 우리 쪽에서는 고병헌, 박성우, 이영훈, 장용수가 주로 참석했어요.

이 같은 대학 총학생장단 간의 교류와 협력 체계는 5.17 비상계엄 확대 이후 전두환 군사독재정권의 철권 통치하에서 모두 빼앗겼던 합법 공간 일부를 되찾음으로써 대중투쟁의 기반을 일정 부분 확보하게 되었음을 의미한다. 즉 학생운동권이 선도적으로 합법적인 대중 공간을 확보해 조직 탄압의 두려움에서 벗어날 뿐 아니라 대학 간 연대투쟁의 기틀을 점차적으로 확대해나갈 수 있게 된 것이다. 이런 대중적 힘을 바탕으로 1983년 9월 사회운동 영역에서 처음으로 반공개 정치조직인 민청련 결성으로 연결되었다 할 수 있다. 합법 영역에서 공간이 열리는 것을 군사독재정권이 다 막을 수는 없었다. 그런 의미에서 주요 대학에서의 학도호국단 장악은 5공 정권과 맞서 싸우는 교두보를 확보했다는 점에서 적지 않은 의미를 가진다.

▶ 안타깝게 미수로 그친 9.24 시위

80학번이 주동으로 나선 마지막 시위

1983년은 책임 학번이 된 4학년 80학번이 시위 주동을 맡는 게 자연스러운 흐름이다. 2학기 초인 9월에 80학번이 책임지는 시위가 조직되는데, 이것이 80학번의 마지막 주동 시위가 되었다. 그 전개과정을 살펴보자. 1983년 여름방학이 시작될 무렵, 학생 17명에 대해 학교 직권으로 지도휴학 처리를 한다는 소문이 돌았다.

구류를 살았거나 시위 가담으로 성북서 유치장 신세를 졌거나 혹은 서클이나 학회의 회장 역을 맡고 있는 학생 17명을 강제징집한다는 소문이었다. 기생 회장 출신의 강재형, 인연 회장을 했던 이재현(철학 80), 스피치 회장을 역임했던 김영수(경제 80), 문과대 학회 핵심 멤버 김창현을 비롯해 교육학과 학회 활동으로 농활을 갔다 온 것이 문제가 된 교육학과 81학번 김장오와 최낙문 등과 82학번 2명의 이름이 거론되었다.

  이름이 거론된 17명이 모여 대책회의를 갖고 항의 성명서를 작성했다. 그런 후 박만장 학생처장과 면담을 가졌다. 17명 대표로 강재형, 김영수, 이재현 등이 나서 학생과로 찾아가 항의 의사를 표명한 것이다. 학생들이 조직적인 움직임을 보이자 학교 쪽에서 17명 지도휴학 안을 철회했다. 그렇지만 강재형과 이재현은 더 이상 학교에 복귀할 수 없는 상황이 되었다. 이 상황을 이재현은 이렇게 기억하고 있다.

> ··· 지도휴학 얘기가 나올 때부터 치고 나가는 것을 생각했어요. 그래서 고민 끝에 다음에 만들어지는 D팀에 합류하겠다는 결심을 한 상태였어요. 그때부터 마음의 준비부터 하고 주변 정리도 한 상태였기 때문에 지도휴학이 철회되었다고 다시 학교 들어갈 수 있는 상태는 아니었어요.

  김영수도 학교에 가면 성북서에 잡혀 강집을 당할 수 있다고 판단해 학교 근처에 가지 않았다. 혼자서 진로 고민을 하다가 대학원 진학으로 마음을 정한 뒤 독서실에 다니면서 대학원 준비를 했다. 시위 주동으로 나가 학생운동을 정리하겠다고 마음을 정한 강재형과 이재현은 8월에 이승환과 여러 차례 만났다. 그렇게 강재형과 이재현이 다음 D를 친다는 게 내부적으로 공식화되었다. 두 사람은 2학기 개학 때에도 학교에 들어가지 못했다.

그 무렵 경철 출신의 안순종(건축 82)이 D를 칠 의사를 서클 선배인 강난희(수학 80)에게 말했고 강난희는 이 내용을 이승환에게 전달했다. 안순종이 D팀에 합류하면서 강재형과 이재현은 학내 연락 사항을 모두 안순종을 통해 전달했다. 강재형과 이재현은 이미 집을 나온 상태였기 때문에 숙식은 안순종 집이 있는 건대입구역 근처 자양동의 한 독서실에서 해결했다.

현안 이슈와 적당한 날을 잡아야 하는데 이 문제가 쉽게 풀리지 않았다. 그런 와중에 레이건 미 대통령 방한 문제가 불거졌다. 그래서 전두환 군사정권을 지원하는 레이건 방한을 규탄하는 유인물 작업을 학내 시위 이전에 먼저 시행하자는 의견이 나왔고, 이승환과 상의해 이를 추진하기로 결정했다. 강재형이 옛날 다니던 독서실 사장에게서 등사판을 빌렸고 여관방 하나를 잡아 3명이 같이 유인물을 밀었다. 유인물은 추석 연휴 뒤 9월 24일 토요일 학내에 뿌리기로 했다. 안순종이 혼자 들어가서 학생회관과 도서관 그리고 주요 강의실에 유인물을 뿌려 놓았다.

그런데 안순종이 유인물을 뿌리고 있을 시간에 강재형과 이재현이 동대문 근처 이스턴호텔 앞에 있다가 경찰의 불심검문에 걸리고 말았다. 가지고 있던 가방 안에서 유인물이 몇 장 나왔다. 무슨 이유에서인지 안순종에게 유인물을 다 주지 않고 몇 장을 소지하고 있다가 걸린 것이다. 유인물 작업이 끝나면 안순종이 동대문 근처에 와서 연락을 취하기로 약속이 되어 있었다.

41년 만에 다시 맞추어보는
불발탄 시위의 전말

시간이 41년 정도 흐른 뒤인 2024년 8월 4일, 광화문에서 세 명의 예비 시위 주동자가 모였다. 1983년 9월 24일 시위 미수 건에 대한 얘기를 나누었다. 강재형, 이재현, 안순종이 다 참가해서 41년 전의 기억을 맞추고 있었다.

"안순종 학형은 어떻게 연행되었나요?"

"저는 동대문이 아니고 우리가 자주 만났던 건대 후문 쪽 지하에 있는 별다방에서 형들을 기다렸어요. 그런데 기다려도 오지 않았어요. 접선이 안 되면 집에 들어갈 때 조심하고 주위를 보라는 주의가 있었지요. 집에 들어갈 때도 조금 이상했어요."

"느낌이 이상하면 집에 들어가면 안 되는 것 아니었나요?"

"느낌이 이상했지만 그냥 집에 들어갔는데 엄마가 누가 왔었다고 얘기했어요."

"아니 누가 왔었다고 했는데 집으로 들어가면 어떡허요?"

"엄마가 그렇게 얘기해서 바로 집에서 나왔어요. 그런데 그때부터 어떻게 뒤를 밟혔는지 연행이 됐어요. 그 과정이 잘 기억나지 않아요. 지금도 기억이 가물가물해요. 어떻게 잡혔는지 저도 진짜 궁금해요."

안순종은 자신이 어떻게 잡혔는지 정확하게 기억을 못 하고 있었다. 인터뷰가 더 진행되었다. 안순종이 다시 물었다.

"제가 궁금한 게 하나 있어요. 그때 세 사람이 공모했다는 걸 그들이 어떻게 알았나 하는 부분이에요. 솔직히 형들한테 한 번도 안 물어봤거든요. 그리고 제 집이 노출된 거에 대해서도 신기한 거예요. 우리 집을 어떻게 알고 왔지?"

그 궁금한 질문을 참고 참았다가 41년이 지나서야 묻고 있다는 사실이 비현실처럼 느껴졌다. 이 곤란한 질문에 대해 강재형이 대답했다.

"성북서 들어가자마자 유인물 작업한 애가 누구냐는 추궁을 받았지. 내가 학교에 못 들어가고 있다는 사실을 형사들도 잘 알고 있었어. 그러니까 학교에 들락거리면서 연락을 한 누군가가 있을 거 아니냐면서 그 이름을 대라고 했어. 그때 엄청 많이 두들겨 맞았지. 그런 데다가 유인물을 내가 긁었어. 내 필체가 선명한 거야. 내가 예전에도 가리방을 많이 긁어봤거든. 교회에서 주보도 만들어 보고 했던 게 있기 때문에 이게 뻔한 거야. 그래서 그게 들통이 나서 또 엄청 맞았지. 순종이를 누가 불었는지 기억이 없어. 내가 불었겠지. 아마 내가 불었을 거야."

그때 안순종이 손을 마주치면서 "아! 생각났어요. 우리 집에 성북서 형사들이 군홧발 신고 들어와서 자고 있는 저를 끌고 나갔어요. 놀란 우리 식구들이 보는 앞에서 연행된 거죠. 그게 왜 여태 생각이 안 났지? 갑자기 생각이 났어요. 형들이 안 나타나서 불안했는데 제가 집에서 잤어요. 그러다 끌려갔어요."

안순종의 말을 들으면서 어느 심리학 책에서 본 내용이 떠올랐다. 사람은 자신이 기억하고 싶지 않은 것을 무의식에서 자꾸 지우고 지우고 하다 보면 진짜 잊게 된다고. 그것이 떠올랐다. 안순종은 형들과 접선이 실패했으면 집에 들어가지 말고 저빨리 도바리를 쳤어야 했는데, 그러질 않고 불안감이 컸음에도 집에서 잤던 부분에 대한 자책을 너무 많이 한 것이다. 안순종이 또 말했다. "저 많이 맞았어요. 그 안에서. 근데 얘네들은 꼭 혼자 때리지는 않더라고요. 눈을 가린 채 무릎을 꿇리고는 무릎 사이에다 각목을 넣어놓고 군홧발로 밟고 그러고 나서 좀 있으면 애들이 우르르 들어와서 발로 허벅지를 지글지글 밟는 새끼 있고 그다음에 그 각목으로 등짝을 때리는 놈이 있고. 그래서 저 많이 맞았어요. 경철 서클 사람들 지금 뭐 하고 있냐고 엄청 추궁도 받았어요."

▶ 9월의 고연전 투쟁과 민청련 발족

자치 조직 힘으로 1980년 이후
처음으로 이루어진 밤샘 농성

1982년 고연전 때 전두환 군사 독재정권이 들어선 이후 최초의 대학 연합가투가 벌어졌다. 전두환 정권은 이를 구실로 고대와 연대 학교 당국에 고연전 개최를 중단하라는 압력을 넣었다. 이에 굴복해서 1983년 9월 7일 두 학교 총장 명의로 '83정기고연전'을 개최하지 않는다는 공동성명서를 발표했다. 고병헌 총학생장단이 출범한 이후 첫 대중적 이슈가 발생한 것이다. 총학생장단이 긴급 운영위를 열었다.

학회장 주도하에 다음 주 월요일(9월 12일) 일제히 과별 총회를 개최하고, 화요일과 수요일에는 단대별 총회를 개최하고 여기서 모여진 의견을 총학생장이 취합해 총장에게 전달하는 방식으로 학교 당국을 압박하기로 했다. 9월 12일 월요일에 경제학과, 정외과 등의 가능한 모든 학과별 총회를 개최했다. 다음날 9월 13일 화요일에는 정경대, 경영대가 먼저 단대 총회를 개최했다. 경영대가 앞장서서 단과대 총회를 개최할 수 있었던 것은 황준영(경영 81)이 한 표 차로 단대장 선거에서 이겼기 때문이다. 경영대 단대장 선거에서 운동권이 이긴 것은 기적에 가까운 일이었다. 이 일을 해낸 힘이 단대 총회의 선도적 개최로 나타났다.

9월 14일 수요일에는 문과대, 법대 등에서 총회 개최가 이루어졌다. 그런 후 오후 3시 총학생장 주도로 각 단대 총회 결과 보고대회가 본관 앞에서 진행되었다. 각 단대 총회 결과를 모은 후 학생들은 이제 실력을 보여줄 때가 되었다며 본관으로 밀고 들어갔다. 본관 1층을 점거한 학생들은 정권의 외압에 굴하지 말고 정기고연전을 개최할 것과 총장 해명을 요구했다.

9월 15일 목요일에는 정기고연전 개최와 총장 해명, 학생 자율화 보장 등 6개 항을 요구하며 학생 500여 명이 학생회관에서 밤샘 농성을 진행했다. 1980년 서울의 봄 이후 첫 밤샘 농성이 이뤄진 것이다. 정기고연전 개최라는 가장 대중적인 이슈를 요구하는 투쟁이었기에 비합법적인 상황인데도 500명이 넘는 인원이 참가하는 농성까지 가능함을 보여주었다는 점에서 큰 의미를 갖는 투쟁이었다. 경찰도 정치구호를 내걸고 하는 농성이 아니었기에 쉽게 진압에 나서지 못했던 대중투쟁이었다.

위 사진은 1983년 9월 14일 고연전 취소에 항의하기 위해 본관 앞에서 단대 총회 결과를 보고하는 집회 모습이다. 고병헌 총학생장의 모습이 보인다. 이 보고대회를 끝내고 학생들은 본관을 점거해 총장의 해명을 요구했다. 아래 사진은 고연전 취소를 규탄하는 학생회관 농성 장면이다. 서울의 봄 이후 최초로 500명이 넘는 인원이 농성에 돌입한 것은 놀라운 사건이었다. 비합 시기에 좀처럼 볼 수 없는 대중적 열기를 표출했던 투쟁이었다.

9월 16일(금) 대운동장에 이공농대에서 출발한 학생들까지 합류해 2천 명이 넘는 학생이 집결했다. 이 자리에서 고병헌 총학생장이 학교 당국과 합의한 학원자율화 노력 9개 항을 발표했다. 이어서 등장한 김준엽 총장이 정기고연전 무산에 대한 애석함을 표하며 학원자율화를 보장하기 위해 최대한 노력하겠다는 취지의 연설을 했다. 일부 학생의 반발이 있었지만 일주일을 끈 고연전 투쟁이 그렇게 일단락되었다.

고연전 투쟁은 고병헌 총학생장단이라는 합법적인 기구를 운동권이 장악했을 때 어떻게 대중투쟁을 효율적으로 전개할 수 있는지 보여준 투쟁이었고, 학생 대중들도 자신들 편에 서 있는 학생조직이 움직일 때 자신들의 의사를 어떻게 관철시킬 수 있는지 그 효능감을 확인한 투쟁이었다.

지민규(국교 82)는 성남고 시절 야구선수였다. 고2 때 야구선수로 전망이 보이지 않는다고 판단해 입시 공부에 전념해 사범대 국교과에 입학했다. 고대 입학 후 2학년 때까지 운동권하고 별 관련이 없었다. 고대 야구 서클인 백구회에 신입생으로 들어가자마자 코치가 되어 한 달에 7~8만 원 받으며 서클 생활을 했고 응원단에도 들어가 활동했다. 고대응원단의 '1년 장사' 대부분이 정기고연전인데 전두환 정권의 외압으로 고연전이 무산되고 학생회관에서 철야농성까지 하는 사태가 벌어지자 지민규도 여기에 참여한 것이다. 그 과정에서 지민규는 점차 전두환 정권의 실체를 확인하면서

1983년 9월 16일, 전두환 정권의 압력을 받아 고연전을 취소한 학교 당국을 성토하면서 2천여 학생들이 대운동장에 모여 집회를 하고 있다. 대중적 이슈가 부각될 때는 비합법 상황에서도 천 단위의 대중투쟁이 가능함을 보여준 시위였다. 군중 앞에서 해방춤을 추는 두 학생 모습이 인상적이다.

고연전 투쟁을 끝까지 함께하게 되었다.

  지민규는 고연전 투쟁을 거치면서 전두환 군사정권을 끝장내야 한다는 정치의식이 발현되면서 응원단을 탈퇴하고 국교과 학회를 시작했다. 그는 야구선수답게 교문 싸움이 벌어지면 항상 맨 앞에서 투석전을 전개하는 전조(전투소조)였다. 지민규가 던지는 돌은 정확하게 목표로 하는 지점에 내리꽂혔다. 스트라이크 비율이 다른 전조에 비할 바가 아니었다. 1984년 학원자율화 국면이 전개되면서 화염병 필요성이 대두되자 화염병 제작조에 들어가서 활약했다. 처음에는 비율을 몰라서 사범대 뒤 으슥한 곳에서 여러 비율로 섞어가며 실험 투척을 계속해야 했다. "화염병을 처음 만들어서 심지에 불붙여 던질 때는 손이 달달 떨렸다."라고 화염병을 처음 만들던 때를 회상했다.

민청련 결성, 군사정권과 전투적으로 싸우는 사회운동체 출현

  1983년 9월 30일 민청련이 결성되었다. 5.17 이후 대학을 제외하고서 정치투쟁을 하는 조직이 없었다. 1983년에 접어들면서 학생운동이 침체에서 벗어나 대중투쟁이 활성화되고 대학 연합 가두시위도 빈번해지며 반독재투쟁전선이 서서히 형성되기 시작했다. 김대중 내란 사건으로 구속된 인사들이 속속 출소하면서 새로운 분위기도 형성되었다. 각 대학에서 1970년대 학생운동을 주도했던 인사들이 대거 합류하면서 공개적인 정치투쟁조직 건설의 공감대가 형성되었다. 그 결과, 진보적 지식청년을 중심으로 민주화운동 단체를 결성하기로 합의하고, 김근태를 의장으로 추대했다.

단체의 이름은 1970년대 말 긴급조치 9호 치하에서 조직했던 민주청년협의회의 이름을 이어받아 민주화운동청년연합(약칭 '민청련')으로 결정했다. 민청련은 이미 사회에 진출해 있는 진보적인 청년의 힘을 조직화함으로써 학원 바깥에도 군사독재정권과 전투적으로 싸우는 공개조직이 가능함을 보여주었다. 민청련 결성은 다른 사회운동과 민주화운동 세력에게 엄청난 자신감을 심어주는 획기적 사건이었다.

민청련은 1983년 9월 30일 서울 성북구 돈암동 소재 가톨릭 상지회관에서 민주주의를 위해 투쟁해온 민주 청년들에 의해 결성되었다. 창립총회에서 민청련은 "민족의 존립 자체가 위협받고 있는 오늘의 현실 상황은 뿔뿔이 흩어진 민주청년들이 다시 한데 모여 민중운동의 흐름 속에서 양심적인 지식인, 종교인, 정치인, 노동자, 농민들과의 연대를 강화하면서 민주주의와 민족통일을 위한 새로운 사회건설에 온몸으로 매진할 것을 강력하게 요구하고 있다."라는 발기문을 채택했다.

이날 총회에서 김근태 의장을 비롯해 6명의 집행부를 선출했다. 그런데 총회 자체가 무산될 뻔했다. 회의장이 봉쇄되어 진입이 어려웠던 것이다. 150여 명의 민주청년들이 회의장 주변에서 진입하려다 경찰서로 다수가 연행되었다. 봉쇄 상황 속에서도 59명이 진입에 성공해 가까스로 총회를 열 수 있었다. 민청련 창립 때부터 참여한 유기홍의 말을 들어보자.

⋯ 저는 무림 소속이지만 일관되게 현장 중심의 준비론적인 경향을 비판했어요. 준비론적 입장이란 것이 우리나라 변혁 운동이 제대로 성공하기 위해서는 노동자 계급의 성장이 가장 중요하기에 노동 현장으로의 진출을 강조하고 있습니다. 그리고 그 밖의 투쟁들은 이 지도 계급을 강화 발전시키는 데 복무해야 한다고 얘기합니다. 그러니까 다른 운동을 종속적 위치로 삼은 거지요. 저는 그렇지 않다고 생각했어요. 이렇게 극단적인 파시즘적 상황에서는 당면 투쟁을 통해 전선을 강화하고 넓혀주는 게 노동운동 성장에도 도움이 된다는 거죠. 이런 것들을 고민하며 향후 계획을 세우고 있던 중에 이범영 선배가 찾아왔어요. 제가 81년 12월에 출소했으니 이범영 선배를 만난 것은 82년 초였어요. 이범영 선배와 여러 얘기를 나누다가 이범영 선배에게서 민청련 출범을 준비하고 있다는 얘기를 들었어요. 그 당시에는 민청련 명칭도 정확히 정해지지 않았어요. 저는 민청련 준비 과정 초기에는 겉으로 드러나지 않았고 어떤 직책을 맡거나 그러지도 않았어요. 그러다가 제가 고민하고 있던 현장론과 투쟁론의 딜레마를 해결해 줄 사람을 만나게 되었어요. 김근태 선배죠. 김근태 선배는 인천에서 노동운동을 오랫동안 진행하

면서도 늘 당면 투쟁의 전선을 강화해야 한다는 입장을 가지고 있었죠. 현장에 안 가고 그런 주장을 하는 사람들은 많았지만, 현장에 오랫동안 몸을 담그면서 그런 주장을 하는 선배가 처음 나타나니까, 바로 제가 찾던 사람이라는 생각이 들었어요. 제가 민청련 활동을 하게 된 결정적 계기였어요. 1983년 9월 30일 민청련 창립식을 성공시키기 위해 서울대 80학번 지도부에게 가투를 부탁했어요. 적의 시선을 분산시키기 위해서였어요.

실제로 민청련 총회를 성공시키기 위해 1983년 9월 30일 'IPU 악용말자', '무능 국회 비판한다'는 이슈를 걸고 종로, 방산시장, 신촌 로터리 일대에서 여러 대학이 참여한 가두시위가 벌어졌다.

고대 역시 민청련에 많은 인물이 참여했다. 긴급조치 9호 치하에서 민주청년협의회 회장을 역임했던 조성우를 비롯해 한경남(정외 68), 박계동, 서원기(심리 75), 이명식(행정 76), 이승환, 홍순우 등이 대표적이다.

이 중에서 홍순우는 민청련 활동을 하면서 고대 학생운동에 계속 관여했다. 1984년 4월에는 현철 김영수(의학 80) 등과 민청련과 학생운동의 협력 관계가 왜 필요한지에 대한 내용을 담은 팸플릿을 작성해 학내에 뿌리기도 했다. 당시 고대 학운 내부는 민청련이 학내운동에 영향을 미치는 것에 대해 경계하는 분위기였기에 홍순우 작업의 영향력이 크지 않았던 편이다.

한편으로는 거사조직에 지대한 영향을 미친 선배 그룹이 대부분

노동 현장으로의 이전이 아닌 청년운동으로 사회운동의 방향을 잡은 것을 지적하며 겨사조직의 민중운동 경시를 비판하는 목소리도 적지 않았다.

▶ 3연속 거사의 선두타자, 문과대의 11.2 시위

**처음 시도하는 거사,
한 달에 3번 시위를 벌이자!**

　　　　　　　　　　　1983년 2학기 들어 9.24 시위가 무산된 후 시위 주동에 나설 80학번이 없었다. 박상중은 박부용과 상의해 D 주동을 81학번으로 교체하기로 하고 11월 2일(수), 11월 11일(금), 11월 17일(목) 3일의 시위 계획을 잡았다. 11.2는 문과대, 11.11은 정경대, 11.17은 오픈서클이 책임지고 치고 나가는 작전이었다. 한 달에 3번 시위를 벌이는 것은 긴조 9호가 떨어져 비합법 상황이 된 이후 처음 있는 일이었다.

　문과대가 맡은 11.2 시위는 사학과와 사회학과 학회에서 각각 2명의 주동자를 내는 것으로 정했다. 박상중은 김창현과 노기영에게 11월 2일 D데이를 공유하며 주동자 선정 등의 시위 준비를 지시했다.

사학과 학회는 1982년부터 본격화되었다. 윤석환과 어미숙이 주도해 학습팀을 만들어 세미나를 진행하다 1982년 6월 사학과 학회 준비팀이 꾸려졌다. 이때 모인 81학번이 강신, 노기영, 조선희, 유재관, 이기순 등 5명인데 출신이 모두 달랐다. 강신은 자진근로반, 노기영은 기생, 조선희는 민맥, 유재관은 카생이었다. 조선희가 민맥 출신이라는 것을 아는 사람은 거의 없었다. 9월이 되어 사학과 내에 또 다른 81학번 팀이 구성된다. 이재구, 이영순, 박에스더, 최영순 등이 구성원이었다. 박에스더는 조선희와 마찬가지로 민맥 출신이었다.

6월 팀을 A팀이라 하고 9월 팀을 B팀이라 하겠다. 1983년 하반기의 사학과 학회 내의 의사결정 구조는 노기영이 외부 일을 맡고 내부 일은 조선희가 책임지는 형태였다. 노기영이 상부 즈직의 안을 받아 조선희와 먼저 상의한 후 전체 회의를 거쳐 결정하는 논의 구조인 것이다. 문과대가 책임지기로 한 11월 2일 시위 주동 건도 그 과정을 거치게 되었다.

노기영이 박상중에게서 전달받은 시위 건을 조선희와 먼저 협의한 후 A팀에서 먼저 논의를 했다. A팀 내의 친소 관계가 약간 예민한 편이었다. 강신과 노기영이 친했고 유재관과 조선희가 잘 통했으며 이기순은 중간 입장이었다. 시위 주동 선정을 논의했지만 쉽게 결론이 나지 않았다. 그래서 A, B팀을 합친 81학번 전체 모임을 소집했다. 거기서도 합의점을 찾지 못했다. 어찌 보면 학회를 이끌고 있는 노기영과 조선희가 먼저 치고 나가는 게 좋은 그림인 것 같지만 각자의 입장 차이가 있었던 것이다. 조선희와 노기영이 다소 불편한 사이였고, 조선희는 자신이 학회를 마지막까지 정리한 후에 나가겠다는 생각을 하고 있었던 것으로 보인다. 이야기가 풀리지 않자 유재관이 노기영한테 같이 하자고 했지만 노기영이 난색을 표했다. 그러자 강신이 조선희에게 함께 주동에 나서자고 제안하자 조선희도 할 일이 많다며 고사했다. 결론이 나지 않고 지지부진한 상태가 계속되다가 먼저 의견을 제시한 유재관과 강신 두 사람이 나가는 것으로 결정되었다.

한편 사회학과에서 주동 건을 해결해야 하는 임무를 띤 김창현이 신수현을 만났다. 신수현을 만나 김창현 자신이 D를 치고 나가겠다고 이야기했다. 그러자 신수현은 "그건 안 된다. 왜냐하면 우리 사회학과 학회 조직이 살아남으려면 너 같은 놈이 꼭 있어야 된다. 너는 정경대와도 연결되어 활동하고 있으니 너는 꼭 있어야 된다. 너는 지금 치고 나가면 안 된다. 이번에는 내가 D를 치고 나가겠다." 이렇게 해서 신수현으로 결정되었지만 나머지 1명의 주동자를 구하는 문제는 쉽게 해결되지 않았다.

사회학과 81학번 중에 치고 나갈 인적 자원이 그렇게 많지가 않았다. 오픈서클에 있다가 학회 활동을 하는 동기를 열심히 설득했지만 O.K 사인을 보내지 않았다. 신수현이 강신, 유재관과 처음 만나는 카페에 그 친구를 데리고 나갔다가 그 자리가 D 준비모임이라는 것을 알고 그 친구가 분개하면서 자리를 박차고 나가버렸다. 결국 11.2 D팀은 3명으로 정해졌다.

D팀이 3명으로 확정된 후 박상중과의 만남이 있었다. 다들 박상중과 첫 대면이었다. 유인물 내용에 대한 서로 의견을 교환했다. 유인물은 각자 쓰고 싶은 부분을 써서 취합하는 방식으로 했다. 등사판은 유재관과 강신이 구했고 철필로 쓰는 것과 유인물 미는 작업은 신수현이 여관방 하나를 잡아 도맡아 처리했다. 유인물은 노랑색, 빨강색, 파란색, 흰색 네 가지 색을 활용해 눈에 띄게 제작했다. 전술은 신수현이 홍보관 철탑에 올라가고, 강신이 홍보관 앞에서 유인물 뿌리며 선동하고, 유재관은 중앙도서관 앞에서 시위 주동을 하는 것으로 정했다.

3시간 넘게 버텼던
신수현의 과학도서관 고공 시위

11월 2일이 되었다. 신수현이 교문 앞에 도착했을 때 성북서 형사들이 쫙 깔려 있었다. 신수현은 정보가 미리 샌 것이 아닌지 걱정하면서 교문 앞을 통과했다. 등에 멘 가방에 유인물 수백 장을 넣었고 담배 2갑과 에프킬라 그리고 라이터도 들어 있었다. 에프킬라는 형사들 접근 방지용 분사기로 쓸 용도였다. 그리고 핸드 마이크도 준비했다.

성북서 형사들은 다리가 불편한 신수현이 D를 칠 거라고는 전혀 예상하지 못했다. 교문 앞을 유유히 통과한 신수현이 홍보관 앞에 도착하니 문이 닫혀 있었다. 전날까지 열려 있던 문이 닫힌 것이다. 철탑으로 올라갈 수가 없었다. 순간 당황했지만 마침 전령 역할을 하던 이재권이 왔다. 신수현은 이재권에게 빨리 시위 장소를 바꾸자고 얘기했다.

이재권이 과학도서관에서 하자고 수정 제안을 했다. 신수현이 급히 과도관으로 이동했다. 그사이에 이재권이 과학도서관에 신수현이 고공투쟁을 할 수 있는 장소를 물색했다. 그리고 과도관 5층 화장실로 올라오라는 연락을 전했고 신수현이 곧장 5층 화장실에 도착했다. 화장실 창문을 통해 1명이 겨우 베란다로 나갈 수 있었다. 그런데 베란다 폭이 좁고 보호 펜스가 없었다. 이재권이 만류했다. "야 수현아! 너무 위험하다. 베란다 폭이 너무 좁고 몸을 보호할 펜스도 없다. 잘못하면 떨어지기 십상이다. 여기서 하지 말고 다른 데를 알아보자." 하지만 신수현은 말을 듣지 않았다. 신수현은 5층 베란다에 걸터앉아 고공 시위를 시작했고 무려 3시간 넘게 버텼다.

신수현은 높은 데서 아래를 내려봐도 전혀 공포심을 느끼지 않았다. 고소공포증이 전혀 없었던 것이다. 좁은 베란다에 앉아서 준비한 담배 두 갑을 다 피웠다. 그리고 성북서 형사들이 다가오면 에프킬라 분사기로 화염을 날려 보냈다. 1층에는 매트리스를 깔고 투신에 대비했다. 신수현은 평소에 사회학과 학회 후태들과 술 먹으며 공약한 적이 있다. "내가 만약 데모 주동을 하면 나는 담배 두 갑 다 피울 때까지 안 내려온다." 그 공약대로 신수현은 담배 두 갑을 다 피울 때까지 고공에서 버텼다. 신수현이 5층에서 내려다보니 페퍼포그에서 뿜어낸 연기가 마치 꽃구름처럼 그렇게 아름다울 수 없었다고 했다. 신수현이 과도관으로 이동할 무렵 강신은 홍보관 앞에서 유인물을 뿌리며 동을 떴다. 당시 상황에 대한 강신의 증언이다.

⋯ 그때 홍보관 앞 매점 앞에서 모여 유인물을 뿌리고 구호를 외쳤어요. 그리고 함께 동원된 학생들과 스크럼 짜고 민주광장을 돌았는데, 그때 저는 거기서 당연히 잡힐 거라고 생각했어요. 근데 놀라운 일이 벌어진 겁니다. 학생들의 전투력이 상상 이상이었어요. 스크럼을 짜고 돌 때 당연히 백골단 애들이 뛰어들었어요. 그때였어요. 갑자기 교양관 쪽에서 애들이 배낭에서 돌들을 쏟아내면서 투석전이 벌어졌어요. 어떤 애들은 교양관 화장실 변기를 뜯어서 던지는 거예요. 그러자 짭새들이 도망을 갔어요. 처음으로 짭새들이 쫓겨간 거죠. 그런 다음에 신이 나서 서관 앞을 지나서 중앙도서관으로 갔지요. 중앙도서관 앞에 도착하니 유재관이 구호를 외치면서 동을 뜬 게 보였어요. 함께 합류해서 경영대 쪽으로 내려가다 전경들에게 밀려 다시 경영

1983년 11월 2일 과학도서관에서 신수현(사회 81)이 고공 시위를 벌일 때의 광경이다. 마침내 애기능 캠퍼스도 학생운동 격전지가 되었다. 신수현은 무려 세 시간 이상을 버티며 저항했다.

대 쪽으로 들어갔어요. 거기서 사학과 학회 83학번 후배하고 옷을 바꿔 입었어요. 그 후배가 저하고 체격이 비슷하고 안경도 끼고 있었거든요. 그 후배가 교문을 나서다가 잡혀서 성북서에서 꽤 고생했다고 들었어요. 저는 그 후배 덕에 무사히 노기영과 같이 경영대 뒤쪽으로 튀었어요. 유재관은 따로 튀었지요. 그날 노기영과 하룻밤을 보내고 다음날 상중이 형과 재관이를 다시 만났어요.

신수현은 3시간 넘게 고공시위를 하면서 성북서 형사들을 괴롭혔고, 주동을 뜬 다른 두 명이 잡히지 않고 도망을 간 터라 성북서 형사들의 집중적인 고문을 피할 수 없었다. 신수현은 그때를 이렇게 얘기한다.

··· 일단 들어가자마자 엄청 맞았죠. 고춧가루 탄 물고문까지 당했어요. 물고문보다 더 힘든 게 잠을 안 재우는 것이었어요. 첫째로 물어보는 게 도망간 주동들 소재지였어요. 그런데 제가 두 사람의 소재를 모르잖아요. 그리고 또 집요하게 물어보는 게 배후가 누구냐는 것이었지요. 고문실이 시커먼데 제가 앉은 자리에서 꼬박 졸고 있으면 툭 치면서 영화에서처럼 헤드라이트를 강하게 쫙 비춰요. 그렇게 사흘을 당했지요. 애들이 도망간 곳을 내가 알아야 불지요. 그리고 배후에 대해서는 "내가 했다고, 내가 배후다."라고 하면서 끝까지 버텼어요. 나흘째부터는 좀 고문 강도가 약해져 버틸 만하다는 생각이 들었어요.

두고두고 한스러웠던
뜻밖의 강제징집

11월 2일 시위에서 김창현이 동기 81학번이 첫 주동하는 시위를 지켜보다 그만 참지 못하고 시위대열에 참가했다. 그것이 화근이 되었다. 시위가 끝나고 교문을 통해 나가다가 그만 이강수에게 잡혔다. 김창현은 이미 요주의 인물이었다. 3.7 사건 때도 이름이 거론되었지만 도바리를 치는 바람에 성북서 조사를 피할 수 있었다. 여름방학 때도 지도휴학 17명 명단에 들었다가 집단 항의로 학교에서 계획을 취소하는 바람에 강집을 피했다. 이강수는 문과대를 움직이고 있는 핵심 81학번으로 김창현을 일찍부터 주목하고 있었다. 그런데 이강수 눈에 시위대열에 참여한 김창현이 눈에 띈 것이다. 이강수는 기회다 싶어 바로 연행해 김창현을 3일 만인 11월 4일에 강제징집했다.

아무도 만나지 못하고 군대에 강제로 끌려가 모든 행동과 사고가 제약된 상태에서 일거수일투족 감시받는 군대 생활은 지옥 같은 고통의 연속이다. 시위를 해서 경찰에 잡혀 고문받고 감옥살이를 하는 것도 힘들고 어려운 길이지만 오히려 그 길은 자신의 결단이라는 자기결정으로 가시밭길을 걷는 행위라 할 수 있다. 하지만 강제징집은 자신의 의지와는 전혀 관계없는 국가폭력에 의해 강제되는 것이기에 더욱 고통스러운 일이다.

더욱이 김창현은 81학번 문과대 지도부 일원으로 82학번 문과대 지도그룹 관리와 더블 포스트 노기영과의 관계 정리 등 처리해야 할 일들이 많았다. 이를 제대로 해결하지 못한 채 모든 것이 하루아침에 단절되는 절벽 앞에서 더욱 좌절감을 느꼈다. 리더 위치에 서면 더욱 냉정하게 처신해야 했는데, 그러하지 못한 게 두고두고 한스러웠다. 너무나 고통스러웠던 강제징집에 대한 김창현의 생각을 들어보자.

••• 1987년 서울남부지역노동자동맹(남노련) 사건 때 전기고문까지 받고 감방에 갇힌 적이 있어요. 심각한 국가폭력이었지만 제 소신을 가지고 감옥행을 각오하고 전두환 군사독재정권과 싸웠기 때문에 자부심 같은 게 있었어요. 내 갈 길을 갔다는, 일종의 소명의식 같은 것도 있었고요. 그런데 강제징집은 전혀 그런 게 없었어요. 제가 갈 길을 간 것도 아니고 가려고 한 길도 아니었어요. 징집 영장도 없는 상태에서 군대 가고자 하는 의지가 전혀 없는 사람을 끌고 가서 빨갱이라고 그렇게 모욕을 주었어요. 그러니까 저를 고참들에게 던져놓은 거예요. 고참들에게 모욕당하고 조리돌림을 당한 거죠. 제가 옳다고 믿는 믿음 그 하나 때문에 조리돌림을 당하고 두드려맞는 엄청난 군대 내 폭력을 당한 거죠. 그리고 군대를 갈 때 하던 일에 대한 정리도 전혀 없이, 사랑하던 연인하고 헤어지는 의식조차 없이, 부모님 얼굴도 한 번 못 보고 간 거예요. 심정이 어떠했겠습니까? 저는 감옥 가는 것보다 훨씬 힘들었던 게 강제징집이었어요.

김창현이 11.2 시위 건으로 강집을 당할 때 김창현처럼 강집 위기에 처한 한 사람이 있었다. 그런데 학생 아버지가 입대동의서에 끝내 도장을 찍지 않아 강집을 피하게 되었다. 고대에서 처음 있는 사례였다. 그 주인공은 사학과 82학번 성정헌이다. 성정헌의 증언이다.

••• 저는 원래 스크럼 대열에서도 빠지기로 하는 등 아무 역할도 맡지 않았어요. 그런데 11월 2일 시위가 12시 50분에 시작하기로 되어 있었는데, 12시 30분경 학생회관에서 홍보관 쪽으로 걸어오는 학과 선배 강신 형을 만난 거예요. 형이 저를 보자 다가오더니 저에게 자기 옆에 있어 달라고 하는 거예요. 저는 당시에 사학과 언더에서 붙잡히면 안 되는 역할이 있었는데, 옆에 있어 달라니까 어떻게 해요. 그래서 스크럼 맨 앞줄에 있게 된 거죠. 그리고 강신 형 옆에서 사진이 찍힌 거죠. 그 길로 바로 도바리치는 수밖에 없었어요. 3.7 사건 때 이미 명단이 털린 터라 바로 제 이름이 드러났죠. 아버지가 성북서에 불려갔어요. 사진이 너무 뚜렷하게 나와서 아버지가 저에게 "사진 잘 나왔네." 하시며 반농담까지 하셨어요. 도망 다니다가 한 달 뒤에 성북서에 가서 많이 맞았어요. 성북서에서 바로 군대에 보내려 했어요. 아버지를 불러서 입대동의서에 도장 찍고 군대 보내라고 했는데, 저희 아버지가 입대동의서에 도장을 끝내 찍지 않았어요. 그 덕분에 제가 강제징집을 안 당했어요. 두고두고 아버지에게 감사해요.

정경대 소속의 김두황이 문과대 81학번 지도부 학습에 참여시킨 이는 김창현이 유일하다. 정경대 4인 코어처럼 문과대도 4인 정도를 묶어야 했는데 김두황이 그럴 여력이 없었던지 그 작업을 하지 못했다. 대신 1983년 3월부터 한선모가 김두황으로부터 바통을 이어받아 문과대 81학번 코어 만드는 작업을 착수했다. 여기에 김창현, 신수현, 노기영, 김경랑, 이명옥(중문 81)이 한 팀으로 묶일 예정이었다. 하지만 이 모임을 조직해 학습을 시작하기도 전에 3.7 사건이 터지면서 명단이 드러났다. 결국 문과대 코어 작업은 수포로 돌아가고 말았다.

이후 문과대 81학번 지도부는 김창현과 노기영 더블 포스트 체제로 운영되었다. 82 지도부 구성은 김창현과 노기영에 의해 별도로 준비되고 있었다. 김창현이 문과대 82학번 코어로 김봉환, 한덕승(철학), 황정옥(사회) 등을 개별적으로 만나고 있었고, 노기영은 사학과 코어로 성정헌과 권삼웅을 지도하고 있었다. 이 부분이 조정이 되지 못한 채 김창현이 돌연 강집을 당하면서 문과대 82 지도부 작업을 노기영이 혼자 맡게 되었다. 김창현의 갑작스러운 강집으로 인해 겨사조직 입장에서는 문과대를 움직일 핵심 멤버가 사라져 버린 것이다. 노기영과 이야기를 해야 하는데 이 부분이 김창현이 있을 때처럼 원활하지 않았다. 여기에서 여러 문제가 발생했다. 그리고 이 문제는 1984년 9월의 문과대 린치 사건으로 이어진다.

▶ 11.11 시위,
"이번에는 정경대가 책임지겠다!"

81학번 안성주와
김원수가 주동으로 나섰다

문과대가 책임진 11.2 시위의 바통을 받은 11.11 시위 주체는 정경대였다. 정경대는 박부용이 움직였다. 신방과의 이재권과 먼저 상의했다. 이재권이 시위 주동 후보자를 생각하면서 가장 먼저 떠올린 이는 신방과 81학번 동기 안성주였다. 자초지종을 설명했을 때, 안성주는 80학번이 더 이상 책임을 질 수 없다면 자신이 나가겠다고 선선히 나섰다. 당시 안성주는 현철을 떠나 신방과 학회 활동에 주력하고 있었다.

다음은 정외과 차례였다. 박부용이 김현배와 김원수 3자 회의를 열었다. 박부용은 80학번이 더 이상 책임지지 않는 사태를 성토하고, 11.2 시위를 문과대가 책임졌으니 11.11 시위는 정경대가 책임져야 한다고 설명했다. 그러면서 정경대 핵심 학과인 정외과에서 주동자 한 명이 나와야 한다고 얘기한 뒤 자신은 할 일이 많아 이번에는 나가기가 힘들다고 했다.

 김원수는 내심 83학번 RP를 모두 책임지고 있는 자신보다 맡고 있는 일이 뚜렷하지 않은 김현배가 적임자라 판단했다. 하지만 김현배는 개인 사정상 나설 수 없다고 했다. 김원수는 잘 크고 있는 83학번들을 확실하게 키워 학회를 더욱 탄탄하게 만들려면 자신이 남아 있어야 하기에 이번 타이밍은 아니라고 생각했지만, 주동으로 나갈 사람이 없는 와중에 두세 번 이야기를 반복하는 게 소모적이라 여겨 자신이 나서겠다고 답했다.

 그다음은 경제학과 차례였다. 정경대의 주력 학과인 경제학과에서 주동 한 명이 나오지 않는 게 이상할 정도였다. 이번에는 경제학과 80학번인 박상중이 직접 나서 임선수를 만났다. 박상중은 임선수에게 시국 상황을 설명하며 연말이나 몇 달 후면 나올 수 있다며 임선수를 설득했다. 임선수는 제안을 받고 김현민과 상의를 했다. 김현민은 임선수가 정경대 편집국 일을 할 때 제일 친하게 지냈고 속마음을 털어놓을 수 있는 정경대 학생장이었다. 김현민은 임선수 얘기에 곧바로 자신의 생각을 밝힐 수 없다고 판단해 임선수를 데리고 선배 이동석을 찾아갔다. 이동석은 전임 정경대 학생회장으로 김현민, 임선수, 김원수를 한 팀에 묶어 1년 이상 세미나 학습을 지도한 선배다. 당시 이동석은 일본 유학 준비로 밖에 나오지 않고 집에 칩거하고 있던 상태였는데, 이동석의 논현동 집으로 두 사람이 밤중에 찾아간 것이다. 그 자리에서 이동석과 김현민은 이구동성으로 "일단은 남아 있는 게 좋겠다. 다음 기회에 치고 나가라."라고 조언했다. 이에 임선수는 박상중을 다시 만나 "제가 정경대 편집국에서 정리해야 될 것이 많아서 일단은 좀 더 있겠습니다."라고 거부 의사를 전달했다.

임선수의 고사로 11.11 시위는 2명이 주동하는 것으로 확정되었다. 김원수는 유인물 제작에 필요한 등사판을 사러 갈 때 경험이 있는 유재관의 도움을 받았다. 도바리를 치고 있던 유재관과 눈발이 날리는 영등포 시장을 돌아다니며 등사판(가리방)을 구입했다. 그리고 잉크 등의 물품을 구비한 후 월곡동 자취방에서 유인물을 혼자서 만들었다. 여자인 안성주와 둘이서 여관방을 잡고 작업을 할 순 없었기에 따로 작업을 하기로 했다. 유인물 원고를 작성하고 원지에 타이핑하는 것 등은 안성주가 집에서 작업한 후 김원수에게 전달하기로 했다.

김원수는 자취방에서 유인물 몇백 장을 혼자서 밀다가 몸살이 날 정도로 고생했다. 유인물이 잘 보이게 하기 위해 너무 힘을 쓴 결과였다. 선명하게 보이려면 잉크도 잘 묻혀야 하고 밀 때도 힘을 골고루 잘 써야 했다. 다 밀고 나서 백지도 남고 등사지도 한 장 남아서 어떻게 할까 고민하다 8절지를 반으로 잘라서 거기에다 '파쇼 타도'라는 네 글자만 크게 인쇄했다. 자취방이 골목길에 바로 붙어 있어서 혹시 잉크 냄새가 밖으로 퍼져나갈까 싶어 바깥에 나가 냄새를 맡아보기도 했다. 또 사람 지나가는 소리가 나면 잠깐 멈추었고 바깥 소리에도 계속 신경을 쓰며 작업을 했다. 안성주가 학교에서 뿌릴 유인물은 하루 전날 전달했다. 시위 전술은 학내 홍보관 건물 위에서 안성주가 유인물을 뿌리며 선동하기로 했고, 김원수는 학내에서 동 뜨지 않고 청량리 연합가투에서 주동으로 나서기로 했다.

치열했던 홍보관 시위와 청량리 연합가투

11월 11일, 안성주가 학생회관과 교양관에 유인물을 뿌린 후 홍보관 3층으로 올라갔다. 그리고 3층 난간에서 홍보관 아래와 민주광장 쪽에 있던 1천여 학우들을 향해 유인물을 뿌리며 선동했다. 안성주는 동을 뜨기 며칠 전 신방과 학회에서 같이 활동하는 절친 이화실에게 11월 11일 홍보관에서 보자고 얘기하며 D 주동으로 치고 나갈 것을 넌지시 알렸다. 약속 당일 안성주는 어머니와 오빠, 언니에게 주는 편지를 이화실에게 전했다. 이화실은 재빨리 가방 안에 편지를 넣고 안성주와 작별 인사를 했다. 더 이상의 말이 필요 없었다.

이화실이 1층으로 내려와 홍보관을 빠져나오려 할 때, 이미 홍보관 입구에서 성북서 형사들이 진을 치고 건물 안에서 나오는 학생들을 다 잡을 기세였다. 이화실이 순간 기지를 발휘했다. 이화실 눈에 홍보관을 빠져나가는 김경동 교수가 보였다. 급히 달려가 교수의 팔짱을 끼면서 "교수님! 저를 보호해주세요!" 하고 얘기한 뒤 태연하게 걸어 나왔다. 무사히 편지를 들고나온 이화실은 안성주 구속 후 안성주 언니를 만나 편지를 전달했다. 안성주에게는 오빠 둘, 언니 한 명이 있었다.

한편 김원수는 여러 대학이 연합한 청량리 가투에서 주동으로 떴다. 고대를 비롯해 경희대, 성대, 외대가 참여한 이 연합가투는 레이건의 방한(1983.11.12~14)을 앞두고 전두환 군사정권을 옹호하는 미 대통령 레이건의 행보를 규탄하는 시위였다. 김원수가 주동으로 나설 때 자신이 학회에서 공들여 키운 83학번 후배들이 보디가드가 되어 든든하게 지켜주었다.

김원수는 후배들에게 "야, 얘들아 앞장서야 안 잡힌다!"라고 호기롭게 외치며 독려했다. 그러면서 속으로 자신이 키운 후배들이 너무나 고마웠고 그렇게 든든할 수가 없었다. 이 연합가투에서 손효신(국문 82)이 청량리경찰서에 연행되어 2주 구류를 살았고 이후 학교 당국으로부터 유기정학 처분을 받았다. 이 시위에서 연행된 고대생 가운데 유일하게 학교로부터 징계를 받은 것이다. 손효신의 얘기를 들어보자.

1983년 11월 11일, 홍보관 3층에서 안성주(신방 81)가 유인물을 뿌리며 "학우여!"를 외치고 있다. 안성주가 유인물을 뿌리는 그 순간을 절묘하게 포착한, 고대 학생운동사를 빛낸 1983년 11월 투쟁을 상징하는 사진이다.

… 저는 경희대 앞쪽에서 잡혔어요. 상당히 큰 연합가투였어요. 경희대, 외대, 성대와 같이하는 연합가투로 기억해요. 한 5백 명이 넘는 학생들이 모였던 것 같아요. 백골단이 길 한쪽을 막고 학생들을 다 잡았어요. 그래서 청량리서로 백 명 넘게 잡혀 왔어요. 저는 시위 도중에 잡혀서 조사받을 때 그냥 시위했다는 것을 인정했어요. 근데 다른 고대 남자애들은 전부 구경하다 잡혀 왔다고 잡아뗐어요. 그래서 고대 남자애들은 전부 훈방으로 나갔어요. 제가 대응을 좀 잘못한 거지요. 그래서 구류를 오래 살았어요. 그때 성대의 어느 여학생이 같이 구류를 살았던 게 기억이 나네요.

11.11 시위 때 강신과 유재관은 알리바이 문제 때문에 교내에 들어오지 않았고 청량리 연합가투에도 참여하지 않았다. 고대 학생운동사에서 한 달에 세 번 D를 치기는 처음이었다. 2주에 3번의 시위를 벌이는 일이었다. 게다가 11.2 시위에서 주동 2명이 잡히지 않았고, 11.11 시위 때에도 주동자 1명이 경찰의 검거를 피했다. 그런 이유로 성북서는 대단히 화가 나 있었고 형사들은 독을 품고 있었다. 이 같은 상황에서도 성북서와의 일대 격전을 피하지 않았다. 3연속 시위의 마무리인 11.17 시위는 오픈서클의 몫이었다.

▶ 멋진 피날레,
가두시위까지 성공시킨 11.17 시위

어려운 결정, 무엇이 더 중요한가?

두 단과대에서도 그랬지만 가장 먼저 결정해야 하는 것은 주동자 선정이다. 오픈서클 3명 주동자를 정하는 원칙은 이랬다. 4층 종교 서클 3곳(카생, 기생, 고불회)에서 1명, 민연과 스피치에서 1명, 3층 오픈서클에서 1명을 차출하는 것이다. 이 중에서 3층 오픈서클은 회장단 모임을 열어 주동자 선정 문제를 논의했다. 박선희의 기억이다.

··· 제가 속해 있던 여연은 워낙 역량이 약하고 사람이 적어 일단 제외했어요. 당시 오픈서클에 81학번이 상당히 많은 편이었어요. 하지만 3학년이

치고 나가는 게 좀 이르다고 느꼈는지 다들 눈치를 좀 보면서 망설이는 분위기였어요. 하지만 누군가는 나가야 한다는 걸 알고 있었죠. 문득 빨리 들어가고 싶다는 생각이 들었어요. 여연을 좀 돌봐야 한다는 생각도 있었지만 그보다 중요한 게 이번 시위라고 판단했고, 빨리 치고 나가서 현장에 들어가야겠다는 생각이 강했어요. 그래서 애들이 뭐 어쩌고저쩌고 하는 틈에 제가 나가겠다고 손을 들고 그 자리를 나왔어요.

박선희는 본래 고불회 출신으로 2학년 때 여연으로 옮기면서 3층 멤버가 되었다. 박선희는 여연의 81학번이 자신뿐이고 2학년 2명만 있는 여연 내부 사정을 고려해 4학년 1학기까지는 남아 있는 게 필요했지만, 그런 것까지 고려해서는 아무것도 할 수 없다고 생각했다. 박선희가 자원하며 손 들고 나간 후에 박상중으로부터 연락이 왔다. 박선희는 시내 카페에서 박상중과 만난 자리에서 11월 17일 시위 주동 의사를 분명하게 확인해 주었다.

또 다른 시위 주동에 나선 이는 스피치의 정용화다. 김관이 1983년 1학기 스피치 회장을 하다 등록금 마련을 위해 서산에 생선 장수를 하려고 휴학하는 바람에 정용화가 2학기 회장이 되었다. 정용화는 자신이 D를 치고 나가겠다는 사실을 스피치 동기 박부용에게도 알리지 않았다. 정용화가 자원했다는 소식을 뒤늦게 들은 박부용 역시 동기 81학번들에게 시위 주동을 권유하는 난처한 입장이라 다른 말을 할 수가 없었다.

정용화는 교육자 집안의 귀한 외아들이다. 아버지는 교장을 역임하고 교육감까지 하신 분으로 독실한 크리스천이었다. 어머니는 큰딸과 작은딸 사이에 얻은 하나뿐인 아들 정용화를 특별히 애지중지 키웠다. 그렇게 금이야 옥이야 키운 아들이 데모 주동을 했다는 자체가 어머니에게는 커다란 충격이었다. 정용화 집안도 부유한 편이었고 외모 역시 곱상하게 생긴 터라 귀티가 나는 학생이었다. 그래서인지 정용화는 평소에 "쁘띠 부르주아로 살지 않겠다."라는 말을 자주 했다. 성격은 상당히 내향적이고 말 자체가 별로 많지 않았다. 자신의 선택과 결정을 누구와 상의하기보다 스스로 정하고 실천하는 정용화의 면모가 여실히 드러난 것이 11.17 시위 주동의 자원이라 할 수 있다.

마지막 주자 박은홍(사학 81)은 기생 언더 출신이다. 기생에서는 애초에 다른 81학번을 선정했지만 날짜가 임박해 출전선수가 박은홍으로 급히 바뀐 것이다. 주요하게는 군대 문제를 해결하기 위해 자신이 치고 나가겠다는 박은홍의 의지가 강렬했기 때문이다. 박은홍이 강한 의지를 내비치자 김덕균은 그 결기에 감탄하며 선수 교체를 박상중에게 통보했다.

박선희가 박은홍과 첫 만남에 대해 "우리가 전전날인가 처음으로 걔를 봤을 거예요. 그전에는 은홍이 자체를 전혀 알지 못했어요."라고 언급하는 것을 보면 박은홍이 '때를 기다리고 있던 조용한 투사'였던 모양이다.

11.17 시위의 가장 큰 특징은 동시다발 전술이었다. 교양관, 문과대, 이과대를 동시에 치는 작전을 채택한 것이다. 그리고 학교에서 주동이 안 잡히면 동대문운동장 근처 계림극장 앞의 연합가투에 합류하는 것이 작전의 핵심이었다. D데이가 되어 원래 계획대로 박은홍이 먼저 교양관에서 시위를 알리는 구호와 함께 동을 떴다. 그런데 함께 동을 뜨기로 한 정용화가 시위 현장에 나타나지 않았다. 그 상황에 대해 박은홍은 이렇게 기억했다.

··· 원래 용화랑 같이 뜨기로 했는데 시간이 되었는데도 용화가 안 보이는 거예요. 나중에 성북서에서 알게 되었어요. 용화가 유인물을 갖고 교문으로 들어오다가 성북서 형사한테 걸린 거예요. 그러니까 용화는 유인물을 뿌리지도 못하고 성북서로 연행된 거죠. 저는 할 수 없이 혼자서 유인물 뿌리고 스크럼 짜고 계속 돌고 하다가 연행되었고요.

박은홍과 비슷한 시각에 문과대 앞에서 동을 뜬 박선희는 11.17 시위 양상에 대한 흥미로운 에피소드를 전한다.

··· 그날 동시에 치니까 성북서 형사들이 주동에 대한 정보 파악을 제대로 못 한 채 허둥댄 것 같아요. 제가 동을 뜨고 난 후 놀랍게도 성북서 형사들 뒤에 서게 됐어요. 형사들이 박선희가 뜬다는 것은 파악하고 있었어요. 그런데 제가 형사들 뒤에서 따라갔는데 저를 알아보지 못하는 거예요. 왜냐하

면 제가 맨날 청바지에다가 위에는 빨간 옷만 입고 다녔거든요. 근데 그날은 청바지에 까만 옷을 입고 갔어요. 그래서 그랬는지 얘네들이 전 줄을 몰랐어요. 그래서 제가 성북서 형사 바로 뒤에 떨어져 있을 때 무전기로 주고받는 말까지 다 들었다니까요. "청바지에 빨간 옷 입은 여자애 없다, 오버!" 그 엄숙한 상황에서도 웃음이 나왔던 순간이었어요.

계림극장 앞 연합시위에
고대생이 속속 집결하고

강신과 유재관도 11.17에 참가했다. 계속적인 도피 생활도 힘들고 돈도 없는 상태라 '오늘은 무조건 잡힌다.'는 생각으로 교내에 잠입해 시위에 뛰어들었지만 이 날도 잡히지 않았다. 강신은 교내 시위가 정리될 무렵 교내를 무사히 빠져나와 계림극장으로 향했다.

유재관은 교내 시위에 참가했다가 후배들과 학교를 빠져나가는 과정에서 높은 데서 뛰어내리다 다리를 접질리는 부상을 당했다. 발목이 금방 부어올라 후배 부축을 받고서야 겨우 걸음을 옮길 수 있었다. 계림극장 가투 참가는 불가능한 일이었다. 기생 언더 출신으로 1986년 김윤태 총학생회에서 기획부장을 했던 황일민(사회 83)은 1학년 때 경험한 11.17 시위를 생생하게 기억했다.

••• 은홍이 형이 주동으로 나가기 전에 우리가 세미나 하는 곳에 한 번 왔어요. 그때 편지 두 장을 나눠줬어요. 하나는 우리 셀(학습 소모임) 지도를 하던 82학번 윤성학 형에게 주는 편지였고, 또 하나는 우리 1학년들에게 주는 편지였어요. 후배들에게 바라는 형의 바람과 당부 등을 적은 편지였어요. 그리고 11월 17일에 뿌릴 유인물 내용을 가지고 세미나 지도를 딱 한 번 해줬어요. 세미나 후에 경희대 앞 주막에서 은홍이 형하고 술 한잔했어요. 들어가기 전이었죠. 11월 17일 그날 저희들은 홍보관 앞에 대기하고 있고 은홍이 형은 교양관에서 튀어나와 선동하는 것으로 되어 있었어요. 교양관에서 은홍이 형이 나오면 홍보관에서 대기 중이던 인원이 합류해 민주광장을 빙빙 돌면서 시위하는 전술이었어요. 그래서 저는 시간에 맞추어 홍보관에서 기다리고 있는데 교양관 앞에서 "학우여!" 하는 소리를 들었어요. 그런데 유인물이 보이질 않는 거예요. 은홍이 형이 가방을 열고 유인물을 뿌리며 "학우여!" 하고 소리쳐야 했는데, 가방 자크를 열지 않고 "학우여!" 했던 거죠. 그래서 선두에 있던 이근수 형을 포함한 82형 몇이 가방을 열어서 대신 유인물을 뿌렸어요. 그렇게 시위가 시작되었지요. 민주광장을 빙빙 도는데 주동이었던 은홍이 형이 세 번째인가 네 번째 줄에 있었어요. 그래서인지 경찰도 주동이 누구인지 몰랐던 겁니다. 그러자 안달이 났던지 경찰이 민주광장에 있던 애들 한 100명 넘게 몽땅 잡아갔어요. 저는 민주광장에서 빙빙 돌 때 사과탄이 제 다리 밑에서 터졌어요. 그때는 피 나는 줄도 몰랐는데 애들이 피가 난다 해서 보니 피가 보이더라고요. 그날 마침 교련 시간이 있어서 가방에 있던 교련복으로 갈아입었어요. 나중에 X레이 찍어봐도 나오지도

않았어요. 너무 작은 게 박혔던 모양이에요. 그날 성북서 잡혀갔는데 은홍이 형이 엄청 맞는 거를 봤어요. 제 앞줄에 개인적으로 친한 고향 선배 김형욱 형이 있었는데, 그 형이 성북서에서 심하게 맞는 것도 지켜봤어요. 잡혀 들어온 사람들 모두가 매타작을 당했는데 운이 좋았는지 딱 제 앞에서 그게 끝났어요. 그러고는 나가래요. 밤 12시가량 되어서 주동이들 다 잡히는 바람에 저는 매타작 당하지 않고 훈방되었어요.

학내 시위를 마치고 원래의 계획대로 계림극장 앞 연합시위에 고대생이 속속 집결했다. 그 인원이 200명 정도 되었다. 경찰에 체포되지 않고 살아남은 주동자 중 유재관만 빼고 강신, 김원수, 박선희가 다 모였다. 김원수가 맨 선두에서 동을 뜨고 강신이 대열 중간에서 뛰고 박선희는 대열 후미에서 따라갔다. 계림극장은 동대문운동장 맞은편 을지로6가 쪽에 있었다. 계림극장 앞에서 200여 명의 가두시위가 벌어졌는데도 희한하게도 전경이 전혀 보이지 않았다.

김원수가 대열을 시내 방향으로 이끌었다. 계림극장에서 을지로5가 쪽으로 조금 뛰어가니 현재의 국립중앙의료원 자리에 서울신문 임시 사옥이 보였다. 1982년 4월부터 구사옥을 헐고 프레스센터 건물의 재건축에 들어갈 때, 서울신문 임시 사옥을 국립중앙의료원 자리에 마련했던 것이다.

을지로5가를 지나던 김원수의 눈에 서울신문이라는 간판이 보이자 순간적으로 악질적인 전두환 찬양지 서울신문을 응징해야 한다는 생각이 들었다. "여러분! 전두환 찬양지 서울신문을 응징합시다!" 하니까 대열에서 나온 학생들 10여 명이 돌을 찾아 서울신문을 향해 던졌다. 갑자기 돌이 날아오자 서울신문 1층 수위들이 기겁하며 숨고 난리가 났다.

서울신문사 타격은 적지 않은 사안이었다. 이 소식이 바로 중앙에 보고되었고 성북서 형사들이 치안본부로부터 심한 질책을 받았다는 후문이다. 시위대열이 구호를 외치면서 을지로2가까지 뛰어갔을 때 그때에서야 전경들이 나타났다. 전경들이 보이자 김원수가 해산명령을 내렸다. 그런 후 강신, 박선희와 함께 박상중과 만나기로 한 남영동으로 이동했다.

보안 문제를 소홀히 한 대가, 주동자 전원의 연행

강신, 김원수, 박선희가 도착한 곳은 남영동의 어느 호프집 2층 골방이었다. 박상중과 박부용 외에 문연 회장 김진희(국문 81)와 경철 회장 김계순(수학 81)도 와 있었다. 박상중은 주동들이 계속 잡히지 않고 도피 생활을 해야 하는 상황에서 그 자금을 지원하기 위해 김진희에 도움을 요청했고, 급히 돈을 마련한 김진희가 김계순과 동행해 남영동에서 만나게 된 것이다. 박상중은 2주 동안 3번의 시위를 지휘하면서 마지막 시위인 11.17 시위의 성공에 한껏 고무되어 있었다. 그래서 체포되지 않고 살아남은 주동자들에게 맥주잔을 들어 자축 건배를 제안했다. 이 상황을 지켜보던 강신은 당황스러웠다.

··· 상중이 형을 만나러 갔을 때 그 자리에 다른 친구들이 있어 놀랐어요. 솔직하게 얘기하자면 좀 마음에 안 들었어요. 이 형이 미쳤나 싶었어요. 보안이 얼마나 중요한데 관련 없는 애들을 왜 불렀는지 이해가 되질 않았어요. 알리바이를 어떻게 맞추려고 그랬는지 걱정이 앞섰지요. 어쨌든 저는 황당한 기분이었어요.

강신의 지적처럼 박상중이 보안 문제를 소홀히 여긴 대목이 있다. 박상중이 남영동이란 자리에서 너무 자주 약속을 한 것이다. 교내 시위를 하다 잡힌 박은홍과 정용화도 알고 있는 장소였다. 주동이 들어가면 분다는 것을 전제하고 후속 장소나 새로운 거점을 정해야 하는 기본 원칙을 어긴 것이다. 성북서 형사들이 약이 오를 대로 올랐을 때, 고대생들이 서울신문사를 타격했다는 소식을 들었다.

신문사 타격은 사안이 중대한 사건이었다. 박은홍과 정용화한테 고춧가루 탄 물을 먹이면서 "어디서 만나기로 했어?"라며 만나기로 한 장소를 집중적으로 캐물었다. 혹독한 고문을 견디다 못한 정용화의 입에서 "남영동!"이라는 소리가 나왔다. 그리고 박상중과 만났던 곳의 위치를 대략적으로 얘기했다. 정용화는 속으로 남영동에서 다시 모이지는 않겠지 하는 생각으로 내뱉은 것이다.

성북서 형사들이 총출동했다. 정보과뿐 아니라 동원할 수 있는 모든 형사를 불러 남영동 일대를 이 잡듯이 다 뒤지고 다녔다. 박상중 일행이 모였던 호프집 2층 골방도 1차 수색 대상이었지만 2층 골방의 존재를 몰라 놓치고 지나갔다. 독이 오른 성북서 형사들이 포기하지 않고 2차 수색을 진행했다. 그 과정에서 한 형사가 길가에서 2층 쪽으로 시선을 돌리다가 옆모습이 유재관처럼 생긴 학생이 호프집 2층 창문가를 지나가는 광경을 보았다. 성북서 형사들이 득달같이 2층으로 올라갔다. 실상은 화장실로 가는 박부용을 유재관으로 착각한 것이다. 어쨌든 성북서 형사들이 몰려 올라오는 광경을 화장실에서 목격한 박부용은 형사들이 골방을 덮치는 사이에 운 좋게 빠져나갔다. 하지만 골방에 있던 박상중, 박선희, 김원수, 강신은 골방에서 체포되고 말았다. "남영동."이라고 부는 바람에 동료들이 잡혀갔다는 사실은 정용화에게 지워지지 않은 트라우마로 남아 있었다. 강신의 증언이다.

··· 아버지가 돌아가셨을 때 용화가 장례식장에 왔어요. 2019년이었어요. 저는 용화를 마지막으로 본 게 1983년 11월 17일 시위로 성북서에 잡혔을 때였어요. 그 이후로는 한 번도 본 적이 없어요. 그런데 어떤 경로로 아

버지가 돌아가신 걸 알았는지 모르겠지만 장례식장에 왔던 거죠. 얼굴을 딱 두 번째 보는 건데 반가운 마음이 들어 인사를 했어요. 근데 걔가 저한테 불쑥 "미안하다."라는 말을 건네는 거예요. 그 말에 제가 좀 놀라고 어처구니없다는 생각이 들어 "니가 나한테 왜 미안하냐?" 그랬더니 "자기가 뭐 얘기해서 어쩌고…." 하는 거예요. 순간 그 친구의 마음을 알 것 같았고 한편으로는 마음이 아팠어요. "아니 난 평생 지금까지 살면서 그거를 원망한 적도 없었고 잡히는 건 남영동에서 잡히느냐 어디서 잡히느냐 문제지. 잡히는 건 시간 문제였어. 그러니 그런 생각은 난 정말 요만큼도 한 적 없다. 내 주변에 어느 누구도 그걸 가지고 너를 원망하는 소리는 들어본 적도 없어."라고 얘기했어요. 그 친구는 평생 그것 때문에 괴로워하고 있었던 거 같아요.

악랄한 고문으로 평생 장애를 안게 된 사연

남영동 호프집에 있던 강신, 김원수, 박선희 등 주동자는 물론 시위 배후 박상중, 도괴 자금 지원책 김진희과 김계순이 모두 붙잡혀 성북서로 연행되자마자 고문이 시작되었다. 계속 검거에 실패해 벼르고 또 벼르던 시위 주동자를 마침내 검거한 성북서 형사들 손독이 얼마나 올랐을지는 짐작하기 어렵지 않다. 악랄한 고문으로 평생 장애를 안게 된 박선희의 가슴 먹먹한 증언을 들어보자.

··· 성북서 들어가니까 제일 먼저 통닭구이 자세로 구타하고 고문을 하고는 물고문을 하더라고요. 물어보는 게 가투 대열에 있었던 동원된 애들이 몇 명이냐는 거였어요. 원수나 신이나 저나 30~40명이라고 그랬을 거예요. 다행히 세 명이 다 비슷한 숫자를 댔어요. 그랬더니 동원된 애들 이름을 대라는 거예요. 그러면서 지하실까지 끌고 갔어요. 위협하기 위해서였지요. 지하실은 저만 간 것 같아요. 지하실로 끌고 가서는 몸을 묶은 뒤 옷을 벗기려고 그랬어요. 그래서 악을 쓰며 발버둥쳤어요. 그랬더니 막 협박을 하더라고요. 옷을 찢어버리겠다고 하면서요. 통닭구이 하면서 위에서는 물 뿌리고 주전자로 물 먹이고 또 발바닥도 때리잖아요. 그 와중에 하도 발버둥을 치니까 그때 목 주위 척추뼈 일부가 깨지고 부러져 나간 모양이에요. 그 게 산산조각이 나서 목 척추뼈를 기형적으로 만들었어요. 그런 몸으로 노동운동 한다고 현장 들어가서 그 무거운 합판을 옮기고 했던 거지요. 그때는 젊으니까 잘 몰랐어요. 고문을 받은 지 30년 정도 지난 어느 날이었어요. 아침에 일어났는데 목을 전혀 움직일 수 없고 꼼짝을 못 하겠는 거예요. 하는 수 없어 수술했어요. 남노련 사건과 관련이 있는 고대구로병원 선배의 도움을 받은 겁니다. 떨어져 나간 뼛조각을 다 긁어내고 그 자리에 골반뼈를 떼서 이식했어요. 수술은 한꺼번에 다 할 수 없으니까 아프면 수술하고 또 아프면 또 수술했어요. 그렇게 10년 동안 3번 수술을 했어요. 그러고 살고 있어요.

박선희가 잘 불지 않자 성북서 형사들이 박순주(독문 81)을 끌고 왔다. 박순주는 연락책으로서 11.17 시위 때 본교에서 진행되고 있는 상황을 이과대에 알리는 임무를 맡았다. 시위가 한창 진행될 무렵 박순주가 이과대를 향해 급히 달려가는데, 눈치를 챈 성북서 형사가 다리를 걸었다. 그렇게 해서 박순주가 성북서로 연행되었다. 오픈서클 담당이었던 형사 곽이홍이 박선희 앞에 데리고 온 박순주를 자신의 혁대를 풀어 때리기 시작했다. 박선희는 그 모습을 차마 볼 수 없었다. "그 쪼그만 애가 제 앞에서 혁대로 맞아 떼굴떼굴 구르는데 그렇게 처참할 수가 없었어요." 박선희와 함께 성북서에서 가장 많이 당한 것은 김원수였다. 김원수의 기억에는 고통스러운 흔적이 많다.

••• 성북서에 도착하자마자 물에다 고춧가루 붓고 물고문을 시작하는 거예요. 걔들이 요구하는 것은 한 가지였어요. 계림극장 시위에 참석한 애들 모두를 불라는 거였어요. 고춧가루 물고문이 너무 심해 견딜 수가 없었어요. 진짜 죽겠구나 하는 생각이 들었어요. 도저히 견딜 수가 없어 후바 몇 명을 불었어요. 나름 불어도 피해가 없을 거라고 생각하는 애들을 골랐어요. 그래서 이름을 댄 후배가 여학생 둘과 정외과 1학년 과대표였어요. 그러니까 성북서 놈들이 고문을 잠깐 멈추더라고요. 그때 숨 한번 쉬었지요. 그런데 이놈들이 금방 그 후배들을 다 잡아온 거예요. 새벽에 가서 연행한 거죠. 그렇게 연행한 후배들과 저와의 대질 심문을 했어요. 제가 이름을 댄 후배들은 동원된 친구들이 아니잖아요. 그러니 후배들 모두 억울하게 맞으면서 아니라고 대답할 수밖에요. 성북서 놈들이 제가 엉뚱한 애들을 불었다는 것을 알

고서는 그때부터 더 심하게 물고문하고 구타했어요. 속으로 생각했어요. 이제는 죽었구나. 저 고문을 어떻게 버티나 하면서 절망하고 있었어요. 그러다가 어느 순간 고문을 멈추고 다른 데로 이송한다고 그러는 거예요. 그제서야 살았다는 생각이 들었죠. 그때 제가 불어서 고생한 여자 후배 중 하나는 지금 외교관 일을 하고 있어요. 그리고 억울하게 연루되어 온갖 폭력을 당한 남자 후배가 당시 1학년 과대표였던 83학번 하태규입니다. 후배들에게 고개를 들 수 없을 정도로 미안하지요.

하태규(정외 83)는 그날 일을 이렇게 기억했다.

••• 11월 어느 날 한밤중 고대 기숙사에서 곤히 자고 있을 때, 성북서 형사들이 갑작스레 저를 깨우고 끌고 갔어요. 형사들이 원수 형이 다 불었으니 시위 사실을 실토하라고 협박했어요. 전혀 가투에 참여한 적이 없는데 미치고 환장할 노릇이었죠. 나중에는 양쪽 무릎 사이에 몽둥이를 끼우고 꿇어앉힌 상태에서 무차별적으로 팼어요. 아프기도 했지만 상황 자체가 두렵고 무척이나 억울했어요. 그러다가 오후 늦게 풀어주더군요. 새벽에 끌고 올 때는 승용차를 태우더니 갈 때는 그냥 걸어가라는 듯 놔주었습니다. 주머니에 돈도 없었어요. 풀려나기 직전에 원수 형 얼굴을 잠깐 보았어요. 대화는 없었지만 원수 형의 초췌한 모습을 코앞에서 보았어요. 일종의 대질 심문이었던 모양인데 저의 무고함이 증명된 것인지 그렇게 풀려났습니다. 원수 형이 제 이름을 댄 건 아마도 제가 1학년 과대표이고 저를 통해 다른 학우들에게 소

식을 전하려 했던 것으로 이해했어요. 이후 며칠 동안 아니 몇 달 동안 억울한 마음에 폭력 경찰을 고소할 생각을 계속했습니다.

강신은 남영동에서 잡힌 후 성북서에서 고초를 겪었던 일을 이렇게 기억하고 있다.

••• 저희들이 성북서에 잡혀 들어갔을 때 제일 처참했던 게 은홍이하고 용화 표정이 완전히 고문 때문에 넋이 나간 표정이었어요. 거의 완전히 풀린 눈동자로 우리를 쳐다보고 있었어요. 속으로 생각했지요. 엄청 당했구나! 저희도 도착하자마자 물고문을 당하며 연신 두들겨 맞았어요. 한참 두들겨 맞으면서 동원된 애들이 몇 명이고 동원된 애들 이름을 대라는 추궁을 받았어요. 그러다가 저한테 재관이 잡으러 나가야 하니까 길을 안내하라는 겁니다. 저는 구타를 피했으니 한숨 돌렸지요. 밖에 나가서부터는 애들이 되게 신사적으로 저를 대했어요. 말은 좀 격하게 해도 때리거나 뭐 이런 건 전혀 없었어요. 어디 어디 갔었다 그랬더니, 자기네들이 동선 짜 가지고 언급한 장소를 빠지지 않고 가더라고요. 말한 장소를 한 바퀴 다 도는 데 한 세 시간 걸렸을 거예요. 그러고서는 "없네!" 하고는 성북서로 돌아왔지요. 재관이 갈 만한 장소에 대한 추궁은 더 이상 없었어요. 한 바퀴 돌고 오니까 집중적으로 고문하고 패는 시간이 지나간 것 같더라고요. 그래서 저는 다른 친구들보다는 덜 고생한 것 같아요.

자취방이 털려 강제징집 위기에 처한 82학번의 행운

11월 17일 시위를 준비하면서 유인물을 어디서 만들었냐는 추궁으로 구로구 고척동 자취방이 드러났다. 본래 이 자취방은 현철 79학번 김헌이 현장준비팀 교육을 위해 마련한 장소인데 박상중이 11.17팀 유인물 제작 장소를 찾다 이곳을 이용했다. 이 사실을 전혀 모르고 있는 남영숙이 11월 17일 밤에 그 자취방을 이용했다. 현철 82학번 RP를 담당하고 있던 남영숙이 학생회관 3층 서클이 너무 공개되어 있으니 하루 숙박을 함께하면서 세미나도 하고 친목도 도모하자며 후배들을 인솔해 고척동 자취방을 찾은 거였다. 세미나를 한 날이 11.17 시위가 있은 그날 밤이었다. 공교롭게도 성북서 반성곤 반장이 시위 유인물을 제작한 장소 현장 검증을 실시한 시간도 11월 17일 밤 11시 30분 무렵이었다. 이때의 상황에 대한 현철 82학번 이완규(통계 82)의 증언이다.

··· 상중이 형이 11월 17일 시위 유인물을 고척동 그 방에서 만들었던 모양이에요. 남영숙 형이 얻었던 지하실 방이었어요. 상중이 형이 거기서 유인물 작업을 했던 거죠. 그때 우리 82학번 7~8명이 그 방에서 세미나를 했어요. 우리는 상중이 형이 거기서 가리방 긁은 것을 전혀 몰랐어요. 11시 반쯤 됐나? 지하방 초인종을 누가 누르는 거예요. 누를 사람이 없는데 하면서 문

을 여니까 반성곤인 겁니다. 반성곤이 저를 보더니 "너 여기 왜 있어?" 이러는 겁니다. 결국 그 자리에 있던 4~5명이 다 잡혔지요. 저는 버스 타고 간다고 나갔는데 버스가 끊어진 거예요. 그래서 되돌아와서 잡혔어요. 성북서에 가서 3박 4일 정도 조사를 받았어요. 통닭구이도 당했고 제법 많이 맞았어요. 또 경찰이 그림을 보여주며 명단을 실토하라고 윽박질렀어요. 얼핏 그림을 보니 제일 위에 상중 형 이름이 적혀 있었어요. 그런데 우리가 그 그림을 전혀 모르잖아요. 같이 잡힌 동기 중에 김남중이 있었어요. 김남중 삼촌인가가 청주에서 국회의원을 하고 있었어요. 남중이 삼촌이 국회에서 강제징집에 대해 문제 삼겠다고 발언도 했어요. 그 덕분인지 다행히 강제징집을 피할 수 있었어요.

　그날 함께 세미나를 했던 박범관은 11시 조금 넘어 버스 타고 집에 가는 바람에 연행을 피할 수 있었다. 남영숙도 비슷한 시간에 집에 가는 바람에 연행되지 않았다. 하지만 연행된 현철 82학번 조사 과정에서 그 방이 남영숙이 구한 방이고 남영숙과 그 방에서 세미나를 진행했다는 진술이 나왔다. 그때까지 이완규를 비롯한 현철 82학번들은 그 방이 김헌이 구한 방이란 사실을 몰랐던 것이다. 남영숙이 다음날 아침 성북서에 도착했다.
　성북서에서 남영숙을 연행하자 당시 집권당인 민주정의당 정책위원장 남재희 의원에게 딸 남영숙의 연행 사실이 보고되었다. 그리고 강신의 아버지 친구가 국회 의사국장(지금의 국회 사무총장)이었다. 국회 의사국장이 남재희 의원을 만나 "성북서의 악명을 아니까 빨리 애들을 빼내야 한다."라고 얘기하자, 남재희 의원이 성북서에 전화를 했다. 그러면서 "성북서가 시국사건 관련 학생을 가혹하게 고문한다는 소문이 있는데 국회 차원에서 성북서 가혹 행위에 대해 조사하겠다."라며 성북서를 압박했다. 여권 실세의 말에 성북서가 부랴부랴 11.17 시위 때 검거된 학생 전원을 중구의 중부경찰서로 보냈다.

학생들이 중부서로 옮겼을 때 안기부 직원이 나왔다. 안기부 직원은 매우 말끔한 복장이었고 얼굴도 깨끗하고 말투도 되게 부드러웠다. 안기부 직원이 가장 먼저 한 것은 신체검사였다. 모두에게 책상 위에 올라가서 팬티까지 벗어라 했다. 신체검사가 끝나자 종이를 나눠주면서 "앞으로 시위의 방향이 어떻게 바뀔 건지 쓰라."라고 했다. 김원수는 그게 더 공포스럽게 느껴졌다. 유치장으로 돌아오고 나서 김원수는 박상중과 강신에게 "우리 여기서 죽읍시다. 도리가 없습니다."라고 말했다. 김원수의 걱정과는 달리 최악의 상황은 벌어지지 않았다. 중부서 이첩과 안기부 직원 등장 이후 더 이상 구타와 조사도 없었던 것이다. 김원수는 그때 중부서 이첩을 기적이라 표현했다.

··· 고춧가루 물고문 때문에 죽는 줄 알았는데, 근데 기적이 일어났습니다. 고문이 중단되고 중부경찰서로 이첩이 되었어요. 그리고 남산에서 내려

와 취조를 시작했어요. 더 무시무시한 일이 벌어지리라는 공포가 엄습했지만 일단 물고문에서 벗어나 숨을 쉴 수 있어 다행이었어요. 운이 좋게도 그 이후에는 협박만 있고 고문은 없었어요. 가히 기적이었죠. 훗날 그게 남재희 의원 때문이란 것을 알게 되었어요.

80년대 고대 학생운동사 ❶

4장

유화국면을
가로질러
파고 높은 투쟁으로

▶ 1984년을 책임질 81학번 지도부를 구성하라

'통합'과는 거리가 있었던 81학번 지도부 구성

앞에서 언급한 대로 1982년 말에 격사 복학생 그룹과 현철 80학번 3인의 주도하에 고대 학운을 지휘하는 소위 '격사조직'이 만들어졌다. 이후 80학번 지도부가 중심이 되어 1983년 투쟁계획을 세웠지만, 신학기 초부터 예기치 않은 일이 벌어졌다. 3.7 사건과 4.30 보안사 수사 여파로 김두황과 김희근이 강제징집을 당해 80학번 지도부 3인 중 곽상중만 남게 되었다.

두 명의 80학번 지도부 공백을 메운 이는 민맥 언더를 총괄하던 최광범이었다. 최광범은 1983년 1학기에 박상중과 투톱체제를 이루며 학내 투쟁을 이끌었다. 이 시기는 겨사조직과 민맥의 연합 지도체제라 할 수 있다.

그러다가 2학기 들어 최광범이 노동 현장으로 떠난 후, 박상중은 81학번 박부용을 중심으로 5개 섹터의 포스트를 선정하면서 포시스템 체제를 구성하며 2학기 투쟁을 준비했다. 이때부터 복학생 선배 그룹은 페더 선만 가지는 위치로 영향력이 축소된다. 겨사조직은 6월 학도호국단 선거에서 고병헌 후보를 내세워 합법적인 대중 공간을 확보하고 3차례에 걸친 11월의 연이은 시위를 성공적으로 치러내며 고대 학운의 위상을 드높였다. 하지만 11.17 시위 직후 박상중이 검거되면서 겨사조직은 위기에 봉착했다. 내적으로 겨사조직의 패권주의를 비판하는 목소리가 높아지는 가운데 예상 밖의 유화국면이 도래했다.

겨사 언더의 출발점은 1982년 하반기부터 고대 학생운동의 사령탑 역할을 감당했던 김두황, 김희근, 박상중 3인 지도부를 위시한 80학번 그룹의 '81학번 핵심 일꾼을 길러내기 위한 집단적인 노력'에서 찾을 수 있다. 그 노력에 지도·지원을 아끼지 않았던 겨사 출신의 선배 그룹의 노고가 보태졌다. 김두황은 1981년 말부터 정경대를 이끌어 갈 81학번 정경대 코어 4인과 김현배를 집중 관리하며 조련했다. 1982년 초부터는 문과대 학회를 책임지던 절친 양창욱의 소개로 사회학과 81학번 김창현을 맨투맨 방식으로 지도했다. 그리고 3인 지도부 역할 분담에 따라 오픈서클을 관리했던 김희근이 오픈서클(OC) 내의 언더모임을 만들어 김인수, 이범재 등을 키웠다. 앞서 언급한 대로 박상중이 지도했던 두 개의 팀에서 활동하던 박종현(현철 언더)과 조경현(인연 언더) 등도 81학번을 대표하는 활동가로 성장한다. 이외에도 한선모가 지도한 경철 내부의 언더모임에서 활약한 김형중, 하종근의 지도를 받은 황인철 그리고 문과대 언더에서 키워진 노기영 등이 있다. 이들이 80학번들이 목적의식적으로 키우며 관리했던 81학번 지도부의 예비후보군인 셈이다.

1983년 3.7 사건과 뒤이은 김희근의 강제징집으로 인해 홀로 지도부 운영을 총괄했던 박상중이 구성한 겨사 언더의 81학번 지도부 구성은 박부용, 김헌배, 김창현, 황인철, 김인수, 김형중의 5인 체제였다. 1983년 5월의 일이다. 박상중은 학내를 5개 섹터(활동부문)로 나누었는데, 지도부 성원 중 스피치 출신이 다수였다. 오픈서클은 스피치 출신의 김인수, 정경대는 박부용, 문과대는 김창현, 법경사는 황인철, 애기능 캠퍼스의 이공농은 김형중이 각각 5개 섹터의 포스트(Post)로 정해졌다. 그리고 언더 모임을 총괄 지도하는 역할은 박부용이 겸임했다. 대학 페터는 여전히 이승환이 책임지며 겨사 언더를 지원하는 형태를 유지했다. 결과적으로 80학번들이 키워낸 81학번 예비 지도부 중 일부만이 참여하는 지도부 구성이었기에 통합조직으로서의 81학번 지도부 구성과는 거리가 있었다.

겨사 조직의 위기와 비겨사
바텀업 81지도부 구성

11월에 접어들면서 겨사 언더에 큰 위기가 찾아온다. 11.17 시위 배후 혐의로 박상중이 구속된 것이다. 게다가 김창현이 11.2 시위 참여로 강제징집되었고, 황인철과 김인수가 3번의 학사경고로 군에 입대했다. 5개 섹터 중 문과대, 오픈서클, 법경사 3곳 책임자의 공백이 생긴 것이다. 이 일로 박부용에게 과부하가 걸렸다. 82학번 언더 관리를 혼자서 감당해야 했기 때문이다. 박부용은 이때의 심정을 이렇게 말했다.

> ··· 통합오르그를 만들어야 한다는 어떤 확고부동한 신념이 있었기 때문에 그렇게 24시간 뛰어다녔지, 지금 같으면 돈 주고 하래도 못 해요. 두황이 형이 강집 당하면서 정경대를 혼자 책임지고 있었어요. 그리고 창현이가 날아가면서 문과대까지 책임지게 되었고요. 인수와 인철이까지 사라지면서 OC는 물론 법대, 경영대, 사대까지 전천후로 혼자 뛰어다니면서 관리하는 게 어디 쉬운 일이었겠어요? 게다가 갑자기 상중이 형마저 구속되고 나니 막막할 뿐이었어요. 승환이 형하고도 사이가 멀어졌지요. 정말 어려움의 연속이었어요.

이럴 때 겨사조직의 구원자로 나타난 이가 있는데, 조경현이다. 조경현은 언더모임을 하면서 초기에는 박부용의 조직 운영에 대해 패권주의적이라고 비판했지만, 그 입장을 거두고 겨사조직의 조력자로 나섰다. 그렇게 해서 1984년의 겨사 언더 운영은 박부용과 조경현의 투톱체제로 바뀌게 되었다. 이승환은 자신이 맡고 있던 대학 페더 업무를 조경현에게 물려주었고, 조경현은 학내 조직 관리도 박부용과 나누어 맡았다. 그렇게 해서 문대, 캅경사, 이공농대 3개 섹터를 관리했던 조경현은 당시 박부용과의 관계에 대해 "자신과 박부용 간에 겨사조직 관리를 두고 언쟁을 해본 적이 없어요. 정말 서로 존중하는 관계였지요."라고 언급하며 원활하게 소통하는 관계임을 강조했다.

겨사조직이 박상중의 구속과 김창현, 황인철, 김인수의 부재를 메우기 위해 박부용이 동분서주하는 1983년 말, 겨사 출신의 선배 그룹도 분주히 움직였다. 겨사조직의 위기 상황을 지원하고 직접 개입을 통해 고대 학운 상황을 통제하려는 시도였다. 하지만 고대 학생운동의 지휘 체계를 겨사 중심으로 장악하려는 선배 그룹의 이 같은 움직임은 81학번들의 강한 반발로 저지되었다. 1984년에 책임 학번이 되는 81학번 내부에서 선배 그룹에 대한 강한 비토 분위기가 형성되면서 81학번 비(非)겨사 모임이 만들어졌다.

이 모임을 통해 5개 섹터별 책임자를 뽑아 지도부를 구성하려는 움직임으로 이어져 5명의 포스트를 선출했다. 겨사조직에 대해 비판적 입장으로 돌아선 이재권(정대), 김창현과 함께 문대 81학번 투톱이었던 노기영(문대), 문연 출신의 이범재(OC), 이만규(이공농대), 박윤성(사대, 교육 81)이 비겨사 회합을 통해 섹터별 포스트가 된 인물이다. 법대와 경영대는 겨사의 영향력이 강해 포스트를 정할 수 없었다. 이 과정에 대해 김영춘은 다음과 같이 증언한다.

··· 우리가 83년 가을 싸움을 하고 난 후 오픈서클에서 반겨사 흐름이 강하게 일었어요. 문과대와 정경대에서도 마찬가지였고요. 그래서 오픈서클, 정경대, 문과대 81학번들이 주축이 되어 76학번 형들에게 우리의 의견을 강하게 얘기했어요. "이제 는 학내 지도 사업에서 손을 좀 떼시라. 우리가 밑에서부터 올라가는 바텀업 방식으로 지도부를 구성하겠다." 사실상 우리의 의지를 밝히는 통보였어요. 문과대학은 기생 출신의 노기영이 책임자였어요. 그리고 정경대는 이재권, 오픈서클은 이범재가 책임자가 되었고요. 이공농대와 법경사 친구들도 모였죠. 그래서 전체 81학번 대표들이 모여 결의한 내용을 76학번 선배들한테 통보한 거죠. 물론 그 모임에 겨사 애들은 제외했어요. 우리들 얘기를 듣고 그 형들이 "알았다."라고 했어요. 우리가 손을 떼게 하고 접수한 거죠. 넘겨받았어요. 83년 겨울 이야기예요.

이 비겨사 바텀업 81학번 지도부 구성과 관련, 정경대 반겨사 언더 활동을 주도적으로 이끌었던 박래군은 이렇게 평가했다.

··· 노기영이 주도한 조직은 반겨사 조직의 전부라고 할 수 없고 일부라 할 수 있습니다. 저는 반겨사 언더였던 박종현의 현철 언더, 오수용의 사연

언더, 정덕수의 정경연 언더와 계속 접촉하고 있었습니다. 기생 언더의 박용화와 민맥의 김종일하고도 논의를 하고 있었고요. 그때 사실상 언더조직으로 겨사조직과 보조를 맞추던 조직은 조경현의 인연 언더밖에 없었습니다. 그리고 노기영 조직은 고대 내 다른 언더조직과 긴밀하게 논의하던 조직은 아니었습니다. 저도 노기영 이름은 알고 있었지만 잘 알지는 못했습니다.

▶ 학원자율화를 어떻게 바라보고 어떤 대응을 할 것인가?

갈라진 의견,
복학파와 반복파의 뜨거운 논쟁

1984년 새해를 며칠 앞두고 전국 대학가를 술렁이게 하는 일이 벌어졌다. 소위 말하는 '학원자율화' 조치였다. 1983년 12월 21일, 5공 정권이 권이혁 문교부 장관의 주재로 열린 전국 대학 총학장회의에서 '국민화합'이라는 명분 아래 5.17 이후 정치적 이유로 제적된 1,363명의 복교를 허용한다고 발표했다. 이재권이 고인이 된 신방과 동기 안성주를 추모하는 글에서 표현했던 것처럼, 목숨 건 투쟁으로 일군 성과임과 동시에 이를 희석화하고 자신의 폭력성을 은폐하려는 군사정권의 기만적인 유화책이었다.

··· 1981년 고려대에 입학해 보니, 학교가 아니라 감옥보다 못한 곳이었다. 잔디밭에는 머리를 짧게 깎은 새까만 얼굴의 정체 모를 사람들이 무더기로 앉아 지나가는 학생들을 노려보고 있었다. '짭새'라 불린 이들이 강의실에서까지 드문드문 앉아 있으니 교수나 학생이나 말도 쉽게 하지 못하는 살벌한 분위기가 2년쯤 계속되었다. (중략) 각 대학마다 경찰 오백 명으로 시위대 천 명을 막을 수 없는 상황이 되자 전두환 정권은 이른바 '학원자율화'라는 미명의 유화책을 내밀었고 성주는 풀려났다. - 한겨레신문(2022.08.03.)

1984년 새해 벽두부터 복학생들의 행보가 빨라졌다. 각 대학마다 복학생 대표를 뽑아 대학연합대책위원회를 꾸리며 대응책 마련에 나섰다. 1984년 1월 25일 여의도성당에서 22개 대학 대표가 모인 가운데 경인지구 제적 학생 복교대책위원회가 결성되었고, 서원기(고대 정외 75)와 이우재(서울대 75)가 각각 위원장, 부위원장으로 선출되었다.

2월 11일에는 전국 단위의 기구인 제적생복교추진대표자전국협의회를 결성했다. 그 과정에서 자율화 국면을 바라보는 서로 다른 의견들이 속출했다. 적의 어쩔 수 없는 후퇴냐? 아니면 운동권 내부 분열을 노린 노림수인가? 혹은 레이건 미 대통령 방문과 두 개의 국제 스포츠 행사(86 아시안게임과 88올림픽)를 앞둔 군사정권이 인권이라는 외피를 걸칠 수밖에 없게 된 상황에서 시행된 임시 미봉책인가? 등 다양한 해석이 쏟아졌다.

1984년 2월, 경인지구 제적 학생 복교대책위원회 위원장 서원기(심리 75)가 성명서를 읽고 있다. 서원기 오른쪽에서 카메라를 들고 촬영하고 있는 인물이 1982년 4월 유인물 사건으로 구속되었던 강영식(사학 81)이고, 왼쪽에서 안경을 쓴 채 뒤돌아 하늘을 바라보고 있는 사람은 1979년 3월 23일 반유신 편지 사건으로 구속되었던 장동현(행정 77)이다.

복학 조치 후 서울의 봄 때와는 다른 양상이 전개되었다. 서울의 봄 시기에는 대부분 복학을 찬성하는 입장이었고 이견이 거의 없었다. 반면 자율화 조치에 따른 1984년의 반응은 달랐다. 복학을 해야 한다는 '복학' 의견과 하지 말아야 한다는 '반복' 의견으로 나누어져 대응 방식에 대한 치열한 논쟁으로 확대되었다. 복학을 반대하는 측(반복)은 "군사정권의 자율화 조치는 임시 미봉책에 불과하고 언제든지 강경 조치로 회귀할 수 있다. 복학 조치는 운동권 내부 분열을 노린 기만적 술책이다. 따라서 애초 우리가 구상했던 노동 현장으로의 이전을 통해 한국 사회의 근본적인 변혁을 가능하게 할 수 있는 노동 계급의 정치적 각성과 조직화에 헌신해야 한다."라는 취지의 입장을 내세웠다. 고대의 경우, 최규엽이 반복파 대표주자였다.

반면 복학을 적극 수용해야 한다는 복학파는 "운동은 하루 이틀 하는 것이 아니다. 운동은 평생 하는 것이기 때문에 복학을 통해 형사 감시 등 적의 예봉을 피하고 개인 신분상의 여러 문제를 해결해야 한다. 그런 일은 부모님 걱정을 덜어드리거나 집안 문제를 해결하는 데에도 도움이 된다. 그리고 그동안의 운동 경험을 후배들에게 전수하고 노동 현장으로 이전하는 이들에게 실질적인 도움을 줄 수 있다."라는 주장으로 응수했다. 복학파의 대표주자는 도천수, 박구진, 최봉영, 엄주웅(경제 76), 오상석(경제 76) 등이었다. 반복파와 복학파가 표방하는 논리 이면에 숨어 있는 연결고리가 있는데, 바로 전민노련 사건이다.

　최규엽이 이태복(국민대 70)이 주도한 전민노련 사건에 얽히게 된 과정은 다음과 같다. 최규엽은 5.17 이후 광주항쟁 진상을 알리는 시위를 주도하다 검거된 후 계엄보통군법회의에서 재판을 받았다. 다행히 그해 9월 27일 선고유예 판정을 받고 풀려난다. 최규엽은 출소하자마자 5.17 때 구속되지 않은 긴조 세대 복학생 그룹을 만나면서 신군부가 전열을 가다듬기 전에 광주학살을 자행한 정권임을 폭로하는 투쟁이 시급하다고 주장했다. 그러다가 도천수 등이 주도한 1980년의 10.17 시위와 관련해 다시 수배를 받게 된다. 이하 내용은 전민노련, 전민학련 사건 자료집인 《빼앗긴 봄의 들판에서》(동녘, 2016) 내용 중에서 인용한 것이다.

　최규엽은 수배 생활을 하던 12월 하순, 종로1가 다방에서 서클 선배 한경남(정외 68)의 소개로 이태복을 만나게 된다. 이때 최규엽이 자신은 수배 중이고 피신할 곳이 없다고 하자 이태복은 길문숙 아파트를 소개하며 피신처를 마련해 주었다. 이후 이태복을 몇 차례 더 만났는데, 이태복은 최규엽에게 모택동의 《모순론》, 《실천론》을 전해주기도 하고 현장 이전 지역을 묻는 최규엽에게 뚝섬 지역을 추천했다. 이에 따라 최규엽은 1981년 2월에 성수공단 소재 잉꼬법랑에 취업한다. 그리고 4월에는 자취방에서 이태복을 만나 전민노련 정식회원이 된다.

　이 무렵 정경연(정외 75)은 1978년 말에 졸업 학점을 이수한 상태에서 구속되었기에 서울의 봄 때 학교에 나오지 않아도 졸업장을 준다고 해서 곧바로 직업훈련소에 들어가 6개월 동안 용접 기술을 배웠다. 그런 후 1981년 1월에 신도림동의 성원공업사 견습공이 되었고, 5월에는 구로동 동일제강 견습공으로 취직했다. 오상석의 경우, 5.17 때 학교로부터 무기정학을 받은 후 1981년 5월에 인천 주안공단 소재의 서울엔지니어링 공장에 취업했다.

엄주웅 역시 그 시기에 공단에 취업해 있었다. 엄주웅은 1980년 5.17 때 구속되어 계엄보통군법회의에서 기소유예 처분을 받은 후 선반기술학원을 수료했다. 이후 1981년 4월부터 인천 소재 동양정밀에서 프레스공이 되었고, 그해 7월부터는 인천 주안공단 소재의 경일화성에 취업했다. 정영숙(불문 76), 염태정(사학 77) 두 여성 운동가도 성수공단에 취업 중이었고, 이승환과 박선오 등도 현장 활동을 하고 있었다.

전민노련 사건에 휘말린
고대 현장파 조직의 와해

1981년 7월에 전민노련 사건이 터졌다. 이태복이 잡힌 뒤 최규엽도 경찰 조사를 받게 되었다. 여기서 고대 긴조 세대의 현장파 후배 그룹인 정경연, 엄주웅, 오상석, 정영숙, 염태정, 이승환, 박선오 이름이 모두 나와 버렸다. 최규엽만 전민노련에 정식 가입했을 뿐 나머지는 전민노련과 아무런 관련이 없음에도 치안본부 대공분실에서 한 달 이상 가혹한 조사를 받아야 했다.

  최규엽, 정경연, 오상석, 엄주웅은 구속되어 2년간 감옥살이를 했다. 정영숙과 염태정은 다행히 기소유예로 풀려났고, 이승환과 박선오는 피신하다 검거되어 경찰 조사를 일주일 받고 풀려났다. 그때 박선오를 조사한 형사가 나중에 김근태 민청련 의장을 고문하는 고문기술자 이근안이었다. 그때의 순간을 박선오는 이렇게 얘기한다.

> ••• 남영동 대공분실로 끌려갔는데 눈에 가린 것을 풀어 주어 눈을 떠보니 눈앞에 몸무게가 백 몇십 킬로나 될 법한 사람이 보였어요. 손이 솥뚜껑만 한 그 고문기술자의 "이 자식이 박선오야?" 하는 소리에 소름이 돋았어요. 말만 들어도 위축될 정도로 공포스러웠어요. 이근안 눈에서 벗어나야 한다는 생각이 강했어요. 이후 무기정학이 해제되자마자 82년 2학기에 복학했어요.

  결과적으로 전민노련 사건에 연루되어 긴조 세대 고대 현장파 명단이 모조리 드러나 풍비박산되었다. 오랫동안 공을 들인 현장활동이 한꺼번에 물거품이 되고 만 것이다. 전민노련 건으로 2년가량 동안 수형 생활을 하던 최규엽, 정경연, 엄주웅, 오상석이 1983년 7.17 제헌절 특사와 8.15 특사로 모두 석방되었는데, 불과 몇 개월 후 학원자율화 조치가 발표되었다. 복교 조치 후 최규엽은 곧바로 반복파의 선두에 섰다.

　최규엽의 열정적인 활동력은 흉내 내기도 어려울 만큼 대단한데, 숨 쉴 틈 없는 이력에서 그의 면모를 살필 수 있다. 긴조 세대 주력 부대의 일원으로 활약하다 1980년 5.17 포고령 위반으로 구속되었고, 출감 후에는 신군부가 자리 잡기 전에 빠르게 투쟁해야 한다고 주장하며 10.17 시위를 추동했다. 또한 10.17 시위로 수배를 받은 상태에서 이태복의 전민노련에 가입하고 성수공단의 잉꼬법랑에서 노동조합을 만들었다. 그리고 전민노련 건으로 2년의 수감 생활을 마치자마자 가장 전투적인 반복의 입장을 주창하며 노동 현장으로의 이전을 역설하고 다녔다. 그 이후에는 반복파 인원을 중심으로 팀을 짜서 구로를 기반으로 삼은 노동조직인 남노련을 지휘했다. 남노련은 고대 출신으로 구성된 노동 현장조직 중에서 가장 규모가 컸다.

　하지만 그의 열정적 활동에도 불구하고 노동 현장에서 활동 중이던 명단을 드러내게 함으로써 노동 활동 근거지를 와해시킨 장본인으로 지목되어 긴조 세대 현장파 후배들로부터 매서운 비판을 받았다. 겨사 출신이 많은 비중을 차지했던 긴조 세대의 현장파 후배 그룹은 이후 최규엽과 거리를 두었다. 대신 복학파 수장 역할을 했던 도천수와 같은 노선을 걷는다. 엄주웅은 복학 관련 논쟁을 이렇게 기억했다.

··· 복학 조치는 당시 전두환 정권의 유화조치이니까 이에 응하지 말아야 한다는 반대론과 복학해서 현장 지향적 학생운동 기반을 강화하자는 주장이 대립했어요. 저는 처음부터 복학 여부는 각 개인이 취할 선택이라고 생각했어요. 그건 내 개인 사정과 관계가 있었어요. 내심 한 학기만 마치면 졸업하는데 굳이 뒬 필요가 없을 것 같아 좀 가볍게 여겼어요. 그런데 막상 논쟁이 벌어지니까 그리 간단한 문제가 아니더라고요. 복학을 반대하는 측에서는 이른바 '복학론자'들이 '현장'을 핑계로 졸업장을 따려고 한다면서 목소리를 높이고, 반대로 복학을 주장하는 이들 중에서 강경파는 '반복론자'들이 학내의 주도권과 기득권을 놓지 않으려 한다고 비난하는 일까지 벌어졌어요. 어찌 보면 준비론과 투쟁론, 무림과 학림 논쟁 뭐 그런 것과 비슷한 느낌이 들었지요. 나중에는 백산서당 출판사 지하실에서 밤새 토론할 때, 육두문자까지 나오는 감정 섞인 격론까지 벌어졌어요. 결국 안 좋게 끝난 셈이지요.

끝없이 이어진 정외과
언더 모임의 수난

1983년 1학기 초반, 박부용이 김원수에게 한 가지 제안을 했다. 30명 정도 되는 정외과 82학번 학회원 중에서 몇 명을 선별해 언더 학습모임을 조직하자는 내용이었다. 집중 학습과 훈련을 통해 정외과 내 82학번 코어를 육성하자는 그 제안을 흔쾌히 받아들인 김원수는 나름의 기준으로 학회 활동을 열심히 하는 5명을 뽑았다. 그렇게 해서 모인 82학번이 김일영, 박채규, 윤지환, 임명규, 허인회다. 그런데 내심 큰 기대를 하며 팀 세미나를 진행했지만 예기치 않은 일들이 계속 겹치면서 수난을 겪게 된다. 가장 먼저 수난의 주인공이 된 이는 박채규다. 박채규는 박부용의 지도하에 82학번 동기 경제학과 박경호, 신방과 방석수와 함께 정경대 언더 학습모임 활동도 병행했을 만큼 학생운동에 열성이었던 활동가였다. 그런데 1983년의 5.26 동대문 연합 가투 때 검거되어 성북서로 연행된 지 4일 만에 강제징집되었다. 정외과 언더의 수난은 이것이 시작이었다.

정외과 학회 RP 책임자 김원수가 1983년 11.11 시위 주동으로 치고 나간 뒤의 일이다. 김원수는 시위 전날 학과 동기 김현배에게 자신의 월곡동 자취방에 있는 사회과학 서적들을 처리해 달라고 부탁했다. 자신이 치고 나간 후의 경찰 수색을 염두에 둔 당부였다. 그런데 김현배가 후배 임명규와 함께 김원수의 월곡동 자취방을 찾아가서 사회과학 서적을 처리하려 하는데 그 순간 성북서 형사들이 들이닥쳤다. 임명규가 날쌔게 달아났지만 달리기에 약한 김현배는 그 자리에서 잡히고 말았다.

11.11 시위에서 잡히지 않고 도피 중이던 김원수 소재를 실토하라는 성북서 형사들의 고문이 시작되었다. 김현배는 혹독한 고문을 이기지 못하고 하는 수 없이 도망간 임명규에게 책임을 미뤘다. 임명규의 고향이 충북 음성인데 고향집까지 형사들이 들이닥쳤다.

깜짝 놀란 아버지가 고향에서 급히 서울로 올라가 자취방과 학교 주위를 뒤지고 다녔지만 아들을 만나지 못했다. 11월 17일 남영동에서 김원수가 검거된 후에도 성북서 형사들이 임명규의 고향집에 대한 감시와 압력을 멈추지 않았다. 사건이 종결되기 위해서는 임명규가 성북서에 한번 나와서 간단한 조사를 받으면 된다고 임명규 부모님을 계속 압박한 것이다. 이 소식이 임명규에게 전달되었다. 고민하던 임명규가 어쩔 수 없이 1984년 1월 초에 성북서에 출두했다.

임명규가 출두하자 간단한 조사를 언급했던 성북서의 태도가 돌변했다. 정외과 학회 조직을 다 불라고 임명규를 족쳤다. 날벼락 같은 무자비한 폭행을 견디지 못하고 임명규가 5명 이름을 다 불었다. 곧바로 김일영이 자취방에서 자다가 새벽에 성북서로 끌려갔다. 김일영은 성북서 형사들에게 "다섯 명 조직은 비밀조직이 아니다. 뭐 그냥 일반적인 학회 조직이다. 학회 활동을 열심히 하기 위한 조직이었다."라며 적극적으로 방어논리를 폈다. 성북서에서도 정외과 조직을 다 밝혔다고 생각했는지 더 이상 파고들지는 않았다. 김일영은 그 정도 선에서 조서를 작성한 후 그다음 날 풀려나왔다.

허인회도 잡혔지만 "자신은 정외과 학회 활동만 하고 있다. 정외과 5명 조직은 김원수 선배가 만든 것은 맞지만 일반적인 학회 활동을 하는 것뿐이다. 그리고 박채규가 강집을 당하고 김원수 선배가 구속된 이후에는 세미나 자체도 거의 하지 않았다."라며 적극적으로 오리발을 내밀었다. 다행히 허인회도 꼬투리 잡힐 만한 무엇이 나오지 않았다. 성북서는 임명규만 고대 당국에 요청해서 지도휴학 조치후 강제징집하는 것으로 이 사건을 마무리했다. 82학번을 대상으로 정외과 언더조직을 만들려다 일어난 사고였다. 이같이 정외과 경우처럼 학회가 활성화된 여러 학과에서 자체 내 비밀학습모임을 만들려는 움직임이 1984년 초 겨울방학 구렵에 많이 일어났다.

늘 후배의 고충을
외면하지 않았던 선배의 탄식

1984년 2월 말에 11.2 시위팀의 강신과 신수현이 특사로 출감했다. 감방에서 나오자마자 둘은 도피생활을 계속하고 있던 유재관을 만났다. 그 이후 강신과 신수현이 안면이 있던 성북서 형사와 연락을 하다가 "유재관을 데리고 오면 간단하게 사건 처리만 하고 보내주겠다."라는 약속을 받았다. 시간을 지체할 이유가 없다고 판단한 둘은 즉시 유재관을 데리고 성북서에 들어갔다. 실제로 유재관은 간단한 조사만 받고 풀려났다. 유재관이 간단한 조서 작성하는 모습을 옆에서 지켜보던 신수현은 이때의 광경을 얘기하면서 유화국면 초기의 달라진 분위기를 전했다.

··· 재관이가 성북서에서 조서를 꾸밀 때 신이 하고 같이 옆에 있었거든요. 고문으로 인한 비명소리가 여기저기서 들렸던 그 살벌했던 성북서가 너무 조용해서 놀랐어요. 세상이 이렇게 변할 수가 있나 싶어 격세지감을 느꼈어요. 학원자율화가 무엇인지 몰랐는데 달라도 너무 달라진 성북서 분위기가 참으로 이상하다는 생각이 들었어요.

1983년 11.17 시위 때 학교를 벗어나려다가 다리를 삐어 계림극장 가투에 참석하지 못한 후 시작된 유재관의 도피 생활이 길게 이어졌다. 그러자 사학과 81학번 동기들이 학과 선배인 복학생 권혁태(사학 78)에게 연락해 도움을 요청했다. 유재관의 사정을 들은 권혁태는 신혼살림을 차린 지 얼마 되지 않았음에도 부인과 의논해 유재관을 받아들이기로 했다. 부인은 문연 출신의 유영주(국문 78)였다.

권혁태는 사연 출신으로 1980년 서울의 봄 당시 신계륜 총학생회 총무부장을 맡아 5.17 때 수배가 떨어졌다. 한 달 반 정도 도망 다니다가 1980년 7월 초 불심검문에 걸려 성북서로 연행되어 한 달 정도 유치장 생활을 했다. 1급 수배자인 서클 선배 박계동과 관련이 있다는 혐의 때문에 성북서 조사 과정에서 상당한 고초를 겪어야 했다. 그리고 성북서 조사를 마치고 나서 치안본부에 불려가 며칠 더 심문을 받았다. 고초는 여기서 그치지 않았다. 1980년 9월 4일 포고령 위반자들이 무더기로 강제징집 당할 때 그 명단에 올랐으나 서류 미비로 황당하게 귀향 조치되었다. 그러고선 1980년 12월에 다시 강집되어 군 복무를 해야 했고 1983년 1학기에 복학했다. 복학한 후로는 사학과 수업을 들으면서 81학번 후배인 강신, 유재관, 조선희, 이영순, 이기순 등과 친하게 지냈다. 이런 인연 때문에 유재관 피신처를 제공하게 된 것이다.

    유재관은 권혁태 신혼집에서 세 달 정도 피신 생활을 했다. 피신처는 서초동에 있는 15평 규모의 아파트였는데, 원래는 권혁태의 누님 집이었는데 매형이 해외로 부임하게 되어 권혁태가 일본 유학 전까지 잠깐 살게 된 곳이다. 방 하나에 거실 겸 부엌이 있는 구조여서 건장한 남자가 와서 피신 생활을 하기에는 좁고 불편한 공간이었다.

    유재관은 거실에서 생활했다. 성북서 형사들이 유재관을 잡기 위해 연관 인물 리스트에 권혁태도 넣고 있었다. 권혁태가 나중에 일본 유학 중 잠시 귀국했을 때 성북서에서 조사받을 일이 있어서 형사를 만난 일이 있었는데, 그때 유재관을 잡기 위해 권혁태가 군대 가기 전에 머물던 왕십리 누님 댁에 잠복근무까지 했다는 말을 들었다고 했다. 성북서가 권혁태의 누님이 왕십리에서 서초동으로 이사한 정보까지는 알지 못했던 것이다. 천만다행으로 유재관 피신처가 드러나지 않았던 것이다. 신혼집에서 유재관과 많은 시간을 보내야 했던 유영주는 그 당시를 이렇게 기억했다.

··· 처음에는 잘 지냈는데 집이 좁은데다 점점 시간이 가니까 제가 좀 날카로워졌어요. 재관이랑 둘이 많이 있었는데 하루는 이런 일이 있었어요. 재관이가 세탁기 호스를 잘못 만져서 물이 막 거실까지 쏟아져 나온 겁니다. 그리 큰일은 아닌데 그런 것들이 조금 쌓이다 보니 좀 예민해지고 그랬죠. 근데 생각해 보면 그때는 저도 어린 나이였어요. 나이가 들어서 애도 키우고 그래 봤으면 훨씬 달랐을 텐데, 그때는 뭐 철이 없는 때잖아요. 그러니까 점점 불편해지고 그랬어요. 재관이 하면 제일 생각나는 게 있어요. 재관이가 웃을 때 웃음소리가 너무너무 컸어요. 수배자니까 조심해야 하는데 말이죠. 정말 씩씩하고 정말 밝은 후배였어요.

1984년 11월 민정당사 점거투쟁이 있고 나서 당시 김영춘 총학생회장이 전국에 수배되었을 때도 권혁태 집에 며칠 피신한 적이 있다. 다른 문연 후배들도 공장 들어가기 전에 며칠씩 권혁태 집에서 기숙하다가 가기도 했다. 이렇게 남다른 후배 사랑과 의리를 실천했던 권혁태, 유영주 부부는 일본 유학길에 올랐다. 일본 유학 중이던 1991년 7월 초, 6월 28일 자 한겨레신문을 일주일 늦게 받아보고서야 유재관의 사망 소식을 알았다고 했다. 그때의 심경을 권혁태는 이렇게 얘기했다.

··· 재관이의 사망 소식을 일본에서 한겨레신문을 보고서 알았습니다. 한겨레신문이 일본에 배달되는 데 약 1주일 걸렸던 시절이라 그만큼 늦게 알

았지요. 너무나 충격적인 소식이었어요. 한동안 옛 생각을 하면서 많이 힘들었던 기억이 납니다.

▶ 유화국면에서 터져 나온
군사독재 타도투쟁의 함성

**합법적인 공개 투쟁체를 만들자!
서클연합회 발족**

학원자율화 이후에 전개된 유화국면이 6개월을 넘기지 않을 거라는 게 당시 고대 학생운동권 내부의 일반적 인식이었다. 이와 더불어 언더조직 내부에서 유화국면에 능동적으로 대처하는 방안으로 합법적인 공개 투쟁체를 만들자는 논의가 활발하게 이뤄졌다. 그 일환으로 가장 강력한 조직 단위가 집결되어 있는 학생회관의 서클들을 하나의 틀로 묶는 서클연합회를 구성하자는 의견이 나왔다. 1984년 초 15개의 사회과학 오픈서클 회장들이 모두 모여 서클연합회장을 뽑는 회의를 진행했다. 참여 서클은 학생회관 2층의 노래얼과 3층에 자리한 현철, 사연, 경철, 인연, 여연, 인간학회, 문연 그리고 4층에 있던 기생, 카생, 고불회, 민연, 스피치, 문화비평연구회, 농악대였다. 그중 당시 겨사로 분류된 서클은 현철, 스피치, 인간학회, 인연, 민연 5개 정도였고 기생으로 분류된 서클은 기생과 문연이었다. 경철은 범

겨사로 분류되었다. 기생은 소수지만 파워가 약하지 않았다.

겨사 언더에서 서클연합회장 자리를 확보하기 위해 사전에 인간학회 회장 정종갑(중문 82)을 후보로 내정하고 경철에 협조 요청을 했다. 경철은 협조하겠다고 회신했다. 그런 상태에서 오픈서클 회장단 모임이 열렸는데, 회장 후보로 나선 정종갑이 출마 의견에서부터 강력한 모습을 보여주지 못했다. 회장이 되어 어떤 투쟁을 이끌고 조직을 어떻게 운영할 것인가에 대한 비전 제시를 제대로 하지 못한 것이다. 그러자 기생 측에서 "너 겨사냐? 미리 내정되어서 여기 나온 거냐?" 하면서 항의했고, 이에 사연 측에서도 동조하며 "뭐냐? 벌써 입 맞추고 나온 거냐?" 하며 강력하게 따지자 정종갑이 당황스러운 표정이 되어 "아니 뭐 나도 꼭 하고 싶다는 게 아니다."라며 머뭇거렸다.

더 이상 회의를 진행하기 어려워졌다. "회의를 중단하고 각자 입장 정리를 명확히 해서 다시 만나자."라고 했지만 두 번째 모임에서도 중구난방의 난상 토론이 벌어졌다. 이때 경철 회장 윤영철이 나섰다. "할 사람 없으면 내가 하겠다."라며 호기롭게 회장 출마 의견을 밝힌 것이다. 윤영철은 예정에 없었던 돌발적인 행동에 대해 이렇게 기억했다.

··· 저 같은 경우는 고등학교 학생회장을 하는 등 오픈 활동에 대한 경험이 많았어요. 고등학교 2학년 때 학생회장을 했어요. 그때 애들이 하는 것을

1984년 4월 11일, 서클연합회 발족대회가 거행되었다. 학원자율화 조치 이후 처음으로 만들어진 공개조직이며, 윤영철(독문 82)이 초대 서클연합회 회장을 맡았다.

보니까 마음에 안 들고 답답했어요. 그래서 즉흥적으로 나서게 된 거죠. "뭐 어차피 날아가고 구속될 텐데 덜덜 떨면서 왜 하냐? 그럴 바에야 내가 하겠다." 이렇게 된 거죠. 서클연합회장 하면 곧 날아갈 거라고 봤어요. 6개월 안에 구속된다고 판단하고 그런 거예요.

윤영철이 한다고 나서자 경철이 범겨사에 속하는 서클이지만 인간학회보다 훨씬 겨사 색깔이 약하다는 점이 기생과 사연의 찬성을 이끌어내는 데 영향을 미쳤다. 윤영철의 당당함과 빼어난 언변도 여러 서클 회장의 마음을 움직였다. 이렇게 윤영철이 서클연합회 회장이 되는 과정은 겨사조직의 어설픈 준비 작업과 자율화 국면에 대한 능동적 대응 부족을 여실히 드러낸 단적인 예다. 윤영철에 이어 2대 서클연합회장은 이택봉(국교 82)이 맡았고, 3대는 정기남(교육 83)이 뒤를 이었다.

유화국면에서 오픈 공간에
힘을 실어야, 고자추의 출범

학원자율화 이후 상황은 1979년 10.26 이후와 닮은 구석이 있다. 10.26 이후 각 대학이 1980년 3월 신학기의 총학생회 부활을 위해 학원민주화추진위원회를 구성했던 것처럼 학원자율화 조치 이후에도 유사한 움직임을 보였다.

이 움직임은 결국 1984년 9월의 총학생회 부활로 이어진다. 그런데 학교 당국의 태도에서는 1980년 초와 1984년 초가 상당한 차이를 보인다. 1980년에는 학교 당국이 학생운동권에 적극 협조하는 모습을 보인 반면, 1984년에는 그런 기대 자체를 학생운동권에서 품지 않았다.

1984년 초 겨울방학에 접어들었을 때, 고대 학생운동권 전체가 신학기 준비를 위한 잰걸음을 보였다. 특히 유화국면에 대한 상황 인식과 대응 방안에 초점을 맞춘 치열한 논의를 이어가며 차가운 겨울을 데우고 있었다. 자율화 국면이 언제까지 지속되고 어떤 양태로 바뀔지에 대한 안갯속 전망으로 인해 내부 의견이 어지러운 가운데 반합법 기구를 띄우기 위한 논의가 구체화되었다.

한편, 언더 81지도부는 유화국면과 상관없이 먼저 치고 나갈 순번을 정하기로 했다. 순번을 정한 81학번들은 아무런 직책을 맡지 않고 동 뜨는 준비 작업에 집중하고, 순번 밖의 81학번들이 고대자율화추진위원회에 참여하기로 했다. 대부분 언더조직이 고자추를 한시적인 조직으로 여겨 힘을 쏟지는 않았는데, 민맥만은 달랐다. 민맥에서 핵심적인 역할을 하던 문영철이 고자추의 기획부장을 맡은 것이다. 이때 상황을 문영철은 이렇게 얘기한다.

••• 논의 과정에서 저는 "나라도 하겠다. 내가 치고 나가겠다." 하며 적극적으로 나섰죠. "지금 같은 자율화 조치 상황을 적극적으로 돌파하기 위해

서는 우리가 전면에 나서야 한다. 학내에서 짭새들도 철수하는데 우리는 뒤에서 논의하고 학회 등에서 일하는 다른 애를 대신 내세우는 건 좀 아니라고 본다."라고 강조했어요. 우리가 판단하면 우리가 직접 나서야 한다고 생각했어요. 그래서 "내가 직접 나설 테니까 조직이나 나머지 부분은 너희들이 남아 뒤를 감당해라. 난 나가겠다." 이렇게 얘기하면서 저는 자연스럽게 언더 논의구조에서 빠졌어요.

유화국면 상황에서 새롭게 만들어지는 오픈 공간에 힘을 실어야 하고, 이를 인지한 사람이 직접 전면에 나서야 한다는 문영철의 판단과 능동적 대응은 시의적절했다. 문영철은 친분이 있던 상록회 출신 이영동을 설득해 농대 고자추 위원으로 나가게 했고, 아예 고자추 위원장으로 추대했다. 고자추 부위원장은 민연 호장 김준희(심리 81번)가 맡았다. 그리고 오픈서클 쪽에서 경철의 김계순(수학 81)이 고자추 위원이 되었고, 종교서클에서 고불회 출신 정연주(가교 81)가 차출되어 진상조사부장이 되었다. 그리고 정경대 편집부 출신 임선수가 언론위원을 맡았다. 언론위원이 되는 과정에 대해 임선수의 얘기를 들어 보자.

··· 83년 말에 자율화 조치가 발표되었잖아요. 내부적으로 '우리가 고자추를 띄워야 한다. 그러니까 공개적인 대중투쟁을 적극적으로 조조해야 한다.'는 등의 자율화 국면에 대한 논의가 활발하게 진행되었어요. 여러 차례

에 걸쳐 심도 깊은 토론을 했어요. 당연히 고자추 구성에 대한 얘기를 많이 했어요. 경제학과, 정외과 등의 동기들과 만나 술 한잔하면서 난상 토론을 하고 그랬어요. 저는 사실 고자추 얘기 나올 때 83년 11월에 치고 나가지 못한 것에 대한 부채감도 있고 해서 1번으로 손들었어요. 어차피 그때는 고자추가 어떤 형태로 갈지는 아무도 몰랐으니까요. 좀 더 대중적인 활동이 될 것 같다는 생각이 들었어요. 고자추를 만들면서 '단과대에서 각 1명씩 위원을 맡는 것으로 하는데 서클에서는 몇 명을 올려야 하나?' 등의 내부 기준을 정하는 토론을 계속했어요. 그런 구성 방안 논의 중에 제가 하나의 제안을 했는데, 홍보 대표예요. 왜냐하면 각 단과대에 편집국이 있고 고대신문과 영자신문도 있잖아요. 이거 다 합쳐놓은 게 하나의 고대 내 홍보 단위라고 보았어요. 사실 신문사 애들하고는 한마디도 안 통했어요. 언론 대표가 논리에 맞는지 틀린지 몰라도 그렇게 주장을 했어요.

정경대 위원은 최창환이 맡았다. 최창환은 1983년 5.5 대동제 시위 건으로 강집되었다가 6개월 만에 제대한 상태였는데 박래군, 박부용, 이재권 등이 정경대 고자추 위원으로 추천한 케이스였다. 그리고 문과대와 경영대에서 송민정(철학 81)과 김대성(경영 81)이 각각 추대되었고, 법대에서는 81학번 자원이 없어 82학번 이재화가 자원해 고자추 위원이 되었다. 이재화는 1학년 때 법대 학회에 있다가 2학년부터는 민맥에 들어가 두 공간에서의 활동을 병행하고 있었다. 사대도 법대와 마찬가지로 고자추 위원으로 올라갈 81

1984년 4월 13일, 고대학원자율화추진위원회 결성식이 거행되었다. 위 사진에서 마이크를 잡고 있는 인물이 이영동 위원장이다. 이영동 좌우에 부위원장 김준희(심리 81)를 비롯해 고자추 위원들이 도열해 있다. 김계순(수학 81), 임진희(문리대 82), 송민정(철학 81), 최창환(경제 81), 문영철(재료 81), 정연주(가교 81), 김대성(경영 81), 이재화(법대 82), 이정환(국교 82), 임선수(경제 81) 등이다. 아래 사진 역시 고자추 결성대회 모습인데, 뒤에 준공이 안 된 정경관이 보인다. 정경관은 1984년 8월 24일에 준공했다. 홍보관 뒤 철탑이 보이는데 그곳에서 신수현이 11.2 고공 시위를 감행하려 했지만, 당일 문이 잠겨 과도관으로 옮기게 되었다.

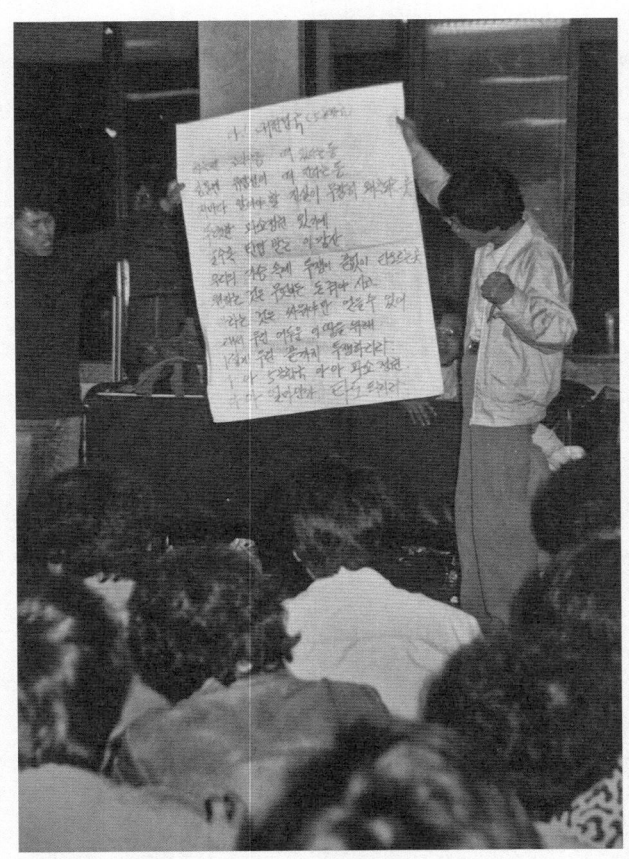

1984년 4월 16일, 강제징집을 부추기는 학교 당국의 지도휴학제 폐지를 요구하는 학생회관 농성 모습. 이 농성에서 불렸던 〈아! 대한민국〉의 개사곡 〈아! 5공화국〉의 가사는 이렇다. "하늘엔 조각구름 떠 있다는 둥/ 강물엔 유람선이 떠 간다는 둥/ 저마다 알아야 할 진실이 무참히 왜곡되는 곳/ 뚜렷한 파쇼정권 있기에/ 갈수록 탄압받는 이 강산/ 우리의 가슴 속에 투쟁이 끝없이 타오르는 곳/ 원하는 것은 무엇이든 돈 줘야 사고/ 바라는 것은 싸워야만 얻을 수 있어/ 그래서 우린 어두운 이 땅을 위해/ 이렇게 우린 어두운 이 땅을 위해/ 이렇게 우린 끝까지 투쟁하리라/아 아 5공화국 아 아 파쇼정권/아 아 얼마 안 가 타도되리라."

학번이 없어 국교과 82학번 이정환이 자원했다.

고자추 구성 과정에서 두 명이 교체되는 일이 일어났다. 모두 집안 문제로 발생한 일이었다. 먼저 정경대 위원 최창환의 경우, 홀어머니가 학교까지 찾아와서 극렬하게 반대하는 바람에 물러날 수밖에 없었다. 최창환 대타로 정외과의 신동일이 나섰는데, 함께 자취를 하고 있던 이재권의 권유가 크게 작용했다. 고자츠 발족 이후에 집안이 발칵 뒤집어져 위원이 바뀐 일도 있었다. 고자추 위원이 되었다는 사실을 뒤늦게 알게 된 송민정 집에서 난리를 치며 전방위 압박을 가해 결국 낙마했는데, 후임으로 아카데미 출신으로 영문과 학회에서 활동하던 이상빈이 낙점되었다. 세종에서는 82학번 임진희가 고자추 위원으로 올라왔다. 임진희는 세종에서 농악대와 함께 가장 활발하게 학생운동을 했던 탈반 소속이다.

고자추의 첫 번째 대규모 공개행사, 김두황 열사 추모제

인적 구성을 마치고 1984년 4월 13일 고자추 결성식을 거행했다. 고자추가 제일 먼저 추진한 사업은 김두황 열사 추모식이다. 1983년 6월 김두황 군 의문사 비보가 학교에 전해졌을 때, 고대 학운 전체가 큰 충격을 받았고 치미는 분노를 주체하지 못해 울분을 토해냈었다. 하지만 추모식조차도 엄두를 내지 못했고, 이는 고대 학운이 짊어지고 있던 무거운 부채였다. 고자추는 결성 나흘 후인 4월 17일 김두황 열사 추모식을 강행했다. 군 의문사 10개월 만에 열리는, 좀 늦었지만 국가폭력에 의해 희생된 열사의 억울한 죽음을 기억하고 민주주의에 헌신했던 고인의 뜻을 기리는 고자추의 대규모 공개행사라는 점에서 의미가 남달랐다.

김두황 열사 추모제 하루 전날에 지도휴학제 폐지를 요구하는 학생회관 철야농성이 있었다. 그 여세를 몰아 4월 17일 오전 11시부터 추모식을 가질 예정이었는데, 조치원에서 올라오는 학생들 일정이 조금 늦어지면서 오후 2시에 추모식이 거행되었다. 이영동 고자추 위원장의 '고 김두황 학형께 드리는 글'에 이어 경제학과 동기 손학붕이 복학생을 대표해 추모사를 낭독했다. 그리고 마지막으로 임선수가 '강제징집 규탄 성명서'를 발표했다. 이날 성명서를 낭독한 임선수 언론위원은 하마터면 집회 참석도 못하고 고향집으로 끌려갈 뻔했다. 임선수가 전하는 당시의 긴박했던 전후 사정은 이렇다.

··· 최대 인원이 모였던 두황이 형 추모식 때 고자추 위원장이 있는데 왜 제가 성명서를 낭독했겠어요? 성명서 낭독하면 깜방 가는 걸로 생각했어요. 어차피 제가 1번으로 손을 들었기에 제가 성명서 읽는 걸로 하고 그 성명서를 밤새 쓴 거예요. 내용은 기억 안 나요. 밤새 돌려서 5천 장 정도 만들었지

요. 그런데 황당한 일이 일어났어요. 집회 당일인 4월 17일 오전에 학생회실에서 집회 준비를 하고 있었어요. 그렇게 한참 정신없이 일하고 있을 때 청주에서 아버지가 올라온 겁니다. 서울에 사는 육촌 형과 함께 갑자기 학교로 오신 거죠. 당연히 저를 잡으러 온 거였어요. 청계천에서 장사하던 육촌 형 오토바이 타고 왔어요. 어떻게 합니까? 아버지를 내칠 수도 없고 그래서 터미널로 갔습니다. 아버지한테 잡혀서 터미널까지 가서 청주 가는 속리산행 고속버스를 탔어요. 집회 시간이 다가오고 마음이 조급해졌어요. 그때 버스에서 내려다보니 신문 가판이 보이더라고요. 그래서 아버지한테 잠시 신문을 사 오겠다고 하고선 버스에서 내렸어요. 그러고는 바로 튀어버린 거예요. 고속버스터미널 3층에서부터 그냥 계단으로 해서 버스정류장으로 달려서 아무 버스를 타고 몇 번 갈아탄 후 겨우 학교에 도착했어요. 다행히 집회 시간 전에 도착할 수 있었지요. 그리고 집회에서 성명서를 낭독했어요. 그 뒤에 아버지 얘기를 들었어요. 그때 아버지가 학교까지 쫓아왔다는 겁니다. 제가 없어진 걸 알고 아버지도 고속버스에서 내린 후 육촌형한테 공중전화로 연락한 뒤 뒤쫓아 왔는데, 그때는 이미 집회가 시작된 후였어요. 그러니까 대강당 옆의 언덕 비슷한 곳에 앉아서 집회를 봤대요. 그날 최루탄의 매운 냄새도 맡으시고 하셨는데, 그 일 때문이었는지는 알 수 없지만 청주로 내려가신 지 얼마 뒤에 뇌경색으로 쓰러지셨어요. 못난 아들 때문인가 싶어 평생 아버지에 대한 죄송함을 떨칠 수가 없었어요. 그 뒤로 계속 병원에 누워서 계시다가 2001년에 돌아가셨어요.

1984년 4월 17일, 김두황 열사 추모식 모습. 김준희 고자추 부위원장이 김두황 열사 영정을 들고 행진하고 있다. 여기서 조금 더 가면 제기동 삼거리인데, 거기에 행렬이 이르자 경찰이 페퍼포그 연기를 내뿜기 시작했다. 이후 투석전이 전개되었고 학생들은 안암동 고개까지 진출했다.

김두황 열사 추모식 때의 격렬한 투석전 모습이다. 이날 국문과 83학번 네 명이 대운동장에 있던 농구대를 끌고 와 전경들과 맞서는 진풍경이 펼쳐졌다.

추모식 하이라이트는 가상관을 메고 본교에서 이공대로 가는 가두행진이었다. 경찰들이 어쩐 일인지 본교 정문에서는 막지 않았다. 맨 앞에 김두황 열사 영정을 든 김준희 고자추 부위원장이 서고 그 뒤에 만장을 든 학생들이 끝도 없이 이어져 본교 정문을 나갔다. 침묵시위 행렬이 제기동 3거리에 이르렀을 때 갑자기 경찰이 페퍼포그를 내뿜었다. 이때부터 침묵시위를 하던 2,000여 명의 학생들이 격렬한 시위를 벌였다.

분노한 고대 시위대가 정문 앞 도로를 완전히 점거한 채로 경찰의 최루탄에 투석으로 맞섰다. "강제징집 철폐하라!", "김두황 군의 문사 진상조사 실시하라!", "김두황을 살려내라!" 등의 구호를 외치며 한때 안암동 고개까지 진출했다. 서울의 봄 이후 처음으로 안암동 고개까지 진출한 시위대와 전경의 치열한 공방으로 제기동 3거리의 길 위에는 깨진 보도블럭이 아스팔트를 거의 덮을 정도였다. 군 의문사 이후 10개월 동안 작은 추모식조차 거행하지 못한 김두황 열사의 눈물인지 하늘에서는 비까지 내려 추모식 투쟁을 더욱 비장하게 만들었다.

오후 6시 30분쯤에 경찰이 대폭 증원되었다. 학교로 다시 물러난 후 본관 앞에서 고 김두황 열사 가상관을 불태우는 의식을 거행했다. 흩뿌리던 비가 침묵하듯 잠잠해졌다. 뒤이어 도서관 철야농성을 벌이면서 '추모제 시위를 핑계로 4.18 행사를 취소하지 않고 예정대로 진행할 것' 등을 요구했다. 학교 당국의 구두 승인을 확

제기동 삼거리에서 전경과 공방전을 벌이고 있는 현장 모습이다. 김두황 열사의 죽음을 접하고도 오랫동안 침묵할 수밖에 없었던 고대인의 분노가 한꺼번에 표출된 시위였고, 고대 학생운동사에 큰 족적을 남긴 투쟁이었다. 1980년 서울의 봄 이후 가장 규모가 컸던 시위이기도 하다. 아스팔트 위에 깨진 보도블록이 널려 있는데, 이 시위 이후 성북서는 정문 앞 인도를 보도블록 대신 아스콘으로 교체해 달라고 성북구에 요청했다는 후문이 있다.

인한 뒤에야 철야농성을 풀었다.

　새벽 2시가 넘은 시간에 시위가 일단락되었지만, 세종에서 올라온 300여 명은 다음날 아침까지 철야농성을 계속했다. 고려대 재단에 항의하기 위해서였다. 신입생을 두 해째 뽑아놓고서도 수업할 강의실이 완공조차 되지 않았으니 다른 부대시설 준비는 불 보듯 뻔했다. 도저히 공부할 수 있는 환경 자체가 마련되지 않은 것에 대한 학생들의 분노가 본교 상경투쟁으로 폭발한 것이다. 세종캠퍼스의 학내 문제는 그 이후에도 개선되지 않았고, 1988년 조치원에서 1,000명의 학생이 올라와 본교 앞 김성수 동상에 밧줄을 건 사건으로까지 확대되었다.

5.17 이후 최대 인원이 집결한 대학 연합시위와 과감해진 가투

　석탑대동제 기간 중인 5월 4일에는 군 의문사 6인에 대한 합동위령제가 열렸다. 이 행사 역시 고자추 주최로 진행되었다. 고대를 비롯해 서울대, 연대, 성대, 동국대, 한양대 6개 대학의 군 의문사 희생자를 추념하는 이 행사는 김두황 추모제 때보다 더 많은 인원이 집결했다. 타 대학 학생이 가세해 대운동장에 운집한 인원이 10,000명을 웃돌았을 만큼 집회 열기는 대단히 뜨거웠다.

4시 50분 민주광장에서의 분향으로 위령제가 시작되었다. 이영동 고자추 위원장이 6개 대학 '자추연합' 명의의 성명서를 발표했다. 성명서에서 '살인강집, 지도휴학제 폐지', '녹화사업 중지', '프락치 공작 중지', '인권탄압 중지', '언론자유 보장' 등을 요구했다. 한 시간 남짓 위령제를 지내고 5시 50분쯤부터 정문 앞 공방전이 펼쳐졌다. 그리고 민주광장에 집결해서는 국방부, 문교부, 문공부 장관 사퇴를 요구하는 성명서를 발표했다. 당시 한국 천주교 200주년 기념으로 요한 바오르 2세가 1984년 5월 3일부터 7일까지 5일간 한국을 방문하기로 되어 있었는데, 교황에게 전하는 메시지도 함께 낭독되었다.

··· 아직 광주의 기억이 사라지지 않은 이 땅에 당신이 미소를 보내는 것은 사랑과 화해가 아니라 비겁과 굴종이다.

집회는 거기서 끝나지 않고 중앙도서관에서의 철야농성으로 이어졌다. 1,500명이 넘는 학생이 도서관을 꽉 채웠다. 철야농성을 함께한 6개 대학의 자율화추진위원장단은 다음날 오전10시 외신기자회견을 가졌다. 학생 대표들은 합동위령제와 철야농성을 벌인 이유를 설명하면서 한국의 인권 상황과 투쟁 의지를 전 세계로 타전하게 했다. 이 기자회견에 기자를 파견한 통신사는 UPI, AP, 교토통신 등이고, 방송사로 미국의 CBS와 일본의 RKB(일본구주방송)

1984년 5월 4일, 군 의문사를 당한 6인에 대한 합동위령제가 고대 대운동장에서 거행되었다. 김두황 열사 추모식 때보다 훨씬 많은 인원이 모였고, 열기 또한 엄청났다. 이 위령제는 자율화 국면에서 6개 대학의 '자추'가 연대해 구성한 '자추연합'의 첫 번째 대중집회다. 전두환 군사정권의 학원자율화 조치로 조성된 유화국면에 능동적으로 대응한 자추연합 집회는 학운 세력의 연대와 공동투쟁의 길을 여는 결정적인 계기로 작용했다는 점에서 큰 의미를 갖는다.

가 참석했다.

5월 4일 고대 민주광장에서 열린 합동위령제는 1980년 5,17 이후 최대의 인원이 집결한 대학 연합시위로서 유화국면 이후에 학생운동 세력이 쏘아 올린 군사정권에 대한 공개적인 선전포고의 성격을 띤다고 할 수 있다. 또한 연대투쟁의 성과가 가시화되면서 향후 전국 대학 연대조직 결성을 가속화하는 신호탄 역할을 톡톡히 담당했다는 측면에서도 큰 의미가 있다. 실제로 이듬해인 1985년 봄에 전국 대학이 망라된 전국학생총연합(전학련)이 출범한다.

'유화국면 속에서 고자추를 띄우면 적들의 대응이 있을 것이다. 이를 빌미로 해서 학원 탄압을 다시 시도할 것인가? 그렇다면 언제 우리를 칠 것인가? 그게 아니라면 군사정권은 어떤 방식으로 대응할 것인가?' 이런 고민을 하며 분주하게 보내다 보니 어느덧 1984년의 5월을 맞이하게 된 것이다.

서울대가 3월 9일 제일 먼저 학자추를 결성한 이후 고대, 연대, 성대, 서강대에서 연속해서 학자추가 만들어졌고 이어서 5개 대학의 학자추 페더가 만들어졌다. 고대를 포함해 서울대(위원장 남승우), 연대(위원장 이규희), 성대(위원장 최재원), 서강대(위원장 이병하) 학자추가 모인 것이다.

이 모임에서 논의되어 처음으로 실행한 대규모 연합집회가 바로 고대에서 열린 5월 4일의 합동위령제였다. 학자추 대학연합 회의에는 위원장인 이영동과 부위원장인 김준희가 함께 혹은 교대로 참석했다. 고대에서 처음으로 열린 대학연합 시위에서의 성공은 학생운동권 전체에 엄청난 자신감을 불어넣었다. 이후 대학의 가두시위가 기하급수적으로 늘어났고 그 방식도 훨씬 과감해졌다. 고대의 가투 변화 양상을 이영동을 통해 들어보자.

••• 교내 집회 끝나고 밖으로 나가 바로 이어지는 게 가투였어요. 게릴라적인 가투, 동시다발적인 가투를 했지요. 그 전에 비합법적인 시절에는 한 번 하고 깨지면 종료되었는데, 84년부터는 많이 바뀌었어요. 시간대별로 2~3군데 시위 장소를 정한 후 옮겨가면서 가투를 했어요. 실제로 삼양사거리에 제일 많이 나갔었는데, 삼양사거리 시위 후 이어서 대지극장에서 하고 또 장소를 옮겨 다시 기습시위를 진행한 후 정리하는 식이었어요. 강남에서는 강남 영동극장 앞과 터미널에서 시간 간격을 두고 가투했던 게 기억이 납니다. 한번은 5월 광주학살진상위원회가 추진한 가투를 했는데, 하루에 네 군데를 옮겨다니면서 했어요. 따라가는 것도 힘이 들 정도로 진짜 시간대별 게릴라전이었어요. 또 기억하는 일은 도봉구 창동에서 1,000명 정도가 모인 가투였어요. 대로를 가로막고 교통을 다 차단한 상태에서 마음껏 구호를 외치고 흩어졌지요. 도저히 경찰이 쫓아올 수 없게끔 했어요. 경찰이 올 때쯤 되면 그 자리 뜨고 다른 곳으로 옮겨서도 같은 방식으로 하는, 말 그대로 게릴라전이었어요. 5월 4일이 계기가 된 거죠. 비단 우리 학교뿐 아니라 다른 학교도 그렇게 하게 된 거죠.

고자추의 공개적인 활동은 점차 대범해지고 군사정권을 정면으로 겨냥한 격렬한 정치투쟁으로 고조되었다. 고자추는 광주항쟁 4주기를 맞아 5월 14일부터 26일까지를 광주민중항쟁 봉기 기간으로 정하고 공개투쟁을 천명했다. 학내 학생들 대상으로 검은 리본 달기, 모금운동 등을 통해 광주항쟁의 의미를 널리 알렸고 5월 18일에는 15개 대학 공동으로 합동위령제를 진행했다. 하루 전인 5월 17일에는 '아! 광주여 무등산이여' 학내 문화행사를 마련했다. 이 행사에서 광주항쟁 재연극이 연출되었는데, 1,000여 명이 몰릴 만큼 학생들의 열기가 대단했다.

행사 후 정문을 돌파하는 행진을 하다 최루탄을 마구 난사하는 전경들과 맞서 3시간가량의 공방전이 벌어졌다. 이 과정에서 당시 1학년인 최용석(신방 84)이 횃불을 들고 경찰저지선으로 달려들다 8미터 전방에서 쏜 경찰의 최루탄 직격탄을 맞는 사고가 발생했다. 오른쪽 눈 밑에 최루탄을 맞은 최용석은 혜화병원으로 긴급 이송되어 중환자실에 입원했다. 최용석은 광주 석산고 출신으로 재수 시절에 '광주사태를 해명하라'는 명찰을 만들어 달고 다닐 만큼 의기가 있었고, 대학생이 되기 전부터 광주항쟁의 진실을 직간접으로 경험한 광주의 아들이었다. 김해자(국문 81)의 활약상도 눈부셨다. 김해자는 5월 18일 외대에서 열린 광주민주영령합동위령제를 비롯해 광주민중항쟁 봉기 기간 내내 벌어진 학내 행사 및 가투를 진두지휘한 인물이다. 고자추 산하 광주학살진상조사위원회 위

1984년 5월 17일, 광주항쟁 재연극 공연을 마치고 벌어진 시위에서 1학년인 84학번 최용석(신방)이 경찰의 최루탄 직격탄을 맞아 중상을 입었다. 정문 앞 펜스가 넘어져 있는 장면에서 격전의 흔적을 엿볼 수 있다.

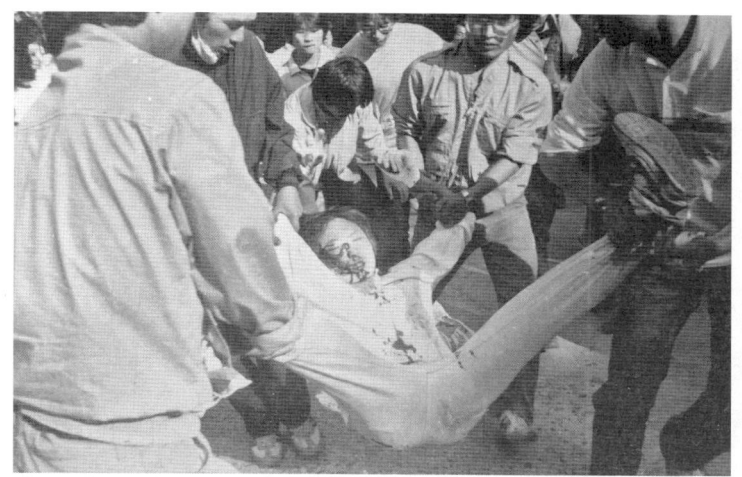

위 사진은 1984년 5월 17일 시위에서 최루탄 직격탄을 맞은 최용석 모습이다. 눈 부위에서 흘러내린 선혈로 얼굴 오른쪽이 피범벅이 되었다. 주위 학생들이 최용석을 부축해 병원으로 옮겼다. 아래 사진은 1984년 5월 18일 외대에서 열린 4개 대학 합동 '광주영령 추모식' 이후에 전개된 공방전 모습이다. 격렬한 공방전이었음을 한눈에 알 수 있다.

원장을 맡은 김해자는 쉴 틈 없는 5월의 투쟁 일정을 소화하고서 몸무게가 15kg이나 빠졌다.

학원자율화 국면의 기현상, 시위 주동을 해도 구속되지 않아

학원자율화 이후 군사정권이 학생운동 적극 가담자에 대응 방식이 확연하게 변했다. 단적인 예는 가두시위를 벌이다 검거된 주동자들에 대한 법적 처벌이 특별한 사안을 제외하고는 무조건 구속에서 구류로 바뀐 것이다. 구체적 사례를 살펴보자.

1984년 2학기 개강을 앞두고 전두환 신군부가 1984년 9월 6~8일 전두환 방일을 통해 한미일 군사협력을 강화하면서 경제안보협력 명분하에 일본으로부터 7년간 40억 달러의 민간차관을 제공받기로 했다는 소식이 전해졌다. 이에 학생운동 진영에서 즉각 반대성명을 내며 행동에 나섰다. 한미일 군사협력체제 강화로 인해 한반도 전쟁 위험이 고조될 뿐 아니라, 민간차관이 일본에 대한 경제 종속을 심화시켜 결국에는 일본과 국내 독점자본의 노동 수탈을 강화하게 된다며 날을 세웠다.

이와 관련해 8월 29일 고대에서 '한일관계토론회'가 열렸다. 방학 중임에도 2,500여 명이 대거 운집할 정도로 전두환 방일에 대한 반감 여론이 대학가에서 높았고, 자율화 조치 이후 열린 대중공간에 대한 학생들의 참여 열기가 고양될 때였다. 여기서 9개 대학 학자추 연합이 '매국방일 반대 특별위원회 구성을 제안하며' 제하의 특별 성명서를 발표했다. 토론회를 마치고 서울 도심에서 가투를 벌였다. 사전에 준비한 시위였다. 고대생 700여 명이 서울역 등에서 전두환 방일을 규탄하는 "매국방일 결사반대!", "굴욕외교 중지하라!" 등의 구호를 외치면서 시위를 벌이다 민정당사와 일본대사관 공보관, 종로경찰서 관할 파출소 등에 투석해 유리창을 박살 냈다.

가투 현장에서 고대생 5명이 연행되었다. 김헌배, 이범재, 인연출신 정미례(사학 81), 기생 회장 최쌍호(경제 82), 고불회 회장 김익희(경영 82)였다. 이들 5명은 유리창을 부순 폭력 혐의로 구속영장이 신청되었다. 그런데 즉심에 회부되어 5일 구류를 받는 것으로 끝이 났다. 학생운동 내부에서는 이 같은 학원자율화 이후의 상황이 당혹스러웠다. 4학년이 되어 주동을 뜬 후 감옥살이하면서 자연스럽게 학생운동을 정리하고 노동 현장으로 이전하는 게 일반적 패턴이었는데, 시위 주동을 뜨고 체포되어도 며칠 살고 다시 나오는 상황이 반복되었기 때문이다.

학원자율화 조치 이후 학내 집회를 마치고 스크럼을 짜고 행진하면서 정문 박치기를 하면 경찰들이 최루탄을 발사하면서 정문 진출을 막는 게 일반적 패턴이었다. 고자추 해산식 때에는 이를 역

1984년 8월 29일, 전두환 방일 반대 시위 현장에서 학생들이 학교 정문 앞 페퍼포그 차량을 밀어내고 있다.

이용하는 전술을 짰다. 학내 특정 장소에서 동이 뜨면 미리 동원된 인력이 한꺼번에 뛰어들어 기습시위를 벌이는, 즉 1983년 이전의 시위 방식을 채택한 것이다.

두 팀으로 나누어 학생회관과 도서관 앞에서 신동일과 이영동이 동시에 동을 떴고, 앉아서 하는 집회 없이 곧바로 교문으로 진격했다. 그러고서는 양쪽 도로를 차단한 채로 정문 앞에서 시위를 벌였다. 집회 진행 후 당연히 정문 박치기를 하는 것으로 짐작했던 경찰이 당황해하며 부랴부랴 전경을 배치했다. 이내 공방전이 벌어지는 가운데 성북경찰서장이 타고 있는 차량이 정둔 가까이 있었는데, 화염병이 날아가며 그 차량을 태워버렸다. 순식간에 일어난 사건이었다. 당시 시위 주동자였던 신동일의 기억이다.

··· 돌발사건으로 인해 비상이 걸린 성북경찰서 형사들이 전경을 총동원해 학교를 포위했어요. 그때부터 자취방에도 못 갔어요. 당시 이재권과 같이 자취할 때인데 두 달 정도 도망 다니다가 12월에 잡혔어요. 피의자 진술서를 쓴 뒤에 이상한 일이 벌어졌어요. 구속이 되지 않고 즉결자판소로 넘겨졌는데 다시 돌려보내더라고요. 검사가 즉결 사항이 아니라는 거예요. 그래서 피의자 진술을 다시 했는데 이번에도 즉결재판소로 가라고 하더라고요. 원남동 법원으로 보내졌는데 거기서 판사가 물어보더라고요. 무슨 사건이냐? 방화 사건이라고 하니까 그런 거 얘기할 거 없다는 거예요. 직전에 학내 시위를 주도한 죄목으로 김계순 등이 구류 7일 받았어요. 그 얘기를 했더니 판

사가 구류 10일을 선고했어요. 자율화 덕을 본 거죠. 방화죄로 걸렸으면 훨씬 오래 살았을 테니까요.

이영동은 이와 관련해 민정당사 점거투쟁에 참여하지 못한 아쉬움을 내비쳤다.

••• 고자추 해산식 집회를 마치고 김영춘을 만났더니 저에게 들어가라는 겁니다. 그러면서 성북서장 차량 방화 건으로 후배들이 많이 잡혔다고 했어요. 그러니 주동자인 제가 들어가야 더 이상 후배들이 다치지 않는다고 얘기했어요. 그 말에 제가 마음이 약해지더라고요. 주동자인 만큼 책임을 다해야 한다는 생각에 성북서에 자진출두 했어요. 그런데 성북서 들어간 지 이틀 후 민정당사 점거투쟁 소식을 들었어요. 저는 전혀 모르고 있었어요. 저한테 그 얘기를 미리 했으면 자진출두를 하지 않고 민정당사에 들어갔으면 좋았을 텐데 하는 생각이 들었어요. 좀 섭섭했어요. 제가 구속되고 감옥에 갔으면 군대 문제도 해결했을 것 같은데.… 여하튼 저는 그 사건으로 주동자임에도 구속이 되지 않았어요. 어쩔 수 없이 군대 가는 처지가 된 거죠.

▶ 빼앗긴 권리를 되찾아 총학생회를 다시 건설하자

우여곡절이 많았던 총학생회장
입후보자 내부 선정

고자추 출범 한 달 후쯤인 5월 21일, 총학생회준비위원회(이하 '총준위')가 발족되었다. 고병헌 총학생장단과 고자추가 협의해 일찍부터 준비한 결과였다. 이영동이 위원장이 되었고 고병헌이 부위원장을 맡았다. 총무는 김준희 고자추 부위원장이 추천되었고 회칙개정부라는 부서를 별도로 두었다. 그 부서에 정연주 고자추 진상조사부장, 박성우 총학생장단 기획부장이 합류했다. 그리고 홍보부, 집회부, 대외섭외부, 여론부를 두었다. 5월 30일 총준위 총회를 열어 총학생회 회칙 개정안을 통과시켜 발표했다.

개정된 회칙에 따라 6월 4일부터 8일 사이에 총준위 주관하에 단과대 학생회장 선거가 일제히 실시되었다. 정경대는 김일영, 문과대는 함범찬(국문 82), 법대는 김의겸, 경영대는 김혁민(경영 82), 사범대는 황덕명, 이과대는 허경(지질 82), 공대는 현종웅(전자 82), 농대는 김학균(농경 82), 의과대는 김준영(의학 82) 등이 새로운 단과대 학생회장으로 선출되었다. 총여학생회장은 오정선(사학 82)이 뽑혔다. 조치원의 문리대는 이운학(중문 82), 경상대는 김종호(통계 82)가 당선되었다. 단과대 선거가 끝나자마자 총준위는 총학생회 선거 일정을 발표했다. 1984년 2학기가 시작되자마자 치르는 선거였다. 9월 3~4일에 입후보자 등록을 하고 9월 17일에 투표하는 일정이었다.

총학생회 부활 일정이 발표되자 고대 학생운동 내부에서 총학생회장 후보를 물색하는 작업이 활발하게 이루어졌다. 결과적으로 김영춘이 총학생회장 후보로 선정되었는데, 그 과정에 적지 않은 우여곡절이 있었다. 김영춘은 고등학교 때부터 문학지망생이었고 고대 문과대 수석으로 입학했다. 국문과에 가고 싶었지만 아버지가 법대 가기를 강하게 원해서 절충점을 찾은 게 영문과였다. 영문과 가면 먹고 사는 데 문제가 없다고 김영춘 바로 윗형이 아버지를 설득한 것이다. 입학해서 가입한 서클은 고대문학회였다. 고대문학회는 사회과학 서클과는 전혀 관계가 없는 순수 문학지망생이 모인 곳이었다.

이 서클에서 김영춘은 3년 선배인 박형준(사회 78, 현 부산시장)을 만나게 된다. 김영춘이 1학년 때 4학년이던 박형준이 김영춘에게 민요를 같이 배우지 않겠느냐고 제안했다. 이 제안에 동참한 사람이 사회학과 학회 안살림을 맡았던 이재현이다. 이들은 명지대학교 근처에서 서편제 배우 김명곤 씨에게 민요를 배웠다. 민요 배움은 김영춘이 영문과 학회 활동을 할 때에도 중단되지 않았다.

　한번은 김영춘, 이재현 등 총 4명이 계룡산 계곡으로 MT를 갔다. 새벽에 비가 많이 와서 텐트를 걷어 근처 사찰에 비를 피하기 위해 들렀다. 그런데 경위를 알 수 없는 경찰 신고가 접수되어 대전의 대공분실 지하실에서 3일간 조사를 받게 되었다. 간첩 신고로 대공분실까지 간 것인데, 가지고 있던 녹음테이프에서 민요만 나오니까 혐의가 없다고 인정되어 풀려났다. 녹음테이프에서 이상한 것이 조금이라도 나왔더라면 큰 치도곤을 당할 뻔했다. 대전 대공분실은 공주대의 사회과학 학습모임을 간첩단으로 조작한 곳이다. 대학 1학년이 세미나를 몇 번 했을 뿐인데, 한 달 정도 지하실에 가두고 "북한 간첩임을 자백하라."면서 악랄한 고문을 자행해 '금강회'라는 유명한 사건을 꾸민 것이다.

　3학년이 된 김영춘은 영문과 학회 활동을 하면서 주목을 받게 되었고, 1983년 문과대 어학 계열 포스트를 맡아 김창현, 노기영과 같이 문과대 동원을 책임졌다. 김창현 강집 이후에는 노기영이 81학번 바텀업 지도부 활동을 주도할 때 적극 지원했다. 그리고

1984년 여름방학 때 비합법 투쟁위원회 위원장 역할을 맡아 2학기 투쟁을 기획하고 가투 주동자를 내보내는 일을 책임졌다. 이후 비합법 투위 위원장으로서 총학생회장 후보를 뽑는 책임자 역할까지 맡게 되었다. 김영춘의 말을 들어보자.

••• 총학생회장을 뽑으려면 선거를 해야 하잖아요. 애초의 생각은 좀 외향적이고 연설도 잘하는 터프가이 중심으로 후보를 선정하는 거였어요. 직선제 선거이기 때문에 유세를 해야 하니까 아무래도 언변이 뛰어나고 강한 이미지를 가진 후보가 적절하다고 판단한 거죠. 그 기준으로 추천을 받아서 한 10명 정도 리스트를 만들었어요. 그리고 그 예비후보를 전부 만나 면담했어요. 그런 후 가장 적합하다고 판단되는 최종 2인을 뽑아 둘을 놓고 심사하려고 했어요. 근데 한 사람도 하겠다는 친구가 없었어요. 예를 들면 조경현이는 겨사 언더 책임자였어요. 조경현은 고등학교 때 학생회장도 하고 연설도 잘하는 스타일이에요. 하지만 자신은 일이 많아서 도저히 못 한다는 겁니다. 다음으로 기생 언더 책임자였던 김성환을 만났죠. 뒤에 MBC 기자도 하고 자회사 사장도 한 친구지요. 걔도 굉장히 외향적인 친구예요. 하면 잘할 것 같았는데 죽어도 못 한다는 겁니다. 그리고 또 민맥 출신으로 신방과에서 학회 활동을 하던 윤석암도 접촉했어요. 못 한다고 뒤집어지는 겁니다. 이렇게 추천받은 친구들을 하나하나 다 만났지만 하겠다는 애가 없었어요. 원래 계획은 복수 후보를 모아 심사하고 둘로 압축시켜서 토론도 시키려 했는데, 완전히 계획에서 엇나간 거지요. 야! 이거 큰일 났다고 생각했죠. 비합법 투위

회의에서 이 문제가 심각한 안건으로 올라왔어요. 회의석상에서 사람이 없다고 하니까 화살이 저한테로 날아왔어요. 그러면서 "너는 별로 못 생기지도 않았고 또 안암 장학생 출신이니까 운동권 출신에 대한 거부감도 별로 없을 거다. 정부가 일반 학생들한테 선전하는 게 운동가 출신 놈들은 공부하기 싫어서 그렇다는 둥 계속 악성 선전을 할 터인데, 네가 나가면 총학생회의 이미지를 거부감 없이 만드는 데 굉장히 도움이 될 것 같다."라면서 저를 적극 미는 거예요. 그래서 시간을 달라고 했지요. 고민을 많이 했어요. 결론적으로 제가 마무리해야 할 일이라고 생각했어요. 선거가 2학기 시작하자마자 바로 있었던 만큼 시간을 더 끌 수 없었어요. 하는 수 없이 "내가 떠맡겠다."라고 말한 거지요. 그때 제가 2학기 투쟁위원회 책임자가 아니었으면 출마하는 일은 없었겠지요.

총학생회 부활, 선출할 권리를 스스로의 힘으로 되찾는 순간

부총학생회장이 될 러닝메이트 후보로는 82학번 몇몇이 거론되었다. 장동환(사회 82) 등이 이름을 올렸지만 최종적으로 겨사조직에서 강력하게 민 허인회가 낙점되었다. 김두황이 직접 조직한 유일한 82학번 정경대 3인 코어 멤버였던 허인회가 겨사 언더의 조직원이라는 사실을 알고 있는 사람은 극소수에 불과했다. 박부용이 비밀리에 허인회를 불러 부총학생회장에 입후보하라는 오더를 내린 것이다. 2학기가 시작되고 9월 3~4일 선거관리위원회에서 후보를 받은 결과, 4팀이 등록했다. 후보 등록을 마치고 본격 선거운동에 들어가자 문교부가 고대 당국에 압력을 넣었다. 문교부의 눈치를 볼 수밖에 없는 학교 당국이 9월 13일 서진영 학생처장 명의로 학도호국단 학생장단을 선임했다. 서진영 학생처장은 "현행 학도호국단 설치령이 개정되지 않고서는 총학생회를 공식적으로 인정할 수 없다."라는 입장을 발표했다. 이어 학도호국단 지도위원회를 개최해 직권으로 학도호국단을 구성하면서 문과대 학생회장 함범찬을 학도호국단장으로 임명했다. 함범찬은 학교 측의 일방적인 임명을 반대한다는 성명을 내고 학도호국단장 직을 거부했다.

총학생회장 투표는 학교 측의 인정 여부와 관계없이 9월 17일 오전 9시부터 오후 5시까지 11개 단과대학에서 일제히 진행되었다. 개표 결과는 다음날인 18일 아침 8시에 발표되었다. 총유권자 19,534명 중 투표자는 10,687명이었고, 김영춘 후보가 6,460표를 얻어 득표율 60.45%로 당선되었다. 군사독재정권이 강탈한 권리, 즉 자신의 대표를 직접 선출할 권리를 스스로의 힘으로 되찾는 순간이었다. 국민들이 1987년 6월항쟁을 통해 대통령을 직접 뽑는 직선제를 되찾기 3년 전에 이뤄낸 쾌거였다. 서울의 봄 이후 대학 중에서 고려대가 가장 먼저 직선제를 쟁취했다.

부활한 17대 총학생회 출범식이 9월 20일 오후 4시 민주광장에

1984년 10월 4일, 전국 최초로 직선제를 통해 총학생회장이 된 김영춘이 교내 집회에서 연설하고 있다. 자신의 힘으로 뽑았을 때 총학생회는 가장 큰 힘을 발휘할 수 있는 대중조직이 된다. 전두환 군사정권이 가장 두려워했던 대상은 학생 대중의 지지를 받는 강력한 총학생회였다. 그 힘을 잘 알기 때문이다.

서 1,200여 명 학생들이 모인 가운데 열렸다. 이 자리에서 서울의 봄 때 직선제로 총학생회장이 되었던 16대 총학생회장 신계륜이 총학생회기를 직접 김영춘에게 전달했다. 뒤이어 연대와 서울대가 각각 9월 25일, 9월 27일에 총학생회 깃발을 올렸다. 이어 경희대, 외국어대, 건국대, 전남대 등에서 총학생회가 줄지어 출범을 알렸다.

총학생회장 선거가 끝난 후 고자추 임무를 모두 수행한 임선수는 그제서야 고향에 가봐야겠다고 생각하고 1년 만에 고향 청주를 찾았다. 고향에 도착하자마자 임선수 귀에 전해진 것은 1년 전 보육원에 보낸 막냇동생에 대한 충격적인 소식이었다. 죄책감 때문에 오랫동안 그 누구에게도 꺼내기 힘들어 40년 넘게 꼭꼭 숨겼던 이야기를 이번에 털어놓은 임선수의 가슴 아픈 사연이다.

••• 대학 3학년(1983년) 때 정경대 편집부 할 때였어요. 제 막냇동생이 약간 지체장애가 있는 아이였어요. 허구한 날 청주 고향집으로 경찰 연락이 오고 하니까 집에서 제게 할 수 있는 협박이 "군대 가라. 등록금 못 댄다. 왜냐면 네 막냇동생을 집에서 키우려면 그렇게 해야 한다. 집에서 못 키운다. 네가 군대 안 갈 거면 막냇동생을 네가 어떻게 해라." 등등이었어요. 어느 날 제가 "그럼, 얘를 돌볼 수 있는 단체에 보냅시다."라고 얘기했어요. 그런 후 대전에 있는 보육원 몇 군데를 찾아다녔어요. 그런데 부모가 살아 있으면 안 받아 준다는 겁니다. 도저히 방법이 없어 궁리하다가… 너무 부끄럽고 경솔한 일을 저지르고 말았어요. 대전 신탄진에 있는 어떤 보육원에 친척하고 같

이 걔를 내려놓고 숨었어요. 그때 막냇동생이 열다섯 살인가 그랬어요. 숨어서 한참을 기다렸어요. 보육원에서 몇 사람이 나오더니 울고 있는 동생을 데리고 들어가더라고요. 그때 제가 미쳤어요. 동생을 보내서라도 제가 가야 할 길을 가야 한다고 생각했던 거죠. 별로 투사도 아닌데, 제가 너무나도 어리석었던 거죠. 1년 뒤에 제가 고자추 일을 마치고 고향에 갔는데 막냇동생이 6개월 전에 죽었다고 했어요. 제가 1년 전에 보육원에 보낸 막내가 죽었다는 소리를 그때 들은 거예요. 맨날 시골 친구들하고 술 먹고 울고불고했어요. 제가 동생을 죽인 거나 마찬가지잖아요. 그때 제 나이 22살이잖아요. 그 나이에 감당하기에는 너무 큰 비극이었어요. 엄청 힘들었어요. 그냥 매일 술로 살았어요.

80년대 고대 학생운동사 ❶

5장

총학생회의 비상과
문대 9월 사건의
어두운 그늘

▶ 가장 전투적인 학생운동 조직, 기생의 수난

반독재 투쟁의 선봉에 섰던
고대 학생운동의 견인차

          1978년 9월 16일의 반유신 시위는 고대 70년대 학생운동사를 가장 밝게 빛낸 투쟁으로 기억되고 있다. 이 시위를 주도한 이는 천상만(행정 75), 이혜자(생물 74), 오상석 3인이다. 이 시위에 동원된 인원은 4,000명 이상이었고, 긴급조치 9호 치하 5년 동안 유일하게 성공한 대중투쟁이었다. 1975년 5월 긴급조치 9호가 발동한 이후 전혀 시위를 하지 못해 한동안 '유신대학'이라는 비아냥까지 받았던 고대 학생운동의 위상을 한꺼번에 만회한, 긴조 9호 치하의 고대 반유신 투쟁의 꽃이자 자랑이다. 이 기념비적인 시위를 주도했던 천상만과 이혜자가 기생 출신이고 오상석은 겨사 출신인데, 이는 1978년의 반유신 시위가 고대 학생운동조직의 양대 산맥인 기생과 겨사의 환상적인 조합이 빚어낸 쾌거임을 방증하는 근거가 된다.

이렇듯 기독학생회는 겨사와 함께 치열한 반독재 투쟁의 선봉에 섰던 고대 학생운동의 견인차 임무를 훌륭하게 수행해 낸 전통의 서클이다. 5.17 이후 칠흑 같은 어둠 속에서도 신군부의 서슬 퍼런 칼날 앞에서도 걸음을 멈추지 않았던 곳에 늘 기생의 청년학도가 있었다. 1981년 5월 15일 유인물 배포 건으로 김영호(신방 78), 전용철(체교 80), 이정석(전기 80)이 구속되었고, 같은 해 5.20 시위에서 강창선과 남해련이 선봉장으로 나섰다. 다음해 1982년 5.14 시위 주동자 박윤길(국문 79) 역시 기생이 배출한 학생운동가다.

이렇게 고대 학생운동에 큰 족적을 남긴 기생에게 '기회주의적이다'라고 비판한 것은 일본 교과서 역사왜곡 규탄시위가 한창이던 1982년 9월 때의 일이다. 당시 9월 8일 중앙도서관 시위에 1,000여 명이 운집했을 만큼 대중적 투쟁 열기가 고조되었을 때, 후속 투쟁을 조직하며 정치투쟁으로 발전시키지 못한 채 무기력한 모습을 보인 79학번 지도부에 대한 신랄한 비판이 제기되었다. 그 79학번 지도부 중심에 김덕균이 있었고, 김덕균이 기생을 이끌던 리더였다. 그때 겨사 선배 그룹의 일원인 홍순우가 김덕균 집까지 쫓아가 시위 주동에 나서지 않는다면서 "기회주의적이다."라고 비판했다. 그리고 홍순우에 이어 현철 80학번 3인 지도부도 김덕균 비판에 가세했다. 그러나 일본 교과서 왜곡사건에 주동을 내지 못한 것은 남아 있던 79학번 전체가 비판받을 일이지 김덕균 혼자 뒤집어쓸 일이 아니었다. 김덕균이 그렇게 비판받았다면 김덕균과 비슷한 지위에 있던 김헌과 양동주 역시 같은 책임을 물었어야 했다. 하지만 겨사의 김헌과 인연의 양동주가 그런 강도의 비판을 받았는가? 이때의 일을 기화로 김덕균과 기생을 기회주의적인 인물과 서클이라 몰아붙인 것은 과도한 비판이었다.

1983년 안암골 투쟁의 첫 봉화를 올린 4.15 시위에서 홀로 위험천만한 고공투쟁을 벌인 이상돈, 9.24 시위 미수 건의 주동자 강재형, 1983년을 가장 뜨겁게 달군 11.17 시위의 주동 박은홍 등이 모두 기생에서 배출한 활동가다. 1983년 전체를 통틀어 기생은 그 어느 조직보다 전투적으로 싸운 곳이다. 이 같은 기생의 투쟁과 헌신 앞에 기회주의라는 말을 쉽게 붙일 수 있을까? 그리고 '외부 세력'이라는 표현으로 기생을 폄훼했던 일도 있었다.

외부 세력이라는 표현은 70~80년대 학생운동의 역사를 이해하지 못하고 하는 소리다. 긴조 9호 치하에서 학생운동의 활로를 모색하기 위해 많은 선배들이 교회 활동에 뛰어들었는데, 이 여정에 겨사 출신이 가장 많이 참여했다. 이승환은 연동교회, 정쌍은은 향림교회 그리고 이경재(법학 77), 박용준(경제 78), 김헌, 예종영, 김두황, 윤경진 등이 제일교회에서 활동했다. 교회 활동에 나선 이유는 간단하다. 학내에서 구하기 어려운 다양한 학습 자료와 국내

외 정보 그리고 체계적인 커리큘럼 등을 익혀서 이를 학내에 전파하기 위해서다. 또한 집중적인 감시와 탄압으로 인해 운신의 폭이 좁았던 학생운동의 숨통을 트게 하는 데 교회 공간은 큰 힘이 되었다. 80년대 초반만 하더라도 유인물 하나 작성하는 데도 검거에 대비해 정보제공처로 대부분 한국기독교교회협의회(KNCC)를 지목하며 알리바이를 맞추었다. 그럼으로써 경찰 수사의 벽을 넘기며 내부 조직을 보호할 수 있었다. 이런 면에서 여러 운동권 교회를 가리키는 외부 세력은 학내 장악을 기도하는 세력이 아니라 학생운동에 빛을 전하는 '믿을 언덕'이라 할 수 있다.

기회주의라는 언어, 특정 조직을 악마화하는 데 사용되다

기생에 대해 '기회주의적', '외부 세력', '분파' 등의 음험한 딱지를 붙이기 시작한 시점은 1982년 하반기에 김덕균 등의 79학번을 배제한 채 현철 80학번 3인을 중심으로 통합오르그를 만들 때다. 이때 고대에서 가장 전투적인 투쟁을 실천했던 기생을 철저히 외면했다. 이와 같은 '겨사 중심의 지도부 구성과 기생에 대한 철저한 차단'과 이에 기인한 갈등 배태는 겨사 선배 그룹과 80학번 지도부가 단초를 제공했고, 1983년 들어 겨사 81학번 지도부 구성 과정에서 심화되었다. 1982년 80

학번 학생운동가의 총의와 열망에 기초해 닻을 올린 80학번 3인 지도부 구성은 결과적으로 통합오르그라는 이름에 걸맞지 않았다. 통합 지도부는 적어도 고대 학운의 가장 대표적인 서클인 겨사, 기생, 사연 3자가 통합하는 조직이었어야 했다.

  분파는 오소독스한 조직이 있을 때, 그 조직 주류에서 갈라져 하나의 파벌을 만드는 행동이나 집단을 가리킬 때 흔히 쓰이는 용어로 부정적 뉘앙스가 강한 편이다. 냉정하게 평가하자면, 1982년 말에 80학번 지도부를 구성하고 언더모임 단위가 확대되어 1983년에 재편성한 겨사 언더조직은 통합오르그의 면모를 갖추지 못했다. 그런 면에서 겨사 언더조직은 고대 학운에 존재했던 하나의 운동 그룹 혹은 패밀리라 할 수 있다. 기생 언더 역시 하나의 패밀리로 겨사와 동등한 자격을 가지는 게 타당하다. 그 연장선상에서 볼 때, 각 운동 그룹(혹은 패밀리)이 학회라는 대중공간에서 '좋은 인력을 자신의 조직으로 끌어들이는 행위'(프락션)를 하는 것은 선의의 경쟁을 통해 동등하게 허용되는 권리이다. 겨사 언더가 학회에서 진행하는 프락션이 당연한 권리이고 기생 언더나 다른 언더조직의 프락션을 분파행위라고 한다면 이것은 겨사 언더의 패권주의적 독선이다.

  이번 장에서 후술할 1984년 문대 9월 사건을 거친 후 1985년에 접어들면 모든 언더조직의 학회 프락션이 허용되는 국면으로 바뀌었다. 국문과 학회의 경우, 10개 넘는 언더조직의 프락션 활동이 있었다고 할 정도였다. 프락션의 가장 기본적인 원칙, 즉 선의의 경쟁을 허용하되 학회 대중활동을 저해하지 않고 오히려 강화하는 일꾼을 키운다는 관점의 정제된 활동 원칙을 세우고 그런 문화를 만들어가는 집단지성이 무엇보다 중요하다.

하지만 1984년 9월에 벌어진 문대 9월 사건에서는 그런 원칙이나 집단이성이 작동하지 않았다. 오히려 '기회주의적', '외부 세력', '분파' 등의 혐오와 불신의 언어가 난무했고, 그것이 마녀사냥을 하듯 결과적으로 기생이라는 특정 조직을 악마화하는 데 악용되었다. 서로 다른 생각과 차이를 인정하는 최소한의 이성과 양식이 실종되었다. 그 결과, 내부의 동지에게 칼을 겨누는 극단적인 언행이 횡행하는, 결코 일어나서는 안 될 일이 벌어졌다. 단결, 존중, 화합의 소통은 사라졌고, 패권의 어두운 그늘에 덮인 비극이 일어났다. 그 문대 9월 사건의 구체적 진행 상황을 당사자들의 증언을 통해 살펴보자.

▶ 일어나서는 안 되는 비극, 문대 9월 사건의 전개 과정

어찌하여 몇 년간 배운 세상을
이기지 못했더란 말이냐

문대 9월 사건이 일어나기 전에 송서경(영문 81) 사건이 일어났다. 1982년 말 이승환이 복학 이후 이전에 민속학연구회 창립에 관여한 인연으로 민연 후배 세미나 지도를 한 적이 있다. 이때 송서경이 이승환을 알게 되었고, 이승환은 송서경을 특별히 아꼈다고 한다. 그 인연으로 송서경은 겨사와 적극적으로 관련을 맺었다.

1984년 8월 말 정도로 추정된다. 송서경이 학생회관 4층 유리창을 여러 장 깨뜨렸다. 그리고 전화로 이범재를 불렀다. 송서경과 이범재는 개인적으로 친했다. 송서경이 기타를 잘 치고 이범재는 노래하는 것을 좋아해서 합창단을 같이 할 때 농담처럼 둘이 대학 가요제에 나가자고 하기도 했다. 개인적으로 무척 친했기 때문에 송서경의 호출을 받은 이범재는 별 망설임 없이 학생회관으로 향했다.

이범재가 학생회관에 도착했을 때 유리창이 깨져 있었고, 책상 위에는 빈 술병이 여러 개 놓여 있었다. 그때 송서경이 큰소리로 욕을 하면서 빈 술병을 이범재를 향해 던졌다. 이범재 옆으로 술병이 날아갔다. 아찔한 순간이었다. 소란이 나자 주위 학생들이 달려와 송서경을 말렸다. 이후 친구들이 송서경을 병원으로 데리고 갔다. 송서경은 우울증 증세를 가지고 있었다. 그 증세를 친구들에게 드러낸 것은 그때가 처음이었다.

송서경은 이재권, 노기영, 이범재 3인 81학번 지도부에 대해 상당한 비판 의식을 가지고 있었고, 오픈서클 대표로 그 모임에 참석하고 있던 이범재에 대해 심각한 불만을 표시했다. 그 표시가 불만을 넘어 폭발을 일으켰고, 학생회관 유리창을 부수고 이범재에게 빈 병을 투척하는 행동으로 나타났다. 송서경이 가진 불만은 무엇이었을까? 송서경은 겨사 언더와 관계를 맺고 있었던 만큼 겨사조직에서 얻은 정보를 토대로 자신의 생각을 정리한 것으로 보인다. 송서경은 그것에 기초해 이범재가 잘못된 노선으로 가고 있다고 판단한 것이다.

이 사건으로 심한 충격을 받은 이범재는 81학번 3인 지도체제에서 탈락하고 만다. 송서경 사건은 김영춘이 말한 'B-텀업 81학번 지도부에 대한 겨사의 반격 전초전 성격을 띤다고 할 수 있다. 송서경 사건이 일어나고 한 달이 지나지 않아 또 다른 3인 지도부 중 한 명인 노기영을 타깃으로 하는 문대 9월 사건이 일어난 것으로 보아 두 사건이 내적으로 연결되었다고 할 수 있다.

송서경은 노동 현장으로의 이전도 겨사 81그룹과 함께했다. 송서경은 1985년 11월에 신흥정밀에 입사했는데, 신흥정밀은 분신 노동자 박영진 열사로 유명해진 기업이다. 민주화운동기념사업회가 2003년에 발간한 책 《박영진》 편에 박영진이 송서경을 처음 만나는 장면을 이렇게 묘사하고 있다.

> ··· 또 한 사람, 그가 만난 사람은 송서경이었다. 그는 고대 학생운동 출신으로 얼굴에 털이 많이 나서 털보라고 불리기도 했다. 기타도 잘 치고 곱상하게 생긴 그는 아직 현장 경험이 부족해 힘들어했지만 활동을 열심히 하기 위해 나름의 노력을 기울이고 있었다.

이렇게 송서경과 처음 대면한 박영진 열사는 1986년 3월 17일 임금인상 파업을 주도하다 경찰에 의해 옥상으로 쫓겨 올라가 분신으로 저항했다. 박영진 열사가 옥상에서 처절하게 투쟁할 때 송서경은 분신 사실도 모르는 채 1층 현장에서 경찰에 의해 포위되어 있었다. 이후 송서경은 경찰조사를 받는 과정에서 위장취업 사실이 드러나 구속되었다가 3개월 만인 6월에 집행유예로 풀려난다. 노동조합 결성 작업을 같이 추진하던 박영진 열사의 분신으로 인해 송서경이 더 깊은 마음의 상처와 충격을 받았을 것으로 보인다.

송서경의 우울증이 더 깊어만 갔다. 여러 해가 지난 후 송서경이 복학했다. 1994년 3월 시국 사건으로 학교를 떠났다가 복학한 사람들의 모임에 송서경이 얼굴을 비췄다. 자기 소개를 할 때 간단하게 이름 정도만 말하고 별말이 없었다. 그 모임 뒤 10일도 지나지 않은 1994년 3월 11일, 송서경은 무거운 세상의 짐을 벗어버리고 말았다.

송서경 49재 때 민연 회장을 역임한 임승현(원예 80)이 송서경의 어머니를 만났다. "우리 서경이가 고등학교 때까지는 그냥 착하기만 했었어. 그런데 대학교엘 들어가더니 무슨 서클인가 뭔가를 한다고 하더니… 애가 이상해졌어. 내가 그 생각을 하면 전두환이 그 놈을 갈아 마셔도 시원치 않아!"라고 말씀하셨다. 임승현은 그 뒤 송서경을 추모하는 유고 시집을 펴냈다. 그 시집 《삼월이 다가는데》에 이런 시가 있다.

어머니 전 살고 싶어요

어머니 전 살고 싶어요
요 정도의 불구라면 살 수 있어요

어머니 전 살아야만 해요
요 정도의 숨막힘이라면 살 수 있어요.

평온한 시대에 살았다면 '요 정도의 불구, 요 정도의 숨막힘'을 관리하면서 충분히 살 수 있었을 것이다. 임승현은 어머니를 만나고 돌아오는 길에 이런 생각을 했다고 한다. '칠순이 다 되신 어머니는 평생에 처음 농사일을 배워가며 짓고 계시는데, 아들인 너는 어찌하여 몇 년간 배운 세상을 이기지 못했더란 말이냐!'

갈등의 시발점, 누군가가 문과대 언더팀을 만들었다는 소문

9월 17일 총학생회 선거가 끝나고 일주일 정도 지났을 무렵, 노기영이 문대와 사대에 학회 82학번을 빼내 별도의 언더팀을 만들었다는 정체불명의 괴문서가 나돌았다. 거기에 언더팀 명단이 적힌 조직도까지 그려져 있었다. 그런 조직도는 운동조직의 최고 극비 사항인 까닭에 노선이 다르고 조직이 달라도 절대 노출하거나 유포해서는 안 된다. 그 조직도가 정보기관이나 성북서 형사에게 들어가면 한꺼번에 조직이 궤멸될 수도 있는, 적에게 동지를 팔아넘기는 이적행위다. 그 문서가 어느 날 조선희에게 전달되었다.

조선희는 그 문서를 보고 경악했다. 사학과는 앞서 3장에서 설명한 대로 언더팀 수난의 아픈 기억이 있다. 사학과는 1982년 윤석환이 주도해 만든 2개의 81학번 언더팀 외에도 2개의 82학번 언더팀이 있었는데 조선희와 노기영이 관리 책임을 맡았다. 조선희는 정종원 외 2명을 지도했고 노기영은 권삼웅, 성정헌, 김현수로 구성된 82학번 학습팀을 관리했다. 그러다가 3.7 사건이 터지면서 사학과 언더모임 명단 전부가 성북서 조사에서 드러나면서 풍비박산되었다.

조선희는 3.7 사건 후폭풍으로 사학과 학회 언더모임이 와해된 이후 더 이상의 조직이 없는 줄 알았다가 괴문서를 보면서 분노했다. 노기영이 자신과 상의도 하지 않고 사학과 82학번이 포함된 또 다른 언더모임을 비밀리에 운영하고 있었다는 사실에 깊은 배신감을 느꼈다. 그래서인지 조선희는 괴문서의 출처나 경위 그리고 사실 여부에 대한 냉정한 확인 작업을 생략한 채 유재관, 강신 등의 사학과 동기와 문과대에서 활동하던 81학번 동기들에게 그 사실을 알렸다.

문과대 81학번들이 모여 같이 문제의 문건을 보며, 자신들 몰래 노기영이 문과대에 KSCF라는 외부 세력과 연계된 기독학생회 하부 조직을 만들기 위해 후배들을 빼돌렸다고 분개했다. 급기야 집단행동으로 이어졌다. 9월 28일, 큰 사달이 나고 말았다. 유재관, 강신, 조선희, 최장원(사학 81), 이상빈(영문 81), 민경수(국문 81) 등이 문과대 뒷산으로 문서에 적힌 후배들을 불렀다. 권삼웅, 성정헌, 황정옥(사회 82) 3명이었다. 당시 급박했던 상황에 대해 성정헌의 설명은 이렇다.

⋯ 그날 유재관 형이 각목을 들고 있었어요. 엎드려뻗쳐 상태에서 엉덩이를 맞았어요. "문사조직이 뭐냐?" 하며 저희들을 추궁했어요. 분위기가 살벌했고 저희가 제대로 실토하지 않아 화가 난 것인지 유재관 형이 각목을 휘둘렀는데, 그걸 권삼웅이 얼떨결에 막다가 팔이 부러졌어요. 다음날 유재관, 강신 두 형이 제 집에 와서 양쪽에서 제 팔을 잡고 끌고 갔어요. 그 상태로 택시를 타고 서오릉으로 갔어요. 서오릉에서 두 번째 조사가 시작된 거죠. 거기에서의 조사 내용과 저를 심문한 선배들의 얘기는 대충 이래요. '기생의 사주를 받은 노기영이 문과대와 사범대에서 프락션을 했다. 그래서 고대의 학생운동 조직을 장악하고 지배하려 한다. 따라서 문과대의 순수성을 지키기 위해서 노기영의 행태를 막아야 한다.' 대략 이런 논리였어요. 사범대에 노기영 형과 같이 활동을 한 형이 박윤성 형인데, 마찬가지로 저랑 비슷한 취조를 당한 것으로 알고 있어요. 저는 3일째 조사가 이뤄지던 날 집에서 나와 도망쳤어요. 곧바로 설악산 쪽으로 갔어요. 그런데 기영 형이 문과대 다른 81학번들에게 잡혀 집단린치를 당했다는 소리를 들었어요. 당시 기영 형은 1984년 9월 8일인가 그때 가투를 주도해 구류 10일을 살다가 나온 직후였어요. 린치 후 며칠 뒤에 제가 기영 형 집에 찾아갔어요. 온몸에 멍이 든 상태로 누워 있었어요. 기영 형은 그 사건 이후로 학생운동을 끝냈어요.

나중에 군대를 갔어요. 저는 이대로 끝낼 수 없다고 생각했어요. 굳게 결심하고 기영 형이 하려고 했던 문사를 다시 시작했어요. 동기 권삼웅하고요.

조선희로부터 노기영의 언더팀 이야기를 듣고 가장 분개했던 사람 중 한 사람이었던 강신의 기억은 이렇다.

··· 제가 처음에 가장 흥분한 사람 중 한 명이었어요. 기영이가 미리 이야기하지 않았다는 사실 때문에 흥분했지요. 재관이와 제가 주동으로 나가기 전부터 사학과 학회에서 합의한 사항은 기영이가 바깥일 보고 선희가 안살림을 맡는다는 거였어요. 기영이가 주로 한 일은 82학번 코어 애들을 아래로 내려서 사대 코어 애들과 묶는 거였어요. 학회라는 게 워낙 눈에 띄는 구조이기 때문에 가장 핵심이 되는 후배를 선별해 언더조직으로 키우려 했던 것 같아요. 그러니까 기영이가 저나 재관이하고는 상의할 일이 없죠. 우리는 이미 정리하고 나갔으니까. 사실 내부 조직을 책임지고 있던 건 선희였거든요. 그런데 선희와 상의하지 않았다는 소리를 듣고 우리가 분개했던 거죠. 그 이야기를 선희한테 처음 들었던 거고요. 그때 그 얘기를 듣고 난 다음에 며칠 기영이를 만나지 못했어요. 그래서 재관이가 문과대 뒷산에서 삼웅이에게 물어봤어요. "기영이 어디 갔냐?" 삼웅이가 모른다고 그러니까 워낙 성격이 불같은 재관이가 몽둥이를 휘둘렀고 삼웅이가 그 몽둥이를 팔로 막았는데 팔이 부러진 거예요.

그 이후 아마 제가 김해자를 만나서 기영이 나타나야 이 문제가 해결된다고 설득했을 거예요. 그래서 제가 기영이를 만났어요. "지금 상황 보니까 아무래도 네가 나쁜 놈이 될 수밖에 없겠다. 어쨌든 해결해야 하니까 학교 가자." 그래서 제가 데리고 학교로 갔어요. 이야기를 하자는 의도였는데 갑자기 분위기가 폭력적으로 바뀌었어요. 국문과 민경수가 갑자기 흥분해서 사달이 났어요. 그 방에 모인 81학번들이 다 같이 기영이를 패진 않았어요. 경수가 급발진했죠. 저는 처음에는 어 하고 있다가 안 되겠다 싶어 뜯어말렸어요. 그 당시에 학내에서 일방적으로 매도되고 있던 게 기생이었어요. 여기저기서 기생 연합을 만들려는 거 아니냐 하는 소리를 했어요. 근데 제가 볼 때는 기영이가 기생 연합을 만들려고 했던 것은 아니라고 생각해요. 오히려 학내의 향후 조직의 활로를 찾기 위해 고심하다 취한 방안이라고 생각해요. 학회를 중심으로 한 대중조직이라는 게 82년, 83년에 처음 만들어진 거잖아요. 그 과정을 거치면서 많은 사람들이 대중조직을 어떤 형태로 발전해 나갈 것인가에 대한 고민을 했을 테고, 특히 각각의 조직을 운영하는 O 들의 상황에 대한 판단과 주변 환경에 대한 인식이 달라 서로 다른 판단을 했을 겁니다. 아마도 기영이와 기영이랑 같이 논의했던 사대 친구의 경우, 조직 보위를 위해서 한 단계 더 아래로 내릴 필요가 있다고 판단해 그 모임을 만들었을 거라고 생각해요. 그러니까 저는 기영이가 학교 전체의 패권을 ㅊ·지하기 위해서라거나 오르그 싸움 차원에서 그런 일을 한 것은 아니라고 생각해요. 왜냐하면 상대가 안 되니까요. 기영이가 문대를 다 장악하고 있던 것도 아니었어요. 저는 그 뒤에도 기영이하고 계속 만났어요. 그 사건이 벌어지고 그 자리를 떠날 때도 난 기영이랑 같이 있었고 그날 밤에 기영이네 집에 갔어요. 나중에 제가 오수용한테 얘기를 들었어요. 사대 박윤성과 기영이가 함께하고 있던 논의 구조나 조직 구조를 이미 겨사 상층부에서 다 알고 있었다고 그러더라고요. 그때 그런 생각이 들었어요. '우린 다 같이 당했다. 기영이도 당했고, 선희도 당했고, 저도 당했고, 아마도 경수도 당했을 거고, 재관이도 당한 거다.' 이건 그러니까 학교 안에서 벌어지는 뭔가의 패권 싸움에서 이이제이(以夷制夷)를 당한 거라고 봐야지요. 누군가가 정보를 흘리고 한쪽으로 몰아서 기영이를 일방적으로 나쁜 놈으로 만든 거지요. 그 뒤에 한 번도 이 문제에 대해 재관이랑 얘기한 적이 없어요. 선희하고도 물론 이야기한 적이 없어요. 저 혼자 이렇게 생각하고 있는 겁니다.

팔이 부러지고 집단 린치까지 일어난 몰이성의 시간

문대 9월 사건의 최대 피해자 노기영과 2024년 8월 9일 전화 인터뷰를 시도했다. 전화를 걸기 전에는 인터뷰에 응할지 걱정이 많았는데 다행히 거부하지는 않았다. 9월 사건에 대해 노기영은 이렇게 기억했다.

··· 저는 1학년 때 기생에 들어갔다가 2학년부터 학회로 갔죠. 그래서 그다음부터는 기생 쪽과는 조직적인 관계가 없었어요. 그러니까 저는 완전히 학회 활동만 전념한 겁니다. 84년 자율화 이후부터 학내시위가 활발해졌어

요. 그때부터 81지도부 그룹이 완전히 주도권을 잡고 각종 시위를 준비하고 여러 프로그램을 진행했어요. 그래서 횃불이라든가 학내에서 추진하는 여러 사업들을 81지도부 그룹에서 기획하고 추진했던 것 같아요. 제가 주로 맡은 일은 문과대 82학번 리더 그룹을 만드는 작업이었어요. 그게 몇 사람만 알고 있는 사항이었지요. 김영춘한테도 그런 그룹이 있다고 얘기했지만 구체적인 명단을 알려주지는 않았어요. 그저 그런 그룹이 형성되고 있고 착착 진행 중이라고 이야기했죠. 그렇게 후배 그룹 저변을 확대하는 와중에 그 사건이 터지게 된 거죠. 제가 준비하는 작업이 공개가 된 거죠. 공개되어서는 안 되는 사항인데 공개가 된 거죠. 그래서 그 당시에 린치를 주도했던 친구들은 제가 후배들을 빼돌렸다고 생각했던 거죠. 기생의 하부 조직과는 전혀 관련이 없었는데, 제가 후배들을 빼돌려서 기생 하부 조직을 만들려 했다면서 거칠게 몰아붙였어요. 그러다 보니 "노기영이 후배들 빼돌리그 그것을 알리지도 않고서 기생 하부 조직을 만들려고 했다."라고 하는 마타도어가 먹힌 거죠. 제가 비밀리에 별도의 모임을 관리한 것은 어떤 특정 언더조직 차원에서 벌인 일이 아니라 학교 전체 차원에서 진행한 일이었어요. 그러니까 시스템이 작동한 활동이었어요. 단과대가 각각의 섹터였죠. 오픈서클도 마찬가지로 하나의 섹터였기에 이범재와 계속 연락을 주고받았던 거죠. 그렇게 조직을 움직였던 겁니다. 그리고 언더조직은 그보다 더 깊숙이 하부 기반을 마련하기 위해 뛰어다녔던 것 같아요. 그렇게 후배들 리더 그룹을 만들고 있는 과정에서 그것을 사적 조직이라고 재단해서 저를 매도하고 제거한 거죠. 그때 해자와 제가 좀 각별한 사이였거든요. 해자가 아마 부탁을 했던 것 같아요. 그래서 제가 강신이를 만나서 같이 학교에 간 거죠. 그 일이 있고 나서는 강원도 어딘가에서 한두 달 정도 칩거했어요. 충격이 너무 커서 감당할 수가 없었어요. 결국 12월 말에 군대를 갔어요.

강신에게서 핸드폰 번호를 받아서 문대 9월 사건의 시발점이 되었던 조선희에게 전화를 했다. 통화 전에는 우려가 많았는데 적극 응해 준 조선희 목소리는 시원시원했다. 원래 성격이 그럴 거라고 짐작되었고, 조직 활동을 잘했을 거라는 인상을 받았다. 조선희의 기억과 심경은 이렇다.

••• 정말 기억하고 싶지도 않아요. 말하고 싶지도 않고요. 그게 너무나 큰 오점이어서…오점이라고 저는 그렇게 생각하니까 정말 어떤 식으로든 그런 방식은 아니었어야 했다는 생각입니다. 저는 사실 첫날 그 일이 벌어지고 그 자리를 벗어났어요. 아마 조금 있었는데 도저히 말릴 수 없는 상황이었고 그렇게 해서는 안 된다는 걸 몸으로 느껴졌어요. 근데 이미 말릴 수 없는 상황이었어요. 당시 어떤 조직의 논리 같은 것을 몰랐고, 어떤 식으로 그림이 그려지고 있는지 저도 몰랐고 다들 몰랐잖아요. 다 모른 상태에서 그 얘기를 제가 제일 처음 들었을 거예요. 누군가가 저한테 얘기를 해줬죠. 그러니까 노기영이랑 몇 명이 따로 언더를 만들었다더라 하는 얘기를 들은 거죠. 그래서 제가 재관이하고 강신한테 "이런 얘기가 들린다. 기영이한테 확인해 보자." 이렇게 얘기를 한 거죠. 그랬는데 재관이가 굉장히 흥분했어요. "지금

학회도 제대로 돌아가지 않고 있다. 학회를 키워야 할 때인데 따로 조직을 만들었단 말이냐?" 재관이는 그런 부분에서 굉장히 분노했던 것 같아요. 지금도 제 생각에는 그런 방식이 학생운동에서 적절하지 않았다고 생각해요. 제가 사실 일을 그렇게 만들려고 한 것은 아니지만 그걸 확인하는 과정에서 사달이 난 거잖아요. 저는 그 부분이 잘못되었다고 생각해요. 제가 문제를 푸는 방식이 미숙했다는 생각이 들어요. 저는 정말 그러니까… 제가 당시에 어떤 코어에 들어 있었다면 그런 흐름을 잘 알았겠죠. 그랬다면 제가 오히려 그 문제를 커버해 줄 수 있었겠지만 전혀 그럴 수 있는 상황이 아니었어요. 그 얘기를 들었을 때 '기영이도 지금 같이 오픈 학회를 하고 있는데 왜 지하에서 언더를 하지? 이거는 좀 뭔가 이상하지 않냐? 우리가 확인해 보자.' 이렇게 생각한 건데 기영이 입장에서는 보안을 위해 비밀을 지켰건 거죠. 그리고 문과대 81들이 '노기영이 배신을 때렸다. 이건 있을 수 없는 일이다.'라고 생각하고 린치까지 간 거죠. 그때는 그게 어마어마한 일로 느껴졌고 그래서 배신감을 느낀 거였어요. 서로 어느 정도 알았다면 그 역할을 인정하고 이해했다면 그런 일은 일어날 리가 없잖아요.

지금 생각하면 선배의 뒤처리가 아쉬워요. 그런 일이 일어났을 때 선배가 나서서 수습하고 다독이는 게 중요하잖아요. 그런데 그때에는 그런 선배가 하나도 없었어요. 기영이한테도 어마어마한 상처잖아요. 정말로 심각한 일이었는데 그런 부분을 포용하고 보듬은 선배가 나타나지 않았어요. 우리는 그냥 모래알처럼 되었지요. 저는 기영이한테 미안해요. 그 문제를 성숙하게 풀지도 못했고 좀 현명하게 판단하지 못했어요. 차분하게 정보를 파악하고 신중하게 처리하는 지혜가 있었으면 그렇게 풀지 않았을 텐데. 그래서 기영이한테 미안함이 있어요. 정말 다시는 떠올리고 싶지 않은 기억으로 남아 있어요. 기영이 마음은 오죽했겠어요? 우리 81들이 그냥 4학년만 됐다 뿐이지 참 분별이 없었던 것 같아요. 학회가 북적북적하고 제법 대중성을 가진 것 같고 해서 자만하고 경솔해진 것이 아닌가 싶어요. 그래서 그렇게 어마무시한 사건이 터진 것이 아닌지 반성이 돼요. 우리가 너무 문제를 잘못 풀었다고 생각해요. 그 부분에 있어서 제 부채감도 적지 않았어요. 그래서 재관이가 사과도 하면서 서로 이해하는 기회가 있었으면 했어요. 그렇지만 그런 기회가 없었어요. 어쨌든 기영이는 당하는 입장이라 말할 수 없을 만큼 상처가 컸을 겁니다. 저는 이 일이 일장춘몽처럼 그냥 하룻밤 무슨 일이 일어났다가 사라진 것처럼 생각이 될 때가 있어요. 그 이후 우리는 어느 누구도 그 일에 대해 얘기해 본 적이 없어요. 그 사건 이후로 거의 학교를 안 나갔어요. 저는 2월에 졸업했어요. 이제는 제 기억 속에서 완전히 잊어버릴래요.

총학생회장이 되어 정신없는 시간을 보내고 있던 와중에 충격적인 사건을 들었던 김영춘은 문대 9월 사건을 이렇게 기억했다.

••• 겨사의 핵심은 박상중 선배와 몇몇 81학번들이에요. 겨사는 권토중래 설욕을 노리고 1년 동안 작업을 했어요. 제가 총학생회장이 되고 얼마 되지 않아 사건이 벌어졌죠. 84년 초반부터 7~8개월은 81학번 바텀업 지도부가 학교 전체를 지휘했어요. 그러다가 제가 학생회장 되고부터 겨사의 반격이

시작되었어요. 밑에서부터 흔드는 거예요. 제가 총학생회로 올라간 이후 문과대에서는 기영이가 조직 책임자로 계속 일을 하고 있었어요. 그러면서 문과대 팀을 운영하면서 82학번의 언더팀 같은 것을 만들었어요. 그것을 문과대 81들이 제보를 받은 후 노기영이를 족치는 사달이 벌어졌던 겁니다. 그날 여자 후배 몇이 총학생회실로 울면서 뛰어 올라왔어요. 그들로부터 사연을 듣고 급히 서관으로 올라갔어요. 도착해 보니 노기영이가 각목으로 맞아 개구락지처럼 뻗어 있었어요. 주위를 살펴보니 81학번들이 한 20명이 모여 있었어요. 그렇게 많은 인원이 있었음에도 안 말리고 있었던 겁니다. 문과대 시계탑 건물 5층인가에 방이 하나 있었어요. 어떤 과인지 확실하지 않지만 학회실로 쓰던 방이었어요. 그 방에서 그러고 있더라고요. 그 광경을 보고 제가 너무 화가 나서 몽둥이를 뺏고 "이 새끼야! 너그가 성북경찰서 무슨 형사들이야? 정보과 형사들이야? 설령 문제가 있어도 대화를 먼저 해야지 웬 폭력이냐? 솔직하게 이야기하라고 하고 비판할 게 있으면 비판하면 되는데 무슨 폭력단이나 경찰들이 하는 그런 이런 짓을 하고 있냐? 느그가 인마! 독재 정권 하수인들하고 다를 게 뭐 있어?" 그렇게 악을 썼어요. 그랬더니 좀 진정이 됐어요. 그런데 이 엄청난 사건 외에도 여기저기서 비슷한 일이 일어났어요. 바텀업 시스템을 깨는 작업이었어요.

문대 9월 사건을 접근하는 시선이 사뭇 다른 진술이 있다. 노기영과 오랫동안 문과대 언더 활동을 공유했던 김영춘의 생각과 상당히 거리가 있는 시선이다. 오픈서클 사연에서 활동하다 독문과 학회로 옮긴 김경랑의 기억 속에는 당시 문과대 81학번이 느꼈을 감정의 단면을 엿보게 한다. 그리고 오픈 활동을 하는 이들의 시선에 언더조직을 관리하는 동기 모습이 어떻게 비쳤는지를 알 수 있는 속내가 단적으로 드러나 있다. 김경랑의 기억이다.

・・・ 선배들한테도 말하지 않고 자기들끼리 팀을 꾸렸다는 부분에 대해서는 저도 화가 많이 났었죠. 그러니까 단 한 마디 상의도 없었다는 사실이 불쾌했어요. 우리 과에서 나라도 알고 있었으면 81학번 나머지 애들이 화가 안 났을 텐데. 저도 모르고 있었던 사실이었거든요. 언더 존재가 드러나면서 오픈돼 있던 애들이 배신감을 많이 느꼈죠. 물론 언더의 속성상 어떤 민주적인 절차나 이런 것들을 거칠 수 없다는 건 알죠. 그때 문과대 남자애들이 많이 흥분했어요. 어느 날 문과대에서 노기영을 불러다 놓고 팬다면서 오라고 그러더라고요. 그래서 저도 갔죠. 그러니까 저도 그 현장에 있었죠. 저는 노기영이 가지고 있는 어떤 거만한 태도가 싫었어요. 마치 자신이 대단한 일을 하고 뭐라도 된 것 같은 그런 느낌에 개인적으로 거부감이 있었어요. 근데 저만 그렇게 느꼈던 게 아니라 제 주변에는 노기영을 다 싫어했어요. 당시 노기영 여자친구가 김해자였어요. 그래서 걔네 집을 털러 갔어요. 애들이 김해자한테 뭐 숨겨놓은 게 있을 거라고 했어요. 김해자가 의정부에서 언니랑 형부랑 살았어요. 박에스더와 제가 여자니까 우리 두 사람에게 김해자 집을 가보라 해서 같이 갔어요. 에스더가 김해자 집을 알고 있었어요. 의정부까지 버스를 갈아타고 하면서 갔는데 해자는 없고 언니만 있었어요. 그냥 언

니한테 인사만 하고 왔어요. 그런데 학교로 복귀했더니 82, 83 애들이 맞고 있었나 잡도리를 당하고 있었나 그랬어요. 하여튼 '언더에 있는 지들이 뭐가 잘나서 완전 오픈해 있는 애들 다 빙신 만들어놓고 지랄한다.'는 그런 생각을 하곤 했어요. 그런 이유 때문에 운동권과 멀어지려고 노력했던 81들이 많아요. 그 이후로는 언더 한다는 애들 보고 싶지가 않았어요.

40년이 지난 지금도 여전한 현재진행형의 상처

강신의 부탁으로 노기영을 학교에 오게 했던 김해자 역시 문대 9월 사건의 가장 큰 피해자다. 김해자와는 제대로 된 인터뷰를 진행하지 못했다. 사건이 언급되자마자 너무 고통스러워했기 때문이다. 40년이 지난 사건이 그토록 지워지지 않는 고통인지 알지 못했다가 통화를 하면서 이 사건이 이미 지나간 사건이 아니라 현재진행형의 상처임을 느낄 수 있었다. 김해자가 기억하는 그때의 상황과 심경을 들어보자.

••• 제가 그때 광주학살 진상조사위원장을 맡고 있을 때예요. 강신이 제게 노기영과 만나고 싶다고 해서 노기영에게 연락해 학교에 가도록 했는데 노기영을 팬 거예요. 그리고 후배들을 기생 언더라는 이유로 심문을 했어요. 마치 형사처럼 취조하고 각목을 들고 있었어요. 저는 그 사건 이후로 학교를

완전히 떠났고 어떤 것도 얘기하지 않았어요. 심지어 자살을 시도했어요. 그때 그 상황을 보면서 도저히 견딜 수 없어 수면제 먹고 자살을 시도했던 사람이기 때문에 그 얘기를 별로 하고 싶지 않고 말하기도 쉽지 않아요. 지금 이 얘기를 꺼내자마자 심장이 뛰어요. 말하자면 우리가 그런 시대를 살았던 거예요. 이것이 소설이라면 어떻게 표현될지 알 수 없으나 리얼하게 얘기하자면 정치공학적 사고로 동지들에게 폭력을 쓴 거예요. 그게 프락치입니까? 아니면 적을 이롭게 한 겁니까? 그냥 언더에서 활동하다가 학회에서 필요하다고 하니까 나갔을 뿐이에요. 그것을 세력화했다는 거예요. 그리고 제 경우는 3개월 동안 주동을 했습니다. 그렇게 3개월 주동을 한 사람을 범죄자 다루듯이 후배들 이름을 불어라 그랬어요. 저는 안 패더라고요. 후배들 팼다는 얘기를 듣고 저도 맞기를 원했어요. 그런데 저를 패지는 못하더라고요. 동지가 동지를 어떻게 그렇게 대할 수 있어요? 위원장으로서 3개월 주동을 하면서 몸무게가 38kg까지 되도록 싸운 사람을 어찌 그렇게 범죄자 취급을 할 수 있나요? 그리고 김봉환이나 국문과 학회 사람들에게 물어보세요. 제가 얼마나 많은 시간을 학회에 투자한 사람인지? 그런 사람이 어떻게 언더 세력화를 도모한 사람이라고 생각할 수가 있나요? 그게 말이 됩니까?

박래군은 문대 9월 사건을 이렇게 바라봤다.

••• 조선희는 줄곧 반겨사 입장이었어요. 저하고 일도 같이 했어요. 재관이도 반겨사 입장이었어요. 지나칠 정도로 우직한 반겨사예요. 상대적으로

조선희는 온건한 편이죠. 재관이는 제가 볼 때 노기영에 대해 불편한 감정을 갖고 있었던 것 같고요. 겨사 쪽 입장은, 나쁘게 보면 그 상황을 즐기고 있었겠지요. 제가 볼 때 문과대 학회 81들이 감정적으로 벌인 사고였어요. 성숙하지 않은 행동이었죠. 사실 언더 작업은 우리가 먼저 하고 있었고 기영이가 뒤에 한 거예요. 정경대에서는 아무런 시비를 걸지 않았어요. 제가 정경대 학회 동기들하고 친하게 지냈어요. 그래서 오가면서 만날 때 "잘 되고 있냐?" 하고 물으면 "신경 쓰지 마라." 그러면 끝이었어요. 반면 노기영은 기생 출신이어서 그런지 문과대 동기들하고 의논을 너무 안 하고 따로 놀았던 것 같아요.

1985년 후반기에 만들어진 문정 언더에서 핵심적 역할을 한 강성복은 82학번 겨사 핵심이었던 윤지환과 자취를 하고 있었다. 강성복이 윤지환으로부터 문대 9월 사건에 대한 얘기를 처음 들었는데, 윤지환의 발언에서 문대 9월 사건을 바라보는 겨사의 시각 단면을 엿볼 수 있다.

••• 그 사건이 터졌을 때 왜 우리 내부에서 이런 문제가 생겼는지 의문이 들었어요. 저는 신방과 학회를 1학년부터 했는데 김두황 선배가 3.7 사건으로 강집 당하고 나서 이재권 선배가 저하고 방석수, 신정훈을 불러 따로 공부를 시켰어요. 그리고 84년에는 박부용 형이 10개월 정도 O 정배, 윤지환, 방석수와 제 자취방에서 세미나 학습을 지도했어요. 윤지환 외에 방석수하

고도 한 3년을 같이 살았어요. 그러니까 제가 겨사 핵심들하고 오래 공부를 한 거죠. 9월 사건을 그때 같이 살던 윤지환한테서 들었어요. '문대의 이런 황당한 사건들이 있었는데 기회주의자들이 준동한 것이다.'라는 취지의 얘기였어요. 그러면서 '싸움도 잘 안 나가는 것들이, 대적 투쟁도 안 하는 것들이 뒤에 앉아서 입으로만 떠든다.'는 푸념에 가까운 독설을 늘어놓기도 했어요. 박부용 선배도 그런 관점에서 크게 벗어나지는 않았어요. 그런데 문과대 82들이 모두 커밍아웃을 강요당한 겁니다. 조경현 선배가 직접 나서지는 않았어요. 그때 남아 있던 81형들이 82 전원을 대상으로 소위 호구조사를 한 거죠. 한 명씩 불러서 너는 누구 너는 어디 소속인가 등을 추궁하며 커밍아웃을 강요했어요. 그러니까 어느 언더조직에 속해 있는지를 강압적으로 파악하려 했던 거죠. 이 일로 인해 학회 활동을 병행하던, 언더팀 소속이 드러난 애들은 싹 철수를 해요. 그러면서 겨사 언더 소속이면서 학회나 서클에서 활동하던 애들만 남게 된 거죠. 그런 후 지도부 체계를 재편했어요. 박부용 선배가 그 작업 초반에 개입했던 것 같아요.

▶ 학생운동의 어두운 그늘을
  여지없이 드러낸 단면

공권력보다 더 무서웠던,
이유 없이 당하는 고통

문대 9월 사건의 여파는 82, 83학번으로 퍼졌다. 문대에서 기생 언더 출신을 색출하는 작업이 진행되었다. 그 색출작업의 대표적 표적이 되었던 국문과 83학번 김순천의 이야기를 들어보자.

··· 제가 고등학교 1학년 때 광주항쟁이 있었어요. 거기 아시아 자동차 있잖아요. 시민군이 대형버스를 빼낸 데 바로 앞에서 자취하면서 학교를 다녔어요. 그래서 광주항쟁을 지켜보기도 해서 관심을 가졌어요. 입학 후 국문과 학회에서 문학반을 했어요. 해자 언니가 공부를 더해 볼 생각 없냐고 해서

하겠다고 했어요. 그러니까 기생 언더보다 문학반을 먼저 했어요. 1, 2학년 때 학회 활동을 나름 열심히 했어요. 농촌에서 자라고 광주항쟁을 직접 경험한 저를 학회 선배들은 따뜻하게 품어주었어요. 저는 그런 선배들과 함께하는 학회 생활이 무척 즐거웠고, 그만큼 열심히 학생운동에 전념했어요. 그런데 9월 사건으로 모든 게 바뀌었어요. 일을 하나도 안 줬어요. 외롭게 고립됐어요. 기생 선배들이 저에게 아무런 도움을 주지 않았어요. 그때는 누구를 위로하고 누구에게 위로받는 그럴 상황이 아니었어요. 혼자 견뎌야 했어요. 고립된 상태에서 쓰린 가슴을 안고 고통스러운 시간을 보냈어요. 당시 어느 선배가 제가 기생 조직에 있다는 걸 말하지 말라고 했어요. 전 제가 기생인 줄도 몰랐다가 9월 사건이 터지기 직전에 알게 되었어요. 9월 사건이 터진 후 선배의 그 말을 듣고서 기생 언더에 있다는 얘기를 하면 또 다른 문제가 생길 거라는 걸 짐작했죠. 겨사 국문과 82 선배가 저를 만나자고 했어요. 어두운 칸막이 카페에서 저한테 기생이냐고 물었어요. 저는 선배 말대로 아니라고 했어요. 과 선배에게 그런 질문을 받는 자체가 씁쓸했어요. 마음이 좀 그런 거예요. 선배들이나 동료들이 제가 지나가면 싸늘한 눈빛을 보내거나 완전히 '왕따'시키는 분위기 속에서 "너가 기생이냐? 솔직히 이야기해라." 하면서 취조하듯 몰아붙이는 선배의 그런 모습에 많이 힘들었어요. 그래도 끝내 말하지는 않았어요. 그때의 일이 아직까지 제 마음 깊숙한 곳에 상처로 남아 있어요. 제가 기생임에도 불구하고 기생이 아니라고 고개를 저었던 제 마음속에 남아 있던 묘한 죄책감 같은 것이기도 해요. 그 죄책감을 안고 40년을 살아온 거죠. 저는 인터뷰하면서 깨달았어요. 저에게 그렇게 물은 그 선배도 저에게 미안해야 할 일이라는 것을요. 운동을 시작한 지 1년이 조금 넘은 후배에게 선배로서 그런 자리를 만들어 다그친 그 선배의 행동도 문제라는 것을요. 그 당시 선배가 저에게 그런 식으로 물어봤을 때 그 자체를 거부했어야 하는데 그러지 못했다는 생각이 들어요. 그 후 학회에서 모든 일들이 다 배제되었어요. 동료와 선배들의 순식간에 변한 그 차가움이 아직도 잊히지 않아요. 저는 개인적으로 이런 차가움이 공권력보다 더 무서웠어요. 이유 없이 당하는 고통이었고 제 잘못으로 인한 고통이 아니었지만, 저는 끊임없이 질문을 했어요. 왜 순수하게 사회변혁을 꿈꾸는 사람들 사이에서 이런 일이 일어날까? 왕따를 당해도 학회는 계속 나갔어요. 그러다가 몇 개월 지난 어느 날 혼란이 밀려왔어요. 그래서 용인에 있는 작은 절을 찾아갔어요. 주지 스님이 여성이었는데 저를 안 받아줬어요. 마당에 있던 닭들과 한참을 놀다가 그분이 주는 밥 먹고 고향집으로 갔어요. 오빠가 농사를 짓고 있었는데 농작물을 어찌나 정성스럽게 키우는지 놀랐어요. 농사일을 거들면서 생명을 키우는 일이 얼마나 소중한 일인지 알았어요. 운동도 이렇게 생명을 키우듯이 정성스럽게 하면 되겠다 생각하고 다시 학교로 돌아왔어요.

기생 언더였던 사학과 82학번 이근수는 문대 9월 사건 후 문과대에서 벌어졌던 기생 언더 색출작업을 그냥 두고 볼 수가 없었다. 어느 날, 문대 82학번 20명 정도가 학교 앞 술집에 모인다는 정보를 입수하고 거기를 단독으로 찾아갔다. 이근수의 증언은 매우 구체적이고 기생의 입장을 잘 읽을 수 있다.

··· 저는 기생 언더에서 활동했어요. 9월 사건 때 직접적으로 조사를 받거나 한 일은 없어요. 그 당시에 겨사 81들과 특별히 만난 일은 없습니다. 김순천 후배에게 기생 얘기를 하지 말라고 한 사람은 김해자 선배입니다. 순천이에게 피해가 갈 것 같아 그랬던 것 같아요. 저한테도 가능하면 대응하지 말라고 했어요. 저는 언더만 하고 있어 저에게까지 불똥이 튀진 않았어요. 하지만 후배들이 피해를 보고 있는 상황을 지켜만 볼 수 없었어요. 언더 책임자로서 뭔가를 해야겠다고 생각했어요. 문대 82들 모인 자리에 간 것은 제 독단적인 결정이었습니다. 기생 81들은 제가 가는 것에 대해 모두 반대했어요. 주로 학회 활동을 하고 있었던 문대 82학번들 20여 명이 모여서 이른바 기생 언더 83을 축출하는 이야기를 고대 앞 어느 술집에서 한다는 소리를 들었어요. 그 현장에 제가 찾아간 것이죠. 불청객이 되어 그 자리에 가서는 "너희들이 찾는 기생 언더 책임자가 나다. 그러니까 83, 84학번 애들 괜히 괴롭히지 말고 할 얘기 있으면 나한테 해라."라고 얘기했어요. 그 자리에서 몇몇이 국문과의 김순천과 중문과 이순남 등등을 거론하며 제가 관리하는 기생 후배가 아니냐고 물었을 때 그렇다고 시인했어요. 그리고 기생 82가 문과대 학회를 하고 있는 83학번, 84학번 애들을 빼돌리고 있다는 말에 대해서는 "단 한 명이라도 실질적인 증거를 대라. 그런 증거가 있으면 내가 이 자리에서 무릎 꿇고 사과하마."라고 그랬어요. 저희는 절대 그런 일이 없었거든요. 기생 83, 84들에 대한 학습 지도는 82학번들이 다 했습니다. 저는 오픈 활동을 한 적이 없었어요. 저처럼 기생 언더만 했던 친구들은 오픈 활동을 하지 않았어요. 다만 신입생의 경우 오픈 활동에 어울릴 것 같다고

판단되면 본인 의지를 물어 학회 활동을 하라고 했어요. 대표적인 경우가 순천이와 순남입니다. 그리고 순천이나 순남이가 학회 활동을 하고 있는 84학번이나 85학번을 밑으로 빼서 언더 활동을 시켰느냐? 그런 적이 없습니다. 저희는 언더는 따로 모집했어요. 오픈 학회 활동을 하고 있는 후배들은 접촉 대상이 아니었습니다. 저희는 오픈 활동을 한다면 최대한의 모범을 보여서 리더십을 발휘하라고 했어요. 이런 원칙은 기생 82학번들이 세웠습니다. 당시 사구체 논쟁이 한창일 때 저희는 조직 이론에 집중했거든요. 그래서 제가 쓴 팸플릿이 '세력론'이었어요. 사구체 논쟁 같은 것은 학자들이나 이론가들의 몫으로 넘기고, 우리는 힘을 키우고 대중성을 확보하는 데 집중하자고 판단한 거죠. 그러니까 조직 이론이 핵심이라고 여기고, 이런 관점하에서 순천이나 순남이 같은 친구들을 밑에서 학습시킨 거죠. 그러면서 후배들에게 "너희가 학생운동을 떠나 현장으로 가는 루트까지 100% 보장한다. 대신 오픈 활동을 할 때 대중성을 키워라."라고 요구했어요. 이렇게 해서 길러진 대표적인 케이스가 이인영이죠. 순천이 밑에서 공부를 했어요. 저희 조직론에 의하면, 절대로 학회 활동을 하고 있는 아이들을 밑으로 빼서 이중 활동을 시키지 않았습니다. 그래서 활동하고 있는 아이들을 밑으로 빼돌리고 하는 역할을 어느 누구에게도 맡기지 않았어요. 제가 금지시켰어요. 제 개인적으로는 문대 82학번들과 상의하면서 투위에 올라가겠다고 했어요. 학생운동을 정리하고 현장으로 가겠다는 의지를 표현한 거죠. 그래서 정외과 주봉환과 함께 투위 일을 하게 되었고요. 주봉환은 기생 오픈 출신인데 기생 언더와 기생 오픈을 연결하는 역할을 맡았던 친구였어요.

박부용은 언더조직과 관련해 이렇게 이야기한 바 있다. "너 겨사냐, 아니냐? 이렇게 묻는 것은 언더조직에 가입 사실을 밝히라는 말과 같습니다. 언더조직에 있는 사람이 그걸 어떻게 밝히겠어요? 결코 밝힐 수 없는 일이거든요. 그것은 질문 자체가 잘못된 거고 그런 짓을 하고 다니는 것을 저는 굉장히 비판했어요." 겨사조직을 책임지고 있던 박부용의 지적은 학생운동 조직가가 지녀야 할 관점과 태도를 정확히 말하고 있다.

하지만 문대 9월 사건 당시 문대 82학번 후배들이 문대 83학번과 84학번을 대상으로 기생 소속 여부를 캐묻는 색출 작업이 벌어졌을 때, 박부용은 위와 같은 관점을 가지고 있었다면 '잘못된 생각으로 마녀사냥을 하고 있는 겨사 후배들을 책임지고 설득하는' 진지한 노력을 보였어야 했다.

사건의 충격을 딛고
일어선 문사 언더의 성장

문사 언더의 주축 노기영과 박윤성이 9월 사건의 충격으로 학생운동을 떠났다. 노기영은 군대로 박윤성은 미국으로 떠났다. 남아 있던 82학번 성정헌 혼자 결정을 해야 했다. 성정헌의 선택은 문사조직 재건이었다. 성정헌은 다시 조직을 일으켜 문대 9월 사건의 진실을 밝혀내겠다는 의지가 강했다. 먼저 권삼웅을 만나 뜻을 전하고 함께할 것을 권했다. 끈질긴 설득 끝에 권삼웅의 동의를 얻어내고 재건 작업에 착수했다. 문대와 사대에 한정하지 않고 전체 단과대에 문호를 개방하며 분주히 뛰어다녔다. 정경대도 받아들이고 의대도 받아들으면서 상당한 인력을 확보했다. 1985년에 접어들어서는 언더 사연이나 언더 정경연과 비견할 만한 정도로 조직이 커졌다. 경제학과 83학번 김종관의 얘기를 들어보면 잘 드러나지 않았던 문사 언더의 규모가 상당했음을 보여준다.

••• 문사 83학번이 20명 정도 되었어요. 84학번, 85학번으로 내려가면서 상당한 많은 인원이 확보되었어요. 그래서 제가 4학년이던 86년에는 문사 독자적으로 가투를 벌이기도 했어요. 그러니까 우리 서클 인원만으로도 가투를 조직할 정도로 성장했어요.

일전에 강원도 동해시에서 슈퍼마켓을 운영하다 2022년 지방선거 때 시의원에 당선된 최이순(국문 85)을 만난 적이 있었다. 최이순이 주축이 되어 진행 중이던 동해시 해군 헬기장 건립을 반대하는 투쟁을 지원하기 위한 자리에서다. 그때 뒤풀이 자리에서 최이순이 자신을 문사 출신이라고 밝혀 이후 전화로 문사 활동을 하게 된 과정을 물었다.

⋯ 1학년 때 국문과 학회 문학반에서 활동하면서 문사도 같이 했어요. 문사를 1학년 4월쯤에 들어간 것 같아요. 83학번 김재옥 여자 선배가 "내가 공부할 곳 하나 소개하겠다." 해서 시작하게 된 거죠. 그렇게 해서 만난 선배가 사학과 84학번 홍기석 형이었어요. 그때 저는 그 언더서클이 문사인 줄 몰랐어요. 이야기를 안 해주니까요. 저는 계속 홍기석 선배와 86년까지 공부를 했죠. 그러다가 그 선배가 방위로 입대하면서 흐지부지되었어요. 그때는 학교 전체의 언더서클이 해체되기 직전이었어요. 제가 학습했던 언더모임 그러니까 셀 구성원은 85학번 다섯 명이었지요. 단대별 구성원이 다양했어요. 문과대, 정경대, 사범대 소속이 모두 있었어요.

문사는 이렇게 셀 단위로 조직되어 있었다. 문대 9월 사건에 대한 반발이었을까? 문사는 눈에 띄지 않게 독자적인 세력을 키웠다. 1985년 말 문사 83학번들은 문무대 사건으로 강제징집되어 군대를 갔다 온 사학과 복학생 박귀현(사학 81)과 새로운 일을 도모한다. 박귀현은 1984년 복학파의 한 축이었던 전성과 연결되어 있었다. 그래서 문사 출신들은 현장 이전을 전성이 기반을 닦았던 안산으로 많이 가게 되었다.

▶ 고대 총학생회여, 노학연대의 깃발을 높이 올려라

한 푼의 학교 지원이 없는
임의단체의 간난신고

김영춘의 당선으로 부활한 총학생회는 신속하게 집행부를 꾸리면서 1984년 하반기의 대중투쟁을 준비했다. 집행부 구성은 각 언더써클과 오픈 조직이 골고루 참여하는 방식을 택했다. 어찌 보면 탕평책을 떠올리게 하는 형태로 주요 그룹에서 나누어 요직을 맡게 했다. 겨사 측에서 파견된 김현배가 사회부장이 되었다. 의외로 오픈으로 올릴 81학번이 부족했던 겨사였지만 총학생회의 요구를 무시할 수는 없었다. 고자추 구성 때에도 단 한 명도 보내지 않았던 터라 더더욱 그러했다. 총학생회는 겨사와 대척점에 있던 기생에게도 집행부에서 일할 사

1984년 10월 26일의 비상학생총회 현장 사진. 김영춘 총학생회장이 학생들의 투쟁을 독려하고 있다.

람을 보내라고 요구했다. 기생에서는 기생 언더의 대표적 활동가 김성환을 보냈다. 김성환은 김덕균과 함께 기생 언더를 만들었던 81학번 주축으로서 1982년 「고대문화」 편집장을 역임했던 김덕균에 이어 1983년 고대문화 편집장을 역임했다. 오픈 공간으로 학회 대신 고대문화를 선택한 것이다. 김성환이 맡은 직책은 기획부장이었다.

  오픈서클 쪽에는 문화부장을 할 수 있는 인력을 추천하라고 요청했다. 이에 따라 이성봉(경제 82)이 문화부장에 발탁되었는데, 81학번이 아닌 82학번이었다. 정경대에서는 최상재가 올라가 총무부장 직을 맡았다. 최상재는 정외과 학회장과 정경대 학생회장을 역임한 정경대의 대표적인 대중활동가다. 사범대 쪽에서는 82학번 강순기가 81학번을 대신해 총학생회 학술부장이 되었다. 그리고 장창원(체교 78)은 체육부장을 맡았다. 82학번으로서 부활 총학생회의 문화부장이 된 이성봉은 학생회관에서 숙식을 해결해야 했던 힘겹고 고단한 총학생회 생활을 이렇게 말했다.

> ⋯ 한 학기 내내 학생회관에서 나가지도 못하고 숙식을 늘 학생회관에서 했어요. 학교 바깥으로 나갈 수가 없었어요. 나가면 잡혀가니까요. 반 수배 상태였어요. 공식적인 수배가 떨어지진 않았지만 길거리에 보이면 잡아가는 그런 상황이었고, 심지어 나갔다가 형사들에게 잡혀갈 뻔한 적도 있어요. 밥 먹으러 건너편까지 갔다가 앞을 보니 성북서 형사들이 보이더라고요. 눈

치를 보니 형사들이 우리를 발견한 거예요. 바로 뒤돌아서 뛰니까 쫓아오더라고요. 무단횡단을 하고서 겨우 학교 안으로 들어와 버렸죠. 들어와서는 성북서에다 전화했지요. "왜 잡으려 하느냐?" 했더니 "그렇게 무단횡단하면 어떻게 하냐? 사고 나면 어떡하냐? 잡으려는 게 아니고 인사나 좀 하려 그랬다."라고 얘기하더라고요. 당시에 성북서에서 오픈 조직이 생기면 한 번씩 데려가서 소위 신고식 같은 것을 했어요. 누군가가 어느 서클의 신임 회장이 되면 기습적으로 연행해서 두들겨 패거나 겁을 주는 게 성북서 형사들의 신고식이었죠. 잡아가서는 서클 회원 명단을 묻거나 주요 선배들의 거취를 캐묻기도 했어요. 총학생회는 당연히 성북서 형사들의 핵심 타깃이었죠. 평소에 드러나지 않아 안면이 없는 친구가 새로운 집행부장이 되면 일단 잡아가려고 했지요. 이런 상황이었기 때문에 3학년 2학기 총학에 올라가서는 학교 밖을 거의 못 나갔죠. 혹 나갈 일이 있으면 밤중에 몰래 외출했어요. 그래서 늘 숙식을 학교에서 했어요. 학생회관에 있는 동안 허인회와 붙어 있으면서 동고동락을 한 거죠. 그래서 정도 많이 들었고요. 그게 인연이 된 것인지 85년 총학생회 때에도 허인회의 러닝메이트가 되었어요.

김영춘 총학이 출범과 함께 봉착한 가장 큰 어려움 중의 하나가 예산 문제였다. 학교로부터 합법적인 인정을 받지 못했기에 총학생회비를 받을 수 없어 예산이 아예 제로였다. 총무부장 직을 맡은 최상재는 이 문제를 해결하기 위해 팔을 걷어붙일 수밖에 없었다. 돈 되는 일이라면 뭐든 해야 했다. 최상재의 말이다.

··· 총무부장으로서 돈 관리를 해야 하는데 돈이 하나도 없었어요. 학교에서 학생회비를 받아서 예산을 집행하는데, 총학생회가 불법단체니까 한 푼도 지원을 안 하는 거예요. 그래서 수익 사업을 한 거죠. 그때 참 다이나믹하게 일을 많이 했던 것 같아요. 청계천에 가서 테이프 고속 복사기를 한 50만 원 주고 샀어요. 그때 등록금이 50만 원쯤 했으니까 지금으로 치면 500만 원 정도 되겠죠. 테이프 고속 복사기 한 번 싹 돌리면 1분에 10개 정도가 찍혀 나오는 거예요. 그 테이프 복사기로 노래얼에서 기타 치고 불렀던 노래를 녹음한 테이프를 하루에 몇백 개씩 만들었어요. 그때는 저작권 개념 같은 게 거의 없을 때였어요. 후배들이 포장 작업 등을 도왔어요. 운동권 가요가 녹음된 그 테이프를 개당 2천 원에 팔았어요. 운동을 하는 학생은 물론 직접 나서지는 않더라도 마음으로 총학생회를 지지하는 많은 학내 학우들이 구매해 주었어요. 그리고 이전 학도호국단이 하던 수익 사업을 접수했어요. 대표적인 게 졸업 선물용 빠클이에요. 호랑이 마크가 찍힌 뻐클을 졸업생들에게 선물하는데, 이전 학도호국단에서 그 가격을 튀겨서 많은 수익을 챙겼던 거죠. 그 사실을 파악하고 우리가 접수한 후 이전 가격의 절반 가격으로 팔았어요. 업자를 불러서 최대한 얼마까지 낮춰줄 수 있냐고 물었더니 300~400원 정도에 가능하다고 했어요. 그렇게 협상을 마치고 졸업생에게 1,000원에 팔았어요. 이전에는 2,000원 정도였어요. 그래도 졸업생이 한 4천 명 넘으니까 꽤 남았지요. 또 교내에 커피 자판기도 우리가 접수했어요. 학내에 자판기가 100여 개가 있었어요. 이것을 누가 운영하고 누가 수익을 가져가는지 조사했어요. 교직원들이 운영하고 수익금은 자기들 경비로 쓴

다고 그러더라고요. 이렇게 정신없이 뛰어다니며 6개월 정도 자금을 모은 결과, 2천만 원 정도가 모였어요. 다 현찰로 항아리에 담듯이 가지고 있었는데, 지금으로 치면 2억 정도 되는 거잖아요. 이 돈으로 총학생회 여러 활동 예산을 충당한 거죠. 그리고 이 돈을 D치는 자금으로도 사용했어요. 84년도에 저희 학번들이 순서대로 D치고 나갈 때 지원한 거죠. 공식적으로 1인당 한 30만 원 정도 지원했던 것 같아요.

강순기는 전북 순창의 순창고 출신이다. 순창고 개교 후 처음으로 고대에 합격한 강순기는 학점 3.0만 넘으면 4년 장학금을 주는 전북 장학생이었다. 가난한 집안 형편 때문에 장학금을 받지 못하면 학업을 중단할 수밖에 없었던 터라 무조건 학점 3.0을 넘겨야 했다. 그래서 1학년 때는 학생운동 근처에도 가지 않았다. 그러다가 2학년 장학금이 확보된 후부터 학회 활동을 시작해 1983년 10월에 영교과 학회장이 되었다. 1984년 1학기까지 학회장을 맡은 강순기는 여름방학 때 교육학과 81학번 김영갑의 주도하에 이뤄진 역할 분담에 따라 부활 총학생회 학술부장이 되었고, 황덕명은 사범대 학생회장을 맡게 되었다. 강순기는 언더서클 경험이 전혀 없고 오로지 학회 활동만 했는데, 그의 성실함과 투쟁 의지를 눈여겨본 사대 선배의 천거로 집행부에 오르게 된 케이스다. 강순기는 1985년에도 허인회 총학생회의 학술부장을 맡았다.

강순기처럼 김영춘 총학에서 체육부장을 하고 허인회 총학에서도 체육부장을 맡은 장창원은 체교과 78학번으로 집행부 중에서 유일한 복학생이었다. 장창원이 체육부장으로 오른 스토리가 있는데 여기에는 82학번의 왕성한 활동가 나미숙의 얼굴이 보인다. 나미숙의 활동량이 얼마 정도였는지 상상이 안 될 정도다. 장창원의 이야기를 들어보자.

··· 저는 중고등학교 때 축구선수도 하고 해서 78년 체육교육과에 들어갔는데, 제가 1학년인 78년 9월에 규모가 큰 유신반대 데모가 있었어요. 대운동장에서 중앙도서관 쪽으로 한 200명 정도가 싸우면서 경찰들한테 밀렸는데, 그때 도서관 지하 학생식당에서 콜라 빈병 같은 것을 상자째 들고 와서 전경한테 계속 던졌죠. 제가 체육과니까 더 잘 던지지 않았겠어요? 당시 상황이 무척 급박했어요. 시위대열이 중앙도서관까지 밀렸을 따였어요. 대부분은 건물 안으로 피신했지만, 40~50명이 고립되었어요. 도서관 직원이 문을 닫는 바람에 못 들어가고 입구에서 다가오는 전경들에게 도두 잡힐 위기에 놓였어요. 그래서 제가 유리창을 깨서 도서관 안으로 들어가려고 했어요. 저는 간단하게 깨질 줄 알고 젊은 혈기에 유리창을 주먹으로 쳤는데 이게 강화유리라 쉽게 깨지지 않았어요. 결국에는 깨고 들어갔지만, 그 과정에서 제 손이 중상을 입었어요. 고대 병원에서 2주간 입원했다가 학교 권유도 있고 해서 집에 갔는데, 그 이후 여러 문제가 생기면서 알코올 우울증까지 생겼어요. 군대도 못 갔어요. 이후 전두환 신군부 아래서 복학도 못 했어요. 자율화되면서는 복학했어요. 복학해서는 나미숙, 권일(정외 82) 이런 친구들

과 같이 어울렸어요. 김영춘이 총학생회장 후보로 나왔을 때 최광철이라는 체교과 후보가 있었는데 안기부에서 지원한다는 설이 파다했지요. 체교과가 더 이상 그런 오명을 뒤집어쓰게 해서는 안 된다는 생각이 들었어요 그리고 같이 어울리던 나미숙 등의 권유도 있고 해서 김영춘 총학의 체육부장에 들어갔어요. 다음해 허인회 총학에서도 체육부장을 했어요. 이후 뜻한 바가 있어서 93년 신학교를 졸업하고 '영등포산선'에서 노동사목을 배웠어요. 그렇게 해서 지금까지 오산에서 다국적 노동자를 위한 노동사목을 하고 있어요.

노조 복구를 선언한 청계피복노조와의 연대투쟁

청계피복노조(이하 '청피노조')는 전태일 열사가 1970년 11월 13일 분신한 이후 열사의 뜻을 이어받아 평화시장 노동자들의 권익 향상을 위해 이소선 여사와 전태일의 친구들에 의해 1971년 11월 27일에 만들어진 노조다. 70년대 대표적인 민주노조였고, 전태일 열사 때문에 대학생들이 존경의 념을 보내는 조합이었다.

하지만 청피노조 역시 신군부의 탄압을 피하지 못했다. 1980년 5.17 이후 노조 해산의 아픔을 겪게 된다. 노동조합운동 탄압에 착수한 전두환 신군부가 8월 21일 '노동조합 정화지침'을 통해 산별노조 산하의 모든 지역 지부를 해체하도록 했고, 12월 31일에는 노동조합법을 개정해 기업별 노조 체제를 법률로 강제했다. 그리고 1981년 1월 21일 계엄사 합동수사반이 전격적으로 청피노조 해산을 명령했다.

노조원들이 노조 복원을 위한 필사의 투쟁을 벌이며 저항했다. 1981년 1월 30일, 아프리 사무소를 점거하고 농성에 돌입한 것이다. 하지만 농성 참가자 21명 전원이 연행되었고, 이 중 11명이 구속되었다. 이소선 여사를 포함한 구속자 11명은 11개월에서 3년까지 징역형을 언도받고 복역했다. 절치부심 복구 기회만을 기다리던 청피노조는 조합 간부들이 석방된 이후 유화국면의 틈을 헤집고 1984년 4월 8일 명동성당에서 '청계피복노동조합 복구대회'를 열며 노조 복구를 선언했다.

5월 1일에는 합법성 공개토론회를 개최하며 반독재 투쟁 전선에 나설 것임을 천명했다. 이와 함께 청피노조는 기존의 방식에서 벗어난 새로운 투쟁 방식으로의 변화를 모색했다. 그것이 노학연대였다. 노학연대 개념을 최초로 제기한 곳이 청피노조인 것이다. 청피노조가 합법성 쟁취 투쟁 과정에서 학생운동권과 어떻게 연결되었는지 대해 《청계 내 청춘》(안재성 저)에 이렇게 나와 있다.

··· 학생운동권과 접촉하기 위해 형제교회 야학 강학들에게 연락을 부탁했다. 강학으로 있으면서도 각자 자기 학교 학생운동에 깊숙이 관여하고 있던 세 사람이 나섰다. 연대 김환기, 서울대 류도경, 고려대 이영동이었다. 이

들 세 명은 각 대학 지도부와 상의해 연락 책임자를 정했다. 서울대는 민병렬, 연세대는 이종희, 고려대는 김현민이 책임자로 정해졌다.

이영동은 청피노조와의 노학연대를 이렇게 기억했다.

••• 제가 대학 2년 때부터 장충동 형제교회에서 야학을 했어요. 그 야학 출신 상당수가 이후 청계피복 노조원이 되었어요. 저와 야학을 함께했던 이들의 선배들이 전태일 열사 후배들이지요. 저하고 형님 동생 하면서 지냈던 분들입니다. 민종덕 선배, 김영대 선배, 황만호 선배 등 그야말로 전태일 열사의 후배들이지요. 그분들이 노학연대를 하자고 제의해 왔어요. 제가 수배 상태라 못 나가니까 고병헌 총학생장단에서 민생분과장을 하던 김현민에게 청계피복노조 사람들을 만나라고 그랬어요. 그래서 김현민이 그 일을 맡았어요. 청계노조 쪽에서는 고대, 연대 서울대에게 얘기했어요. 서울대, 연대도 라인이 있었고 저도 알고 있었죠.

청계피복노조 제1차 합법성 쟁취 투쟁대회가 1984년 9월 19일 오후 1시에 열렸다. 1차 대회의 총책임자는 황만호였고, 노조 쟁의부장 가정우가 실무를 총괄했다. 가정우와 학생준비팀은 한여름 땡볕에서 얼굴이 까맣게 타도록 평화시장 주변 3킬로미터를 샅샅이 누비며 시위 장소를 물색하고 인원 동원 방법 및 전술을 짰다. 대회 자체는 처음부터 공개적으로 알리기로 했다. 9월 19일 오후

1시 평화시장 앞 전태일 열사가 분신한 구름다리 아래에서 대회를 열겠다는 내용의 유인물을 대량 제작해 사전 배포했다. 고가도로 팀을 만들어 청계천 고가 위에서 상징적인 시위를 벌이고 주력부대는 동대문 로터리를 장악하는 전술을 채택했다.

고가도로팀에 편성된 이들은 전원 구속을 각오하며 결전을 준비했다. 집회 당일 주동자의 신호에 따라 일제히 청계천 고가도로 위로 올라가 점거 투쟁에 나섰다. 고가 점거에 투입된 인원은 서울대 40명, 고대 30명, 연대 30명, 청계 노조원 30명 등 총 130명이었다. 동대문 로터리는 각 대학에서 동원된 학생 1천여 명이 점거했다. 시위대는 이화동 교차로를 지나 대학로를 거쳐 혜화동 교차로까지 오후 3시 30분이 넘도록 투석전을 벌였다. 이날 시위에서 청피 조합원 17명을 포함해 122명이 연행되었지만 구속자는 한 명도 나오지 않았다.

본격적인 노학연대 투쟁의
서막을 알리는 신호탄

성공리에 마친 1차 대회 3주일 뒤인 10월 12일 2차 대회가 벌어졌다. 2차 대회는 김영대 노조 사무장이 총책임을 맡았다. 오후 1시 10분에 김영대가 호루라기를 불며 도로에 뛰어들면서 시위가 시작되었다. "청계노조 인정하라!", "노동악법 개정하라!" 등의 구호를 외치는 2천여 명 시위대가 동대문 주변 도로를 점거했다. 이때 최용석 사례를 떠올리는 아찔한 일이 발생했다. 고대생 임진수(철학 82)가 불과 5미터 앞에서 얼굴을 향해 쏜 경찰의 최루탄에 머리를 맞고 그 자리에 고꾸라져 의식불명 상태가 되었다. 즉시 이대부속병원으로 호송되어 뇌수술을 받았다. 6시간 대수술 끝에 기적적으로 되살아난 임진수의 말을 직접 들어보자.

··· 제가 그때 인연 회장을 할 때였죠. 9월 19일 1차 청계피복합법성 쟁취 대회에는 참석하지 못했어요. 그때는 전두환 방일 규탄투쟁 차원에서 계동 소재 일본문화원을 타격했다가 그 일로 구류를 살고 있었어요. 10월 12일 2차 대회에서는 고대생 200명 정도가 참석했을 거예요. 동대문운동장 맞은편 을지로6가 사거리에서 시위를 했어요. 전경들이 몰려오자 학생들이 대거 뒷걸음을 쳤어요. 그때 제가 물러나지 말라고 소리치려고 고개를 돌리는 순간 최루탄을 맞았어요. 제가 안경을 썼는데 왼쪽 눈 위를 그대로 강타한 거죠. 경찰들이 1차 대회에서 하도 당해서 2차 대회 때 최루탄을 45도 각도로 쏜 거예요. 거기에 제가 처음 당한 거죠. 이대병원에서 뇌수술을 했는데 6시간이나 걸렸어요. 뼈가 으스러져서 핀셋으로 그 뼈를 다 집어냈다고 그러더라고요. 나중에 보니까 5 X 4cm 구멍이 뚫려 결국 플라스틱으로 덮었죠. 한 달 입원해 있다가 퇴원했지요. 이후에도 굴하지 않고 운동을 계속했어요. 학내 학생운동보다는 주로 EYC 기독학생운동을 했어요. 그러다 나중

에 대학원을 졸업하고 민노당, 통진당, 진보신당, 정의당까지 한 15년 진보 정당 운동을 했어요.

이영동은 명동에서 2차 대회를 마무리하는 투쟁을 지휘하며 야사(야전군사령관)로서의 역할을 훌륭하게 수행했다. 1차 대회 때부터 최대한의 인원을 동원하며 노학연대를 적극 지원했던 박래군은 1985년 4월 12일의 3차 대회까지 동원 책임자 역할을 같게 되었다.

3차에 걸친 합법성 쟁취 대회는 노학연대 투쟁의 서막을 알리는 신호탄이었다. 이후 본격적인 노학연대 투쟁이 80년대 중후반까지 계속 이어졌다. 1984년을 기점으로 구로동, 영등포, 부평, 성남, 안산 등의 공단지역에서의 노학연대 투쟁이 활발하게 일어났고, 특히 전태일 열사 기일인 11월 13일을 전후해 대규모 도심 집회가 매년 진행되었다. 무엇보다 선도체로서의 학생운동과 주도체로서의 노동운동이라는 두 운동 세력 간의 연대투쟁이 한국 변혁운동의 요체임을 확인하는 계기였고. 이는 이후 학생운동의 나아갈 방향에 절대적인 영향을 미쳤다.

▶ 대규모 점거농성 연대투쟁의 효시, 민정당사를 타격하라

유화국면 파열구 내는
과감한 투쟁 전술의 필요성

1984년 하반기에 접어들면서 학생운동 내부에서 설정한 최대 현안은 광주학살을 자행한 전두환 군사정권의 폭력성을 만천하에 알림으로써 기만적인 유화국면을 깨뜨리는 일이었다. 유화국면이 길어지면서 평면적인 대응에서 벗어나야 한다는 문제의식과 함께 군사정권의 통치 기반에 파열구를 낼 수 있는 좀 더 과감한 전술 도입의 필요성이 제기되었다. 이에 따라 두 개의 조직 전술 변화가 일어났다.

첫째는 대중적이고 광범위한 총학생회를 건설하자는 움직임이다. 사실 전두환 파쇼정권에게 가장 타격을 주는 것은 직접민주주의를 통해 구성된 총학생회가 학생 대중의 폭넓은 지지를 기반으로 대중투쟁을 확산시키는 일이다. 두 번째로는 언더 차원에서만 구성하던 투쟁위원회를 공개로 띄우는 일이었다. 1984년 하반기부터 본격화되기 시작한 조직 전술은 각 대학이 공개적인 투쟁위원회를 만든 뒤 대학 연대기구를 띄워 공동투쟁을 조직적으로 전개하는 방안이었다. 이 같은 조직 전술의 변화를 바탕으로 새로운 투쟁 전술을 채택하게 되었다. 학내시위와 가두시위뿐 아니라 좀 더 과감하고 입체적인 투쟁을 시도하자는 의도였다.

그 과감한 전술 중 하나가 점거투쟁이었다. 첫 번째 목표가 된 곳은 관훈동에 있던 민정당사였다. 민정당사 점거농성 투쟁은 대학 페더에서 진행한 1984년 학생운동의 하이라이트였다. 준비 과정을 간략히 알아보자.

1982년 9월 고연전 투쟁을 준비하면서 최초로 조직된 4개 대학 페더 모임 참석자는 고대의 이승환, 서울대의 유기홍, 성대의 이정현, 연대의 천호선이었다. 1984년 11월의 민정당사 점거농성을 준비한 학간 페더의 서울대 책임자는 77학번 윤석인으로부터 바통을 이어받은 80학번 오동열과 윤철호였다. 둘은 교대로 페더 모임에 참여했다. 오동열은 윤철호와 더불어 80학번 지도부를 형성하고 있었는데 5학년(4년 졸업 후에도 학생운동을 한다는 의미) 위치에서 서울대 학생운동을 지휘하고 있었다. 성대는 1983년 11월부터 이정현에서 80학번 안민재로 바뀐 상태였다. 고대는 1984년 4월부터 이승환에서 조경현으로 교체되었다. 연대도 1984년부터 이 모임에 합류했다. 페더 책임자는 처음에는 80학번 천호선이었다가 81학번 박재구로 바뀌었다.

안민재 증언에 의하면, 민정당사 당사 점거투쟁 아이디어를 처음 낸 사람은 서울대 윤석인이었다고 한다. 윤석인의 제안에 대해 서울대 오동열은 모험주의라는 의견을 냈지만 고대와 연대가 적극 찬성하면서 그 계획이 곧바로 추진되었다. 성대 안민재와 고대 조경현이 주로 전술을 짰는데, 학간 페더선을 지키기 위해 3중 알리바이를 준비했다. 기존 페더선을 지키기 위해 먼저 각 대학에서 한 명씩 차출해 2차 지도부를 만들었다. 그다음, 대학별로 투쟁위원회 조직을 만든 후 '서울대 집회에서 위원장단 모임을 통해 민정당사 점거 계획을 세웠다.'는 알리바이를 만들었다. 마지막으로 현장에서는 뿌리지 않는 알리바이용 유인물을 만들어 각 대학에 뿌려 점거투쟁 계획을 사전에 알리는 알리바이를 마련했다. 알리바이 3중막을 친 것이다.

10월 12일 서울대를 시작으로 연세대, 고려대, 성대가 차례대로 '민주화투쟁위원회'를 구성했다. 앞서 얘기한 대로 비밀조직이 아닌 공개적으로 실체를 드러낸 투쟁조직이었다. 공개적인 투쟁위원회의 출현은 총학생회라는 대중조직과 함께 이후 학생운동을 이끌어가는 좌우 날개가 만들어졌다는 것을 의미한다. 즉 일상에서 학생 대중의 자발적 참여를 통해 외연을 넓히는 총학생회와 과감한 투쟁을 전개하는 전투조직으로서의 투쟁위원회라는 '학생운동이란 새를 움직이는 양 날개 조직'이 전면에 나서게 된 것이다.

학생운동사 최초로 4개 대학의 투위가 참여한 공동투쟁체가 출범했다. 11월 2~3일 연세대에서 거행된 학생의 날 기념 연합집회에서 민주화투쟁학생연합(약칭 '민투학련')을 결성하며 그 출발을 알렸다. 민투학련 위원장에는 고대 민투위원장 이재권이 추대되었다. 이재권은 초대 대학연합 민투위원장을 맡을 만큼 뛰어난 전투력과 강단을 소유한 학생운동가였다. 민투학련은 그 이전에는 상상하지 못했던 과감한 공동투쟁에 나섰다. 11월 14일 고대 81명, 성대 95명, 연대 88명 총 264명이 민정당사에 들어가는 데 성공한 것이다. 그런데 서울대가 들어가지 못했다. 그 이유를 조경현은 이렇게 설명했다.

··· 서울대가 준비 과정에서는 별 문제가 없었어요. 그런데 깃발-반깃발 논쟁에 부딪히면서 발목을 잡히게 되었어요. 민정당사 농성 전술을 다 마련한 뒤 검토를 거쳐 서울대 쪽에 오더를 보냈어요. 우리는 공동 투쟁 지도부를 구성한 상태라 계속 나아가야 했어요. 그래서 미리 준비한 전술에 따라 수백 명이 민정당사에 진입했어요. 그렇지만 서울대 애들이 안 보이는 겁니다. 분명히 오더가 제대로 전달되었거든요. 깃발파와 반깃발파의 갈등이 심해지면서 결국 그런 일이 벌어진 거죠. 반깃발 측이 페더에 참여헸기에 깃발 쪽에서 참여를 안 한 거죠. 저는 그때 밖에서 기다리면서 수백 명이 정문

으로 일시에 진입하는 걸 보면서 성공했다고 기뻐했어요. 그런데 서울대 친구들이 뿔뿔이 흩어진 채로 뭉그적거리다가 단 한 명도 못 들어가는 거예요. 결국 오더가 제대로 집행되지 못한 거지요.

여기서 서울대 동원이 제대로 안 된 이유를 잠시 살펴보자. 서울대 조직체계도 고대나 성대와 마찬가지로 포스트(Post) 시스템(포시스템)이다. 즉 4학년 지도부 협의체가 중요한 현안마다 회의를 거쳐 의사결정을 하고 학생들을 동원하는 체제다. 당시 학생운동 조직노선에서 가장 큰 고민과 과제는 튼튼한 포 시스템 구축, 적의 침탈로부터 조직 보호, 이슈 발생 때의 적절한 조직 동원 등이었다. 그런데 1984년 2학기에 접어들면서 서울대에서 여태까지 한 번도 나타나지 않았던 조직이 나타났다. '깃발'이라는 팸플릿이 출현한 것이다. 이 팸플릿은 일반 학생에게 뿌리는 유인물이 아니라 운동권 내부를 겨냥한 신문 형식의 연재물이었다. 학생운동에서 정치조직을 자임하는 조직이 처음 나타난 것이다. 깃발 측은 우리나라 혁명의 성격을 민족민주혁명(NDR)으로 규정한다고 선언했다.

그 이전의 학생운동 조직은 언더든 오픈이든 이념 서적을 학습하다 고학년이 되어 한국 변혁운동의 성격과 방향을 논의하는 형태로 운영되었다. 다시 말하면, 우리나라 변혁운동의 성격을 규정하고 이에 동의하는 사람들이 모인 정치조직과는 거리가 있었다. 조직적인 측면에서 보면, 깃발 그룹의 문제제기는 기존 포 시스템에 대한 근본적인 비판이다. 깃발은 기존 포 시스템이 뚜렷한 정치노선이 없는 동원체제일 뿐이고 구성원을 투쟁에 동원하는 도구로 생각하는 도구주의에 빠져 있다고 비판했다. 사실 깃발 그룹의 주장대로라면, 민정당사 점거투쟁 같은 선명한 정치투쟁에 깃발 측이 솔선수범해서 나서는 것이 어울린다. 하지만 페드 모임에 참가해 민정당사 투쟁에 참여하기로 한 것이 반깃발 측 결정이라는 이유로 중요한 투쟁을 거부한 것이다. 또한 서울대 내부의 노선 투쟁 때문에 반깃발 조직조차 오더선 혼선에 따라 한 명도 민정당사에 진입하지 못하는 최악의 결과가 초래되었다. 노선 투쟁에 연연하다가 실제 투쟁을 외면했다는 비판을 피할 수 없는 대목이다.

적의 심장부에 뛰어든 264명의 통렬한 점거투쟁

행정학과 82학번 김두수는 민정당사 점거농성 때 진입조를 이끄는 역할을 부여받았다. 제일 먼저 진입해 출입문을 지키는 경찰과 수위를 진압하는 임무였다. 김두수는 과 후배 6명과 7인의 진입조를 구성해 성공적으로 당사에 들어갔고 뒤이어 본대 257명이 무사히 합류했다. 264명이 모두 진입하는 데 걸린 시간은 불과 몇십 초에 불과했다. 김두수는 진입조 역할을 성공적으로 수행한 뒤 민정당 최고위원회 회의실에

민정당사 점거 농성을 알리는 1984년 11월 15일 자 동아일보 기사.

서 농성하다 경찰의 진압 과정에서 화장실을 통해 피신하게 된다. 이 과정이 영화에서나 연출될 법한 광경이었다. 김두수의 생생한 증언이다.

••• 11월 민정당사 점거 농성에 제가 행정학과 동원 책임자였어요. 저하고 83학번 이재희, 정재호 등의 행정학과 7명으로 진입조를 짰죠. 진입조 7명이 먼저 들어가 경찰과 수위를 제압하는 거죠. 안국동 근처에서 만나 30분 전에 근처 찻집에서 대기했어요. 돌을 들고 가면 검문에 걸리니까 제가 박카스 두 상자를 사서 3개씩 나눠줬어요. 박카스병 들고 있으면 누가 의심해요? 그다음에 건전지 한 20개 정도 구입해 2개씩 챙겨주었어요. 돌하고 마찬가지잖아요. 옛날에 큰 건전지는 불심검문을 받아도 문제가 되지 않았어요. 찻집을 나서서 치고 들어가기로 한 약속 시간 3분 전에 민정당사 건물 정문 근처에 서 있는데, 학생 대열이 안 보이는 거예요. 그래서 잠시 고민했어요. 그냥 들어갈까 아니면 조금 기다려야 하나 하면서요. 그때 인사동 수도약국 쪽에서 대열 선두가 보였어요. 한 150m 밖에서 대열이 오더라고요. 그래서 후배들에게 사인을 보내고 정문 쪽으로 달려갔어요. 민정당사 정문에 경찰 4명, 수위 2명이 서 있었는데 우리가 확 덮치자 다 도망가더라고요. 바로 이어서 대규모 인원이 한꺼번에 건물 안으로 들어왔어요. 먼저 5층 총재비서실을 점거했는데 그곳이 너무 좁아서 9층 소회의실로 올라갔어요. 그때 경찰들이 마구 올라왔어요. 경찰과 몸싸움이 시작되었고 그 와중에 5층 인원과 9층 인원이 분리되고 말았어요. 저는 9층으로 올라가지 못하고 5층

총재비서실에 있었는데 30~40명 정도가 2시간가량 버텼어요. 9층 상황은 알 수가 없었는데 5층보다 먼저 진압되어 전원이 연행된 걸로 알고 있어요. 총재비서실 안에는 민정당 당직자도 10명 정도 인질 아닌 인질로 있었어요. 8시쯤 되니까 문을 부수기 시작하더라고요. 책상 등으로 막아도 소용 있나요? 문을 부수면서 그 안에 사과탄 까 넣어 던지는 거예요. 20분 정도 버티다가 끌려 내려가기 시작했어요. 30~40명이 경찰에 잡혀 5층에서 1층까지 내려가는 와중에 당직자, 경찰, 학생, 기자가 뒤엉켜 있는 혼란한 상황에서 슬쩍 눈치를 보니 제 옆에 사람이 별로 없었어요. 경찰이 띄엄띄엄 있고 "학생! 어디 학생이야?" 하면서 기자들이 질문을 퍼붓자 경찰들이 "기자들! 저리 비켜!" 하면서 기자들을 막아설 때 화장실로 쑥 들어갔어요. 경찰이 저를 못 본 모양이었어요. 소변을 보고 나오니 학생들이 다 끌려가고 없어요. 밖으로 나가면 잡힐 것 같고 1층 마당에서 학생들을 때리는 것을 보고 급히 지하실로 내려갔어요. 그때 한 사람이 따라 들어왔는데 학생이었어요. 연대 83학번 법학과 친구였어요. 지하실 2층으로 들어가니 보일러실이 있더라고요. 보일러실에 숨었지요. 조금 있으니까 경찰이 수색하러 왔지만 아무도 없는 줄 알고 그냥 나갔어요. 잠시 후 보일러공이 왔어요. 순간 보일러공의 도움을 받아야 탈출할 수 있겠다는 생각이 들어 과감하게 나갔죠. 보일러공이 저를 보고 "학생이 여기 있으면 어떡해!" 그러더라고요. "죄송합니다. 경찰을 피하다가 여기 왔어요. 조금만 도움 주시면 나갈 수 있을 것 같습니다. 어떻게 나가면 됩니까?" 그랬더니 "쓰레기 버리는 구멍이 요만한 게 있는데 거기로 빠져나가면 경찰이 의심 안 할 거다. 거기로 나가면 된다. 몰라, 나는 모르는 거야."라고 하면서 가버리더라고요. 그래서 그 안에 민방위 옷이 있어 그 옷으로 갈아입고 모자 쓰고서 쓰레기 버리는 구멍으로 기어 올라갔어요. 1층이었어요. 캄캄하니까 우리가 누군지 모르는 거예요. 밖으로 나갔더니 경찰 200명 정도가 줄지어 서 있더라고요. 그 사이를 유유히 걸어 나가며 "수고하십니다." 그랬지요. 50m 정도 걸었더니 정문이 보였어요. 정문을 벗어난 다음에는 달려서 도망갔죠. 300~400m 이동했더니 그제서야 허기가 느껴져 근처 식당에 들어갔어요. TV 화면에 점거 농성 뉴스가 막 나오더라고요. 식사 후 학생회관에 갔어요. 학생회관에 300명 정도가 농성하고 있었거든요. 거기서 연대생 1명과 탈출했던 이야기를 전했어요. 흥미진진하게 제 이야기를 듣던 농성 학생들에게 "저를 도와준 보일러공은 민중 편이었다. 그러니 그 사람 이야기는 하지 말았으면 좋겠다. 혹시라도 그 보일러공에게 피해가 갈 수 있다."라면서 신신당부했어요. 그런데 다음날 민주광장에서 점거투쟁 보고대회를 했는데 수배 중이던 송영길 연대 총학생회장이 연단에 올라 "민족의 양심은 살아 있다. 우리 학우 2명이 탈출했는데 민정당사의 보일러공이 탈출을 도왔다."라고 발설해 버린 겁니다. 속으로 보일러공에게 문제가 없기를 빌었어요.

소회의실을 점거한 학생들은 민투연합 명의로 '우리는 왜 민정당을 찾아왔는가. 민정당은 작금의 반민주적 빈민중적 사태에 대해 전적인 책임을 져야 한다.'는 제목의 유인물을 낭독하면서 14개 요구 사항을 제시했다. 대우어패럴 노조탄압 중지, 노동악법 폐지,

전면 해금 실시, 집시법 및 언기법 폐지, 총학생회 인정 등이 주요 요구사항이었다. 11월 15일 새벽 4시 반, 경찰은 대형 망치와 도끼로 9층 소회의실의 출입구를 뜯어내고 기동경찰병력을 투입했다. 그리고 진압 작전 30분 만에 농성 학생을 전원 연행했다.

  흥사단 아카데미 회장 김경식(독문 81)은 서클 후배들을 동원했다는 혐의로 수배를 받았다가 피신한 지 얼마 되지 않아 검거되었다. 영문과 81학번 이상빈도 문과대 학회 쪽 동원을 지시했다는 혐의로 구속되었다. 두 사람은 4개월 정도 구치소 생활을 하다 집행유예 선고를 받고 1985년 2월에 풀려났다. 공대 쪽에는 이만규가 인력 동원 배후로 지목되어 수배되었다. 그는 한 달 반 정도 도망 다니다가 1985년 1월에 검거되었고, 1985년 2.12 총선이 끝나고 김경식과 이상빈이 집행유예로 풀려나올 때 같이 나왔다. 이들 3명이 주동 이재권 이외에 구속된 81학번들이다.

테러 진압하듯, 콘크리트 뚫고
최루액 뿌리고 두더지 작전으로

                        김영춘 총학생회장은 1985년 1월 1일 새해 첫날 검거되었다. 세검정에서 조경현과 약속이 있어 갔다가 불심에 걸려 검거된 것이다. 하필 비상이 걸린 장소에서 약속을 잡아서 잡힌 것이다. 이에 대한 김영춘의 증언이다.

··· 저는 1월 1일에 잡혔어요. 수배 중에 외출도 하고 학교에 들어가 잠시 집회 참석하고 빠져나가는 식으로 생활했어요. 안 잡히고 잘 피해 다녔는데 예상치 못한 곳에서 잡히고 말았어요. 세검정에서 잡혔어요. 조경현을 만나러 가는 길에 잡힌 거예요. 경현이가 청와대 뒤쪽 모처에서 만나자고 했는데, 거기가 안전한 곳이라 생각했던 거죠. 약속 장소로 가는데 경찰 수십 명이 줄지어 서 있었어요. 비밀이 샌 건 아니고 연말연시에 무슨 비상이 걸렸는가 봐요. 그래서 검문을 당했던 거예요. 인원이 너무 많아 도망갈 엄두를 못 냈어요. 하필 가방 하나 들고 있었는데 그 안에서 자료가 나왔어요. 크게 중요한 자료는 아니지만 수상한 놈이라고 생각할 수 있는 자료가 좀 있었어요. 가방을 뒤지더니 파출소로 일단 가자고 그러더라고요. 파출소에서 제 이름을 묻길래 딴 친구 이름을 댔죠. 그런데 저의 수배된 얼굴 사진을 누가 갖고 있었던 것 같아요. "여기 왜 왔냐?" 하며 계속 추궁했어요. 조경현이를 불 수 없잖아요. 조경현이는 학교 안에서도 겨사 언더 리더이고 학간 페더 책임자잖아요. 그래서 친구 만나러 왔다고 했죠. 친구가 누군지를 추궁해서 박래군 이름을 불었어요. 박래군은 고등학교 친구라서 둘러대기 좋을 것 같아 그렇게 한 거죠. 잠시 후 성북서로 데리고 가더라고요. 성북서에서 형사한테 눈을 한 대 맞았는데 신경이 다쳤는지 나중에 검사해보니 1.5 시력이 0.11로 떨어져 버렸어요. 성북서에 이어 옥인동의 대공분실로 끌려갔어요. 거기서는 3일 정도 잠 안 재우고 막 괴롭히는데 고문을 하고 그러진 않았어요. 총학생회가 언더조직이 아닌 공개된 오픈조직이고 이슈가 되어 언론에 많이 노출된 탓인지 고문은 안 하더라고요. 배후를 묻길래 제가 배후다 그랬

죠. 제가 다 지시했다고 버텼죠. 저는 배후 조사에서 빨리 시선을 돌려야 한다고 생각했죠. 그래서 이정우 있는 곳을 불어야겠다 생각했죠. 이정우에게는 현상금 2천만 원과 1계급 특진이 걸려 있었어요. 사전에 우리가 약속한 것이 있었어요. 그러니까 같이 자면서 누구라도 새벽까지 안 들어오면 잡힌 것으로 알고 바로 튀기로 한 겁니다. 그게 우리 지침이었어요. 그래서 제가 밤새 버티고 아침에 불었어요. 장소를 분 거죠. 거기 가면 우리 자는 데 있다고. 그런데 이정우가 잡혀 왔어요. 이정우 말에 의하면, 새벽에 튈까 하다가 술 먹고 안 들어왔을 거라고 생각하고 방심한 거죠. 밤새 뭘 하다가 피곤해 한숨 더 자버렸다는 거예요. 송영길이도 며칠 뒤에 잡혀 왔죠. 이정우는 오래 살았어요. 이정우는 서울대 프락치 폭력 사건에도 연루되어 3년을 꼬박 살았어요. 송영길은 1년을 살았고요. 저는 민정당사 점거 농성 건에만 연루되어 구속된 20명이 다 풀려나올 때 이재권과 같이 풀려나왔죠. 4개월만 살고 나온 거예요. 재수가 좋았어요.

강학모(경제 82)는 박래군의 오더를 받고 민정당사 점거농성에 참가했다. 후배들 몇을 데리고 들어갔는데 유화국면이 지속되는 상황이라 구류만 좀 살고 나올 거라고 예상했다. 하지만 '극렬 가담자'로 분류되어 구속되었다. 풀려날 때는 핵심 주동자 김영춘, 이재권과 같이 집행유예 선고받고 나오게 되는데, 그 이유를 이렇게 얘기했다.

••• 특별히 다른 이유가 있었던 건 아닙니다. 종로경찰서에 끌려가 조사를 받았는데 종로경찰서장이 폭도 어쩌고저쩌고 하며 훈계를 하길래 "우리가 어째서 폭도냐?" 하고 대들었어요. 그때 정창윤(법학 82)도 저하고 같이 대들었지요. 그래서 정창윤도 구속되었어요. 그래도 기소유예 처분을 받고 2개월 정도 살다 나왔는데, 저는 무슨 이유인지 집행유예로 4개월 살고 나왔지요. 무슨 딱 기준이 있었던 게 아니라 형사들이 보기에 조사에 잘 응하지 않고 대드는 등 태도가 불손하다고 판단하면 그렇게 했던 것 같아요.

현재 3선 국회의원인 신정훈도 83학번 후배 몇 명과 함께 민정당사 점거농성에 참가했다. 신정훈은 김두황에 의해 정경대 겨사 82학번 코어 멤버인데, 조직관리에는 관여하지 않고 일찌감치 투쟁 일선에 나선 행동파다. 그런 덕분인지 조직에서 겪는 상처는 덜하다. 신정훈의 기억이다.

••• 제가 3학년 때였어요. 민정당 중앙당사를 점거했을 때 엄청 많이 맞았어요. 잡힌 뒤 구류 29일 먹었어요. 점거할 때 우리는 밑에서부터 올라갔어요. 그래서 9층인가 옥상 바로 아래층까지 올라가 점거투쟁을 벌였어요. 그때 '88 테러 진압단'이라고 하는 경찰 특공대가 치고 내려온 거죠. 저는 그때 계단 쪽에서 먼저 잡혔기 때문에 직접 보지는 못했어요. 옥상 콘크리트를 뚫고 들어왔다는 얘기를 나중에 들었어요. 콘크리트를 뚫고 내려오면서 거기다 최루액을 뿌리고 두더지 작전을 하듯 마구잡이로 때렸다고 했어요. 그

때 제가 8층 정도에서 잡혀 내려오면서 외부에 있는 계단을 타고 내려왔어요. 근데 계단 계단마다 백골단이었겠죠. 그놈들이 서서 집단적으로 구타를 하는데 한 계단 내려올 때마다 한 대씩 맞았어요. 그렇게 층마다 맞으면서 1층까지 내려왔어요. 그리고 나서 제가 1층의 민정당 중앙당사 마당에서 무릎 꿇었던 것이 제일 기억에 남아요. 무릎 꿇은 상태에서 사무총장 이한동인가가 뒷짐 지고 있던 것을 쳐다본 기억이 나네요. 뒤에 국회의원 되고 국회에서 한 번 봤지요. 구류 29일을 받았는데 정식 재판을 청구해 10일 정도 살고 빨리 나왔어요. 우리가 기만적인 유화조치를 깨려고 무척 노력했는데, 선거를 앞두고서인지 그게 잘 안 깨졌죠. 저희들이 4학년 때 싸움의 수위를 높이면서 85년 5월 미문화원 농성을 통해 유화조치가 깨지기 시작한 거죠. 저는 두 번 다 들어가면서 점거 전문가란 별명을 얻게 되었어요.

박형영(법학 83)은 훗날 배우자가 되는 학회 동기 배삼희와 김현수(법학 83) 그리고 1학년생 이재경(법학 84)과 함께 82학번 학과 선배 정창윤을 따라서 민정당사 점거농성에 들어갔다. 구류 29일을 받았는데 정식 재판을 신청해 10일 정도만 살고 나왔다. 민정당사 점거 오더는 법학과 학회장 이원욱과 법대 학생회장 김의겸에게서 받았다. 박형영은 3학년 때 이원욱에 이어서 법학과 학회장을 했다. 한편 사대 학생회장 황덕명은 민정당사 점거 농성에 들어갈 사대 인원을 뽑아달라는 오더를 받고 일어났던 당시의 일을 이렇게 기억했다.

⋯ 민정당사 점거 농성 때 김현주(영교 82)를 통해서 저한테 오더가 왔을 거예요. 그래서 들어갈 사람들을 뽑으려 했는데 다들 안 나간다는 거예요. 그래서 제가 그때 흥분해서 "야! 그러면 내가 갈게." 하고서는 사대 사무실 유리창을 맨주먹으로 깨고 그랬어요. 남자애들이 안 나서는 거예요. 그때 우리 사대에서는 여자애 5~6명이 들어갔어요. 훗날 민정당사 점거투쟁 지원 집회를 하는 사진을 본 적이 있는데, 제가 손에 붕대를 감은 차로 손을 들고 있더라고요.

민정당사 투쟁의 성과를 확산시키는 더 큰 계획을 준비했지만

민정당사 점거농성 투쟁이 끝난 이후 언론의 관심을 더 이끌어내고 군사정권의 본질인 폭력성과 비민주성을 국민에게 널리 알리는 차원의 시위 전술을 시도한 인물이 있었다. 김영춘 총학의 기획부장 김성환이 기획부장 직책에 어울리는 큰 기획을 시도했다. 학원자율화조치의 허구성을 깨려는 시도였다. 학원자율화 조치가 학내에 상주하던 경찰을 학교 밖으로 철수한 것 외에는 달라진 것이 없다고 판단한 김성환은 경찰이 다시 학내를 진입하는 모습을 국민에게 보여주는 역발상의 기획을 추진했다. 김성환은 민정당사 점거투쟁 이후 수배령이 떨어진 김영춘, 이정우, 송영길 세 총학생회장을 고대 학생회관에 불

1984년 11월 16일, 민정당사 점거 농성으로 구속된 학우들의 석방을 촉구하는 시위를 벌이고 있다. 이후 학기말 시험 거부 투쟁으로까지 이어졌다.

민정당사 점거 투쟁으로 구속된 학우들의 석방을 요구하며 기말고사 거부투쟁을 벌이고 있다.

러 학생 200명과 함께 농성에 돌입하는 계획을 세웠다.

당시 이정우 서울대 총학생회장의 현상금이 2천만 원이었을 만큼 학생운동의 괄목할 성장과 선도투쟁이 사회적 관심사로 부상하고 있을 때였다. 이런 상황에서 3명의 총학생회장이 한꺼번에 모여 의미 있는 농성투쟁을 조직하면 사회적인 이슈가 되면서 민정당사 점거 농성투쟁의 연장선상에서 대중투쟁을 더욱 확산시킬 수 있을 거라는 기획 의도였다.

김성환이 3인 총학생회장에게 기획 내용을 제안하자 모두 긍정적인 반응을 보였다. 문제는 서울대의 이정우였다. 개인적인 의지와 관계 없이 서울대 내부 사정이 발목을 잡고 있었던 것이다. 이정우의 농성 참가 건을 둘러싸고 깃발과 반깃발 사이의 갈등이 여전한 가운데 결국에는 학내 승인을 받지 못했다. 김성환은 경희대, 외대, 동국대 등의 대학과 연대 KSCF와 연계된 하부 조직을 총동원하는 수천 명의 집회 계획을 추가적으로 준비했으나 이정우 합류가 어려워지면서 학생회관 농성과 이후 투쟁 계획이 무산되었다.

▶ 1985년의 약진을 기약하며

그 어느 때보다 뜨거웠던
학생운동 조직 내부의 '스토브 리그'

1984년 11월 14일의 민정당사 점거 투쟁은 유화국면을 뜨겁게 달군 일대 사건이었다. 후속 투쟁으로 KBS 점거투쟁을 준비했으나 실행에 옮기지는 못했다. 11월 중하순에 접어들었을 때, 고대 내에서 민정당사 투쟁 건으로 구속된 학생들의 석방을 촉구하는 학내 시위가 몇 차례 있었고, 그 연장선에서 시험거부 투쟁이 이어졌다. 이후 민정당사 점거 투쟁을 이으며 군사정권의 유화국면을 돌파하는 과감한 정치투쟁의 실천은 1985년으로 넘겨야 했다.

1984년이 저물어갈 무렵, 고대 학생운동 내부는 조직을 정비하는 물밑 작업에 돌입했다. 겨울의 매서운 추위가 '스토브 리그'의 열기를 전혀 위협하지 못할 정도로 뜨거운 시간이 1985년 초까지 이어졌다. 고대에서 가장 막강한 영향력을 행사하고 있던 겨사조직의 82학번 지도부 구성이 이 시기에 마무리되었다. 겨사 81학번 지도부 투톱 박부용과 조경현은 학생운동 5학년 대신 현장 이전을 선택했고, 82학번 포스트 관리는 김형중에게 맡겨졌다.

이 과정에서 정해진 겨사조직의 섹터별 82포스트 구성을 살펴보자. 정경대의 경우, 박부용이 직접 지도한 코어 모임 멤버들이 조직의 핵심 역할을 맡았다. 강성복 자취방에서 10개월 넘게 진행된 학습모임에 참여한 이는 강성복 외에 윤지환, 방석수, 이정배다. 이중 방석수가 정경대 포스트 역할을 맡았고, 강성복은 문대 9월 사건에 대해 문제의식을 가지면서 겨사와 대척점에 서게 되는 문정 언더조직으로 옮기게 된다.

문대 섹터는 김봉환과 조진우(사회 82)가 문대 포스트 역할을 맡았다. 1학년 때 스피치에서 활동한 김봉환은 문대 조직 관리를 위해 박부용이 국문과 학회로 보낸 케이스다. 김봉환은 김해자가 국문과 학회를 이끌어갈 때 보좌 역할을 충실히 했고, 1984년 말에 겨사 문대 섹터를 관리하는 책임자가 되었다. 조진우는 조경현이 지도하는 인연 언더에서 임종명, 황규식과 같은 모임에서 활동하다 문대 포스트가 된 케이스다.

OC 섹터의 82지도부는 김인수가 OC 코어로 키웠던 최우영, 이완규, 김남중이 중심 역할을 맡게 되었다. 이 중 민연 출신의 최우영은 1985년 허인회 총학생회 기획부장으로 활약했다. 현철 출신의 김남중은 1986년에 전국 반외세 반독재 애국학생투쟁연합(약칭 '애학투련') 위원장으로 활약하게 되는 김신(사회 83), 문제갑(정외 83), 정진만(신방 83)을 지도하며 OC 언더 팀을 운영했다. 김남중은 83학번 김선균(경제), 박성복(경제), 김훈식(경영)으로 이루어진 전투조 셀 학습지도도 했는데, 이 셀이 1985년 5월의 미문화원 점거 투쟁에 참여하게 된다.

OC 포스트가 되어 섹터 포스트 모임에 주로 참가한 이는 이완규다. 이완규는 김남중이 관리하던 전투조 셀의 정세분석 세미나를 매주 지도하기도 했다. 하지만 이완규는 1985년 10월 민정당정치연수원 점거 투쟁을 준비하다가 가족들의 완강한 압박을 이기지 못하고 군 입대하면서 학운을 떠났다.

법경사 포스트 역할은 황규식 몫이었다. 법대에서 중심적 역할을 한 이는 이원욱과 김의겸이다. 사대에서는 82학번 박상희(교육), 조만회가 겨사조직의 중심축이었다. 이 중 김의겸은 1982년부터 겨사 언더에서 황인철, 맹찬호 지도를 받으면서 나미숙, 유인식(철학 82) 등과 학습 세미나를 했다. 1984년에는 법대 학생회장이 되었다. 황규식, 이원욱, 박상희는 1학년 때 조경현 지도하에 학습모임을 같이했던 멤버다.

박상희는 인연 출신으로 인연 81학번 정미례의 광주 중앙여고 후배다. 박상희와 같이 인연에 가입한 광주여고 동기로는 황정옥

(사회 82)이 있다. 광주 중앙여고는 광주에서 목소리 큰 여고생이 많은 학교로 유명했다. 조만희는 문대 9월 사건과 연루된 박윤성의 후배로 노기영의 지도를 받기도 했지만, 문대 9월 사건 이후 이우관(사회 82), 윤지환 등과 모임을 하며 겨사 활동을 하게 된다. 조만회의 말이다.

••• 한때 저는 기생으로 오해받았어요. 그러다가 어느 순간 겨사 조직원이 되었어요. 문득 이런 생각이 들곤 했어요. 진짜 선배는 누구이고 누가 내 후배인가? 그런 의문이 들면서 모두가 낯선 존재가 되는 느낌을 받기도 했어요. 저는 겨사에서 성장하고 겨사 선배들에게 지도를 받았던 경우가 아니었어요. 그때 상황이 무척 혼란스러웠어요. 저처럼 고대 학운의 일부는 혼란스럽게 활동했고 속된 말로 '나가리' 된 경우도 있다는 점도 꼭 써주세요.

이공농대 섹터의 포스트는 임종명이다. 겨사 내에서 이공농대 출신의 적임자가 없어 문과대 출신의 임종명이 맡게 된 것이다. 언더 포스트 역할은 윤지환과 방석수가 맡았는데 전문규(국교 82)도 중심적인 활동을 했다.
전문규는 1학년 때 인연에 가입했다가 2학년 때는 석화회 활동을 했다. 석화회 시절 전문규가 작곡한 노래가 그 유명한 〈새〉다. 김지하 시인의 시 〈새〉에 곡을 입힌 것으로서 전문규가 어릴 때부터 클래식 기타를 끼고 살면서 키웠던 음악적 재능이 발휘된 작품이다. 전문규는 1985년 이후 여러 언더조직 대표들과의 협의 모임에 겨사를 대표해 참여할 때가 많았다.

한편 1984년 초반에 바텀업 81지도부를 구성하며 의욕적인 활동을 펼쳤던 비겨사 진영은 문대 9월 사건을 거치면서 사실상 유명무실화 상태가 된다. 문대 9월 사건의 여파로 노기영과 박윤성이 학운을 떠났고, 이범재도 지도부에서 이탈하면서 바텀업 지도부 회합 자체가 이루어지지 않았다. 대신 기생 언더, 사연 언더, 정경연 언더, 현철 언더, 민맥, 문사 언더 등 비겨사 진영의 언더서클들이 각자도생의 길을 걸으며 세력을 확대해 나갔다.

비겨사 언더서클 간의 비공식적 모임이나 수평적 교류는 1984년 내내 이어졌다. 1984년 말의 소위 '스토브 리그' 기간에 가장 두드러진 움직임은 단연 문정조직 태동을 향한 거센 발걸음이라 할 수 있다. 박래군이 주축이 되어 김일영, 김두수, 조혁, 김진국, 최규섭 등 82학번 5인의 코어 모임이 만들어지고, 1985년 2월에 문정 출발을 알리게 된다. 문정의 출범은 겨사 대 반겨사의 치열한 대립과 경쟁이 본격화되었음을 알리는 신호탄이다.

이렇듯 1985년 신학기 개학을 앞두고 고대 학생운동 내부에서 그 어느 때보다 뜨거운 스토브 리그를 맞게 되었다. 이는 1984년 학생운동이 양적, 질적 모든 면에서 비약적으로 성장했음을 방증하는 지점이기도 하다.

1984년의 마지막 거사, 무산된 KBS 점거 투쟁

　　　　　　　　　　　　민정당사 점거 농성 투쟁은 학생운동사에서 전례를 찾을 수 없는 초유의 시위 방식이었다. 군사정권의 심장부라 할 수 있는 집권당 당사를 264명의 청년학생이 기습적으로 점거한 이 사건은 언론을 통해 널리 알려졌고, 그럼으로써 전두환 군사정권을 강하게 압박했다. 이같이 학생운동권의 거센 투쟁 의지를 전면에 드러낸 점거 투쟁의 효율성을 확인한 고대 지도부는 1984년의 마지막 시위를 준비했다. 유화국면을 돌파하기 위한 KBS 점거 투쟁이었다. 이 계획에 겨사조직을 대표하는 박부용과 김현배가 앞장설 작정이었다. 박부용의 말을 들어보자.

> … 원래 저나 현배는 마지막 싸움에 나가 장렬하게 전사할 계획이었어요. 그 마지막 싸움이 KBS 점거 농성이었어요. 근데 이게 페더 논의 과정에서 차질이 생겨 무산됐어요. 민정당사 점거 투쟁의 성과를 이어가기 위한 계획으로 추진한 거사였는데, 아쉽게도 실천에 옮기지 못했어요. 제가 학운에서 할 일이 없어졌어요. 학운 일을 계속 맡으라는 요구가 많았어요. 사실 경현이가 남기를 바랐는데 끝까지 현장으로 간다고 해서 결국에는 김형중이 남게 되었어요. 그래서 82학번 다섯 명을 부른 뒤, 형중이가 총괄하고 82학번 다섯이 각 섹터를 책임지는 방식으로 겨사 지도부 구성을 마무리했어요. 그 뒤로는 학운과 단절했어요.

KBS 점거 투쟁의 오더는 실제로 집행되었다. 경철 출신 박정철(국문 83)은 경철 82로부터 KBS 점거 오더를 받고 곧바로 OK 사인을 보냈다. 그런 후 경철 동기들과 최후의 만찬을 함께했다. 아버지와 어머니 그리고 형에게 보내는 편지까지 다 작성했다. 하지만 그 계획이 무산되는 바람에 길을 잃게 되었다고 한다. 박정철의 이야기다.

••• 제가 2학년 말인 민정당사 점거 투쟁 이후였어요. 11월 말에 제안을 받았어요. 경철 82 선배가 KBS 점거 투쟁에 참여할 의사가 있느냐고 물었어요. 하겠다고 했어요. 2학년 말이니까 동기들 중에서 제일 먼저 들어가는 거잖아요. 동기들과 그날 저녁에 모여 한잔했어요. "이제 감방 가면 한동안 못 본다."라면서 술을 많이 마셨어요. 그리고 아버지, 어머니에게 보내는 편지를 썼어요. 친형한테도 편지를 남겼어요. 편지에 구체적인 내용은 적지 않고 추상적으로 '당분간 저를 못 보게 될 것이다.'는 식으로 애둘러 표현했어요. 거사 하루 이틀 전에 동기들과 이별식을 하고 가족에게 보내는 편지도 마무리했어요. 결전의 날 되었는데, 정보가 사전에 누설되었는지 KBS 건물에 전경들이 입구를 막고 있었어요. 못 들어간다는 통보를 받았어요. 기껏 결단을 했는데 일이 무산되니까 좀 허망했죠. 그때부터 제 주변에 안 좋은 일이 연속으로 생기고 해서 3학년 때는 학교도 거의 안 나가고 막노동판을 전전했어요. 제 운동적 삶도 엉망이 되었어요. 그러다 군대에 갔어요.

KBS 점거 투쟁이 무산되면서 1984년의 모든 시위가 마무리되었지만, 잠시의 휴식일 뿐이다. 1985년 1월부터 학내에서 심상치 않은 분위기가 감지되었다. 민정당사 점거 농성에 가담한 학생들의 제적 처리를 강요하는 문교부 압력에 대해 김준엽 총장이 "제적은 학생에게 사망선고와 같다."라면서 제자들을 지키겠다는 의지를 분명히 했다. 전두환 정권이 계속 압박하자 김준엽 총장은 총장직을 사퇴했다. 이 소식이 전해지고 1985년 2월 졸업식 축사를 끝으로 김준엽 총장이 학교를 떠나자, "총장사퇴 결사반대!"를 외치는 고대생들의 시위가 대대적으로 일어난다. 김준엽 총장 사퇴를 규탄하는 집회는 2월에 이어 3월까지 이어졌는데, 참여 인원이 1만 명에 육박할 정도로 엄청났다. 당시 '기숙사 수위의 강아지'까지 따라 나섰다.'는 우스갯소리까지 유행할 정도였다.

정치권에서도 지각변동이 일어났다. 1985년 1월에 창당한 신한민주당(약칭 '신민당')이 돌풍을 일으켰는데, 이는 전두환 군부독재에 저항하는 국민들의 민주화 열기를 확인하는 장이었다. 유화국면을 능동적으로 활용하며 역량을 키워 온 재야 세력도 기지개를 켰다. 1984년부터 강력한 통합 운동조직 건설의 필요성이 대두되면서 활발한 움직임을 보이다가, 1985년 3월에 '민주통일민중운동연합'(약칭 '민통련')이 결성되었다. 민통련은 해방 후 가장 폭넓은 계층·부문·지역 간 운동 연합체로 성장했고, 1985년부터 학생운동 세력과 긴밀한 관계를 맺는다.

1984년은 학원자율화 조치가 실제로 반영된 첫해로서, 84학번은 새내기 때부터 1983년 이전과는 확연히 다른 대학 생활을 즐길 수 있었다. 활짝 열린 대중 공간에서 자유롭게 토론하고 엄혹한 현실을 직시할 수 있는 환경이 조성되었는데, 이는 대중운동의 비약적 성장으로 연결되었다. 학원자율화 조치가 군사정권 몰락을 재촉하는 자충수임을 5공 정권 관계자는 상상이나 했을까?

학원자율화 조치 이후 수많은 사회과학 서적이 대학가를 점령한다. 이념 서적은 물론 예리한 시선으로 우리 사회를 통찰하는 숱한 출판물과 문학 작품이 쏟아지는데, 이 또한 학생운동에 적지 않은 영향을 미쳤다. 1983년부터 학내 시위뿐 아니라 각종 가투에 빠지지 않았던 윤영수(국문 83)는 1984년의 투쟁을 이렇게 기억하고 있다.

··· 83년 1학년 때부터 학내 시위에 참여했어요. 밧줄 시위 장면을 봤고 과도관에서 고공 시위를 벌이는 선배 모습도 목격했어요. 국문과 선배 윤경진 형이 주동으로 뜬 시위에도 참여했지요. 기습적으로 선배가 "학우여!" 하고 외치면 우리는 재빨리 뛰어가 "와서 모여 함께 하나가 되자!" 하고 노래를 불렀지요. 하지만 늘 몇 분도 안 되어 진압되곤 했어요. 선배들이 끌려가는 모습을 보면서 참 많이 울었고 그만큼 막걸리를 마셨어요. 물론 두 시간 이상 버티며 투석전을 벌일 때도 있었어요. 그러다가 84년이 되면서는 상황이 완전히 바뀌었어요. 학교 정문 앞에서 마음껏 시위를 벌이는 게 가능해졌는데, 그게 너무 신이 났어요. 84년 4월 17일, 김두황 선배 추모식 때 국

문과 83학번 동기 세 명과 함께 농구대를 끌고 정문 앞에 놓았어요. 농구대가 정문에 도착하자 시위대열에서 엄청난 함성이 터졌어요. '짱돌 가지고는 안 된다. 정문을 돌파하려면 뭔가 획기적인 무기가 필요하다.'는 그런 생각으로 그랬어요. 피가 끓었던 시기잖아요? 제가 84년도에 가장 기억에 남는 시위는 청계천 고가도로 가투였어요. 84년뿐 아니라 제 인생에서 가장 인상적인 순간입니다. 그때 과 선배 김봉환 형과 고가도로에 올라갔어요. 아침에 오더를 받고 국문과 동기 윤진성과 같이 갔는데, 진성이는 고가에는 못 올랐어요. 고가에 올라가자 청피노조원들과 서울대, 연대 학생 등 100여 명이 보였어요. 고가 위에서 구호를 외치고 있는데 동대문 로터리 쪽에 3,000명가량이 모여 있는 게 보였어요. 가슴이 뭉클했지만 이내 고통스러운 시간이 찾아왔어요. 최루탄이 마구 터져 숨을 쉴 수 없을 만큼 괴로웠어요. 고가에서 내려다보니 용두동 방향에서 페퍼포그 차량 3대가 고가 방향으로 오고 있었고 반대 방향에서 백골단 새끼들이 득달같이 달려왔어요. 최루탄 연기를 도저히 참을 수 없어 뛰어내리고 싶었어요. 봉환이 형이 좀 참아보라 해서 겨우 버티고 있는데, 청피노조 한 분이 "학생 동지 여러분은 해산하십시오." 하는 소리를 들었어요. 순간 비애감 같은 게 느껴졌어요. '이런 상황에서도 우리가 특혜를 받는 것인가? 청피노조 분들은 옥쇄를 각오하고 싸우는데 우리에게는 위험하니 피하라고 하는 건가?' 잠시 후 우리는 고가 위를 한참 걷고 난 후 육교 있는 곳으로 갔어요. 거기서 3~4 미터 아래의 육교로 뛰어내렸어요. 상당히 아찔한 순간이었어요. 급한 마음에 난간으로 뛰어내리는 학생도 있었거든요. 겨우 빠져나온 후 경동극장에 가서 영화 한 편을 보고 학교로 갔어요. 다들 제가 잡혀간 줄 알았다가 생환하자 놀라워하는 표정이었어요. 그 당시 우리(국문과 학회원)는 가두시위나 피세일 나간 날이면 늘 저녁에 모여 서로의 생사를 확인하곤 했어요. 혹 누군가가 귀환하지 않으면, 고모집에서 눈물 젖은 막걸리를 퍼붓곤 했어요. 그날 저 대신 84학번 후배 김태일이 고가 아래에서 잡혀 구류 29일인가 살다 나왔어요. 그때 우리가 태일이에게 농담으로 '장기수'라고 부르곤 했어요. 그 시절 저는 가장 전투적으로 싸우는 고대가 자랑스러웠어요. 고대에 입학하면서 늘 '어떻게 살 것인가?' 하는 거대담론을 가슴 깊숙한 곳에 품었어요. 광주학살의 충격도 상당했죠. 선후배와 동기들은 학우 이전에 전우였어요. 가투에 뛰어든 것은 존경하고 사랑하는 사람을 지키고 싶다는 생각이 이끈 소명의식 같은 것이기도 하고요. 무엇보다 서로에 대한 믿음과 신뢰가 중요했어요.

1984년 2학기에 사범대 학생회장을 맡았던 황덕명의 이채로운 소회에는 치열한 시대에 품었던 열정과 낭만이 묻어 있다. 동시에 아쉬움과 짙은 고민의 흔적도 엿보인다.

••• 제가 82학번이잖아요? 입학하자마자 교육학과 학회에 들어갔어요. 그때 저를 꼬드긴(?) 선배가 이원국 형이었어요. 그렇게 학회 활동을 하면서 82년과 83년을 보냈는데, 바로 제 눈앞에서 선배들이 피 흘리며 끌려가는 모습을 몇 차례 보았어요. 사복들에게 들려 나가는 80학번 이형숙 선배를 지키지 못한 것도 두고두고 마음에 걸렸어요. '이건 야만이다. 인간에 대한 최소한의

존중도 없는 권력은 이 땅에서 사라져야 한다.' 이런 생각을 하면서 모든 집회에 빠지지 않았어요. 그러다가 84년을 맞게 되었어요. 3학년 1학기에 교육학과 학회장을 했는데, 김영춘 총학생회가 출범하기 직전인 9월에 사범대 학생회장에 출마하라는 오더를 받았어요. 아마도 이론 공부보다는 사람들과 어울리기를 좋아하는 성정이니, 오픈에 나가 장렬하게 싸우다 죽으라는 것으로 받아들이고 순순히 응했어요. 선거에서는 일 대 일 경쟁 구도였는데, 여학우들의 압도적 지지 덕에 쉽게 당선되었어요. 그때 저는 목하 열애 중이었어요. 그녀가 그려 준 가투 택(그림)을 받아 종로, 대지극장, 청량리 그 어디든 마다하지 않고 거리로 나섰어요. 책임을 지는 위치에 있었기에 흐배들에게 '오늘의 투쟁'을 전했고 운동화끈을 동여매고 '내일의 희망'을 외쳤어요. 동기들이 하나 둘 주동으로 치고 나가는 모습을 지켜보며 '우리는 다시 만날 거다. 나도 곧 가리라!'고 다짐할 때, 어느덧 84년의 계절이 깊어졌어요. 저는 그때 사람에 대한 '의심하지 않는' 사랑을 믿는 시인이고 싶었어요. 그해 겨울 끝 무렵에 '그니'는 인천 주안공단으로 떠났어요. 김 씨가 아닌 조 씨로 성을 바꿔서 말이죠

발문 ❶
한홍구(성공회대 석좌교수, 반헌법행위자열전편찬위원회 책임편집인)

발문 ❷
민병두(전 국회의원)

발문 ❸
장원택(서울대학교 민주동문회 회장)

| 발문 ❶ | 한홍구 (성공회대 석좌교수, 반헌법행위자열전편찬위원회 책임편집인) |

젊어 우리 서로 사랑했지만, 참 아무것도 몰랐었노라

채록자들은 소처럼 묵묵히 '증언을 듣는 자로서의 책임'을 수행해야

처음 홍기원 형이 이 책의 추천 서평을 부탁했을 때, 내심 거절하려 했다. 한국 현대사를 전공했다고 하지만 80년대 학생운동을 잘 안다고 할 수 없다. 더구나 내가 다니지도 않은 고려대의 학생운동사에 대한 글을 쓴다는 게 부담이 되었다. 책에 등장하는 당사자 대부분이 시퍼렇게 살아 있는데 무슨 말을 보탤 수 있을까 하는 생각에서였다. 최근에 서울대, 고려대, 연세대, 이화여대 등 주요 대학에서 각각 자기 대학의 학생운동사를 출간한 바 있다. 이 책들을 모두 꼼꼼히 읽은 것은 아니지만, 이런 유형과 비슷하게 자료와 기록에 바탕을 둔 연대기적 서술을 한 책이라면 굳이 내가 쓰지 않아도 된다고 판단했다. 그래서 좋은 추천사를 써 줄 분들은 아주 많으니 안 쓰겠다는 핑계를 대기도 어렵지 않을 거라 생각했다.

그런데 홍기원 형이 보내준 원고를 보다가 서문을 다 읽기도 전에 전화기를 꺼내 "언제까지 쓰면 돼요?" 하고 묻고 말았다. 홍기원 형하고는 아주 최근에 처음 만났지만, 형이 서문에도 언급했듯이 인터뷰를 한다는 것의 어려움을 같이 진하게 겪은 사이였기 때문이다. 2024년 우리는 뜻이 맞는 몇몇 분들과 팀을 이루어 강제징집-녹화사업 프락치공작 피해자 100여 명의 증언을 채록하는 사업을 같이했다.

구술자에 따라 편차가 있었지만, 그들은 모두 40여 년 전 20대 초반에 겪은 강제징집과 녹화사업이라는 국가폭력이 남긴 트라우마로 고통받고 있었다. 국가폭력 피해자들로부터 다시는 떠올리기 싫은 고통스러운 과거의 기억을 헤집어 증언을 끌어내고 그것을 기록하는 작업은 2차 가해를 심각하게 제기할 만큼 쉬운 일이 아니다. 구술자나 채록자 양쪽 모두 강제징집-녹화사업의 피해자이기 때문에 구술 과정에서 각자의 아픈 기억이 되살아나기 마련이다.

그 사실을 잘 알고 있기에 홍기원 형을 비롯한 채록자들은 모두 소처럼 묵묵히 '증언을 듣는 자로서의 책임'을 수행했다. 우리는 증언자의 부인이 남편의 증언을 듣다가 평생 자신을 괴롭혀온 사랑하는 남편의 이상한 구석이 보안사의 밀실에서 비롯되었다는 사실을 처음 알고 대성통곡했다는 이야기에 다 같이 눈물을 흘렸다.

100명의 인터뷰 작업도 몇 팀을 구성해 여러 달 매달려야 하는데, 홍기원 형이 이 책을 준비하면서 200명이 넘는 사람과의 인터뷰를 진행했다는 사실에 깜짝 놀랐다. 더 놀라운 사실은 이 책에 구술자의 생생한 이야기들이 흘러넘칠 만큼 가득하다는 점이다. 이것은 앞서 출간된 각 대학의 학생운동사가 자료와 기록에 바탕을 둔 연대기적 서술이었던 것과 확연히 구분되는 이 책의 특징이자 강점이다. 공식기록으로 편찬된 학생운동사는 대개 자랑스러운 기록으로 준비되었다. 이 책도 물론 고려대의 치열했던 학생운동사에 자부심이 바탕에 깔려 있다. 하지만 앞서 출판된 많은 학생운동사와 뚜렷이 구별되는 차이점이 확연하게 보인다. 그 누구도 말하기를 꺼렸던 아픈 역사까지 가감 없이 드러낸 것은 너무나 신선한 충격이다.

학생운동 큰 흐름 서술하면서도 미시적인 분석 놓치지 않아

우리는 흔히 학생운동이 강력한 세를 형성하고 학살정권과 맞서며 한국 사회의 격변을 끌어냈던 1980년대를 '질풍노도의 시대'라고 부른다. 하지만 80년대의 학생운동사에는 우리가 '질풍노도의 시대'라고 재단하기에는 너무나 많은 사연들이 담겨 있다. 이 서사들은 더러 개인의 회고담으로 여기저기 나온 적은 있지만, 홍기원 형이 시도한 것처럼 개인의 경험이 역사적 맥락 속에서 제자리를 잡고 제시된 적은 없었다. 학생운동의 큰 흐름을 서술하면서도 미시적인 분석을 놓치지 않은 홍기원의 시도는 비단 학생운동사뿐 아니라 민주화운동사 전체에서도 찾아보기 어려운 성과다.

1984년 9월 고려대 문과대학을 강타했던 린치 사건! 유시민으로 하여금 항소이유서를 쓰게 만들었던 서울대 프락치 사건도 딱 이때, 1984년 9월에 벌어진 일이었다. 학생들이 폭력을 행사했다는 점에서는 같았지만, 두 사건은 차이점이 뚜렷하다. 서울대 프락치 사건의 경우, 피해자가 프락치로 오해 받은 외부 민간인이었고, 공안 권력이 이 사건을 학생운동의 도덕성을 훼손하기 위해 엄청난 조작을 가했다. 반면 고대의 문대 9월 사건은 피해자가 학생운동에 헌신했던 학우였고, 또 다행인지 불행인지 이 일이 외부로 알려지지 않았다.

어린 대학생들이 모여서 공부하는 것이 뭐가 그리 큰일이라고 관할 경찰서는 물론 시경, 안기부 그리고 민간인 수사권이 없는 보안사까지 눈에 불을 켜고 달려들던 시절이었다. 고려대를 관할하던 성북경찰서는 특히 악명이 높았다. 사회과학 학습 모임의 명단 하나가 관할서에 들어가기만 하면 어김없이 관련 학생들이 잡혀가 두들겨 맞았다. 그런 일이 부지기수였으니 학생운동에 뛰어든 모두는 보안을 생명으로 여겼다.

이른바 오픈서클을 제외하고는 누가 어디서 누구와 무슨 공부를 하는지 알아서도, 알려고 해서도 안 되고 물어서도 안 되는, 그런 시절이었다. '그놈의 졸업정원제'로 학생 수가 갑자기 늘어나다 보니, 학생운동의 재생산 방식도 자연히 큰 변화를 겪을 수밖에 없었다. 게다가 중요한 일을 맡아 하던 사람들이 구속, 제적, 강제징집 등의 뜻하지 않은 사고로 갑자기 학교를 떠나는 일도 다반사였다. 독립운동사의 역사를 돌아봐도 은밀히 진행되는 일은 자연히 소그룹 간의 주도권 싸움과 오해를 낳기 마련이었다.

　엄청난 폭력 사태가 벌어졌고, 피해자는 물론이고 직접 몽둥이를 들지 않았더라도 가해자 편에 서서 이 사태를 지켜본 많은 사람들에게도 지워지기 힘든 상처를 남겼다. 사건의 핵심 당사자 중의 한 명은 수배와 구속을 거듭하며 열심히 활동하다가 30이 안 된 나이에 경찰 검거를 피하다가 추락해 불귀의 객이 되었다.

　꼭 그 때문은 아니었을 것이다. 사람들은 이 사건에 관한 한, 자기 마음속에 감옥을 만들고 그 속에 들어가 40년 넘게 웅크리고 살았다. "제주 4.3도 아닌데 여순사건도 아닌데 우리는 말문을 닫은 채 41년을 보내 버렸다."라는 홍기원 형의 말은 가슴을 치게 만든다. 이 사건의 가해자라 할 수 있는 한 사람은 2019년 부친상을 당했을 때 친구가 문상을 왔다고 한다. 1983년 시위 때 성북서에 같이 잡혀간 뒤 본 적이 없는 친구였다. 일제 36년보다 더 긴 세월이 흐른 후 처음 만난 그 친구는 불쑥 "미안하다."라고 인사했다. 고문을 당한 끝에 자신이 모임 장소를 불어 친구와 동지들이 잡히게 된 것에 대한 사과였다. 친구의 갑작스러운 사과에 "언제 어디서 잡히느냐가 정해지지 않았을 뿐 잡히는 건 시간문제였다."면서 위로했지만, 고문 끝에 모임 장소를 말한 친구는 수십 년 동안 죄책감에 시달려온 것이다.

　사건 당사자 중에는 내가 직접 아는 분도 있고 이름만 들어본 분도 있다. 사회에서 나름 자기 몫을 다하며 열심히 살고 계신 것을 보며 '이런 사연이 있었구나.' 하면서도 한 켠에는 고마운 마음이 들었다.

핵심 피해자 한 분이 20여 년 전 태풍을 만나 뽑힌 가로수처럼 모든 것을 상실한 삶을 기록하며 "인간성도 세계관이다."라는 명언을 남긴 인터뷰 기사를 본 기억이 있다. 한편으로는 그분들이 겪은 내면의 고통은 물론이고 우리가 모르는 수많은 분들이 어찌 되었는지 다 알 수 없기에 마음이 무거웠다. 학살자 전두환에 맞서 세상을 바로잡겠다고 나선 아름다운 청년들이 각목을 들고 친구를 패고 성북서 형사마냥 후배들을 다그쳤다. 그리고 우리는 침묵했다. 사실 이 사건만이 아니었다. 당시 고려대 총학생회장이던 김영춘의 고백처럼 여기저기서 비슷한 일이 일어났던 시절이었다.

진실만이 이 깊은 마음의 상처를 치유할 수 있다

홍기원 형이 41년 전에 일어났던 이 가슴 아픈 사건을 다시 돌아보려 한 것은 "그 일 때문에 그 말만 들으면 심장이 뛰고 숨쉬기가 힘들어지는 사람이 있다는 사실을 그냥 넘길 수가 있을까?"라는 문제의식에서였다. 자기성찰을 통한 당사자들의 고백과 반성만이 치유로 가는 유일한 길이다. 홍기원 형과 함께 증언 채록작업을 한 바 있는 나는 "우리가 문대 9월 사건을 마냥 언론통제 구역인 흑역사로 두면 그것은 끝없이 마음의 상처를 덧나게 할 것이다. 진실만이 이 깊은 마음의 상처를 치유할 수 있다고 생각한다."라는 말에 100퍼센트 동의한다. 어떤 사건의 경우 당사자들은 자기가 경험한 것은 잘 알지만, 의외로 사건의 전체상을 모르는 경우가 많다. 돌아보기 싫은 사건의 경우는 더더욱 그렇다. 홍기원 형의 노력이 영문도 모르고 사건에 휩쓸려 들어가 마음속의 감옥에서 장기수가 되었던 당사자들에게 치유의 계기가 되기를 진심으로 바란다. 더불어 홍기원 형의 바람처럼 다른 대학 민주동문회에도 이런 작업을 하는 역사기록자가 나왔으면 한다.

  질풍노도의 시대를 만든, 흔히 386세대라 불리는 젊은이들도 사실 그 시대의 격랑에 휩쓸려 떠내려왔다. 이런 상처들은 반성할 겨를도 없이 가슴 깊은 곳에 담아둔 채 어떤 이는 한국 사회의 주류가 되었고, 또 누구는 그 시절에 타도하고자 했던 자들의 계승자가 되었다. 반면 많은 사람들이 사랑도 이름도 명예도 갖지 못했지만, 계엄을 분쇄하고 민주주의를 지키는 건강한 민주시민의 일원이 되어 살고 있다. 자신이 모든 열정을 다 바쳤던 한 시기를 반성하지 못했다는 것은 한때 한국 정치의 주류였던 386들의 성과와 한계에 어떤 영향을 미쳤을까? 홍기원 형의 뒤늦은 시도가 몹시 마음 아프면서도 반갑게 다가온다.

  찬란한 학생운동의 역사와 함께 옳은 일을 하겠다고 나섰다가 서로가 서로에게 상처를 준 이야기를 외면하지 않은 이 책을 읽고서 오랫동안 잊고 지냈던 예이츠의 시 〈오랜 침묵 끝에〉(After Long Silence)의 끝부분이 생각났다.

Young. we loved each other, and were ignorant.
젊어 우리 서로 사랑했지만, 참 아무것도 몰랐었노라.

| 발문 ❷ | 민병두 (전 국회의원) |

세계 어느 나라의 역사에도
계엄군보다 더 빨리 움직인 시민은 없다

　이 책은 80년대 학생운동의 한 축이었던 고대생들이 그 시대를 고민하며 저항했던 역사서입니다. 등장인물만 해도 수백 명이 넘을 정도로 그 시대에 활약했던 주역들을 총망라했습니다. 특정인을 주인공으로 내세우지 않았으며, 모두가 맡았던 배역과 그에 관련한 이야기들을 채록하였습니다. 200명에 달하는 인물을 일일이 인터뷰해서 정리했다는 점에서 아주 생생한 기록입니다.

　이 책을 읽는 동안 잊어버리고 살았던 70~80년대의 기억들이 새로워지면서 잠시 시간여행을 했습니다. 그 수많은 사람들의 헌신과 희생이 있었기에 오늘의 대한민국 민주주의가 가능했을 것이라는 확신을 다시금 갖게 되었습니다.

　2024년 12월 3일, 윤석열의 쿠데타가 있었습니다. 하지만 쿠데타 군대보다 시민들과 국회의원들이 먼저 국회로 달려갔습니다. 그리고 계엄이 선포된 지 2시간 반 만에 계엄해제를 의결했습니다. 고대 학생운동사에 등장하는 허당 조성우 선생도 맨 먼저 달려갔습니다. 그는 가족들에게 "이번 싸움은 오래 걸릴 거다."라는 말을 남기고 떠나갔습니다. 안타깝게도 얼마 안 있어 암으로 세상을 떠났습니다.

수많은 사람들이 계엄을 막고 민주주의를 바로 세울 수 있었던 것은 80년대 민주화 운동이 있었기 때문입니다. 이 책에 등장하는 수많은 인물들과 각종 시위에 참여했던 열혈 청년학생들이 있었기에 가능한 일이었습니다. 세계 어느 나라의 역사에도 계엄군보다 더 빨리 움직인 시민은 없었습니다. 이 책에 서술된 80년대의 역사가 그대로 12월 3일의 밤으로 빨려 들어가는 느낌이 들었습니다.

80년대의 학생운동사 그리고 그 가운데 고대 운동사는 우리나라의 민주화운동사이자 사회사입니다. 그 시대의 학생들이 왜 학생운동에 뛰어드는 결단을 하게 되었고, 그런 작은 결단들이 모여서 어떻게 '질풍노도의 시대'가 연출되었는지는 정말 의미 있는 탐구대상입니다. 진학률과 대학생 수의 증가, 산업화로 인한 의식의 변화, 사회의 중심축으로 자리 잡은 중산층의 성장 등 여러 요인들과 결합이 되었을 것입니다.

이 책에는 당시의 절박했던 시위 문화와 오더 등의 운동권만이 알 수 있는 전문 용어도 등장합니다. 가리방 같은 당시의 인쇄 기구와 경찰이 시위를 대하는 여러 기법과 태도 등도 엿볼 수 있습니다. 무엇보다 학생들이 시위를 성공시키기 위한 집념과 고민은 물론 노선 투쟁이나 내부 갈등도 숨김없이 드러내고 있습니다. 사료로서 아주 중요한 의미가 있습니다. 책에서는 간간이 부모님들이 스쳐 지나가듯이 언급되곤 합니다. 아들과 딸들이 집안의 기대와 달리 힘든 선택을 했을 때, 하늘이 무너지는 것과 같은 고통을 겪었을 그 시대의 부모님 얼굴도 자꾸 떠올랐습니다. 아마도 이 책이 훗날 보완될 기회가 있으면 가족들의 얘기도 헌사처럼 부록으로 실렸으면 하는 바람입니다.

  이 책에 몇 차례 언급된 학림사건의 관련자로서 저자의 평가에 동의하지 않는 지점이 있습니다만, 그것도 풍부한 논쟁의 토대가 될 것으로 보입니다. 다른 관련자들도 책의 서술과 평가에 동의하지 않는 점이 있을 수 있으나 그런 문제제기가 있다면 후에 이 책의 완성도를 더 높이게 될 것입니다. 이 책의 출판을 계기로 더 많은 학교의 민주화운동사가 출간되어 80년대의 총사를 쓸 수 있는 풍부한 사료들이 탄생하기를 바랍니다. 이 점에서 고대 학생운동사는 아주 중요한 역할을 했다고 믿으며, 감사의 마음을 전합니다.

| 발문 ❸ | 장원택 (서울대학교 민주동문회 회장) |

운동을 시작하던 시점의 감동과 결의를 소환해 진일보한 사회를 건설하는 에너지를 모으자는 뜻

이 책을 받아들고 단숨에 읽었다. 200여 명의 생생한 인터뷰를 토대로 이야기하듯 서술하고 있어, 어떨 때는 독자가 현장에서 경험하는 듯한 착각이 들기도 했다. 그래서인지 지루하지 않게 단숨에 읽을 수가 있었던 것 같다. 책을 읽으면서 흔히 볼 수 있는 운동사의 형식과 내용이 아니어서 신선한 느낌도 들었고, 등장인물들의 행동과 심리에 대한 묘사가 너무나 구체적이고 세밀해 당황스럽기도 했지만 흥미진진하게 읽을 수 있었다.

이 책 《80년대 고대 학생운동사1》의 가장 큰 특징은 자료와 기록에 바탕을 둔 연대기적 기술에 머물지 않았다는 점이다. 실제로 발로 뛴 사람들의 생생한 목소리를 담으면서도 고려대학교 내부와 한국 사회의 운동 상황을 연결시키고, 중요한 사건들을 빠짐없이 기록하고 있다. 명망가들만 기록하지 않고 동참한 사람들의 최대 다수의 직접적인 목소리를 담았다는 점은 생동감을 더해주는 요소이다. 한편으로 필자의 말처럼 고대 학생운동의 빛과 그림자를 모두 담았다는 것은 약간의 불편함을 안겨주면서 생각에도 잠기게 하는 지점이다.

책을 읽고 난 후 필자가 이 시점에 왜 40여 년이 지난 옛 기억들을 소환했을지 생각해 보았다. 첫 번째로는 그 시점의 역사 속으로 들어가 초심을 다시 상기시키기 위해서라고 생각했다. 현재 시점은 촛불혁명과 응원봉혁명으로 매국파쇼권력을 몰아낸 후 사회대개혁을 향해 지혜와 힘을 모아야 하는 중차대한 시기이다. 우리가 운동을 시작하던 시점의 감동과 결의를 소환해 진일보한 사회를 건설하는 데 매진하는 에너지를 모으자는 뜻이 담겨 있는 것이 아닐까?

다음은 지난 시대의 상처들을 성찰하고 치유함으로써 감정의 찌꺼기를 털어내고 흐르는 강물처럼 과거를 기억할 수 있는 계기를 만들어보고자 했던 것이라고 생각한다. 과거의 상처는 과도한 의욕과 소통 부족으로 인한 불필요한 오해에서 생긴 것이 대부분일 것이다. 이제 충분한 시간도 흘렀으니 자기성찰이 있는 과거를 소환해 미래로 나아가는 힘을 가져보자는 의도일 것이라 생각한다.

고려대학교 구성원들은 두말할 나위가 없고, 그 시대를 살았던 사람이라면 이 책을 읽으면서 80년대의 고려대 학생운동의 역사 속으로 들어가 그때의 긴장과 감동 속으로 빠져들 수 있을 것이라 믿으며 이 책을 추천한다. 아울러 필자의 의도대로 고려대 구성원들이 그때의 감동과 결기를 소환하고, 그 시대의 빛과 그림자를 모두 안음으로

써 고려대학교 민주동우회가 새로운 도약의 계기를 마련하기를 소망한다. 이 책 《80년대 고대 학생운동사1》은 80년대 중반까지만 기술하고 있다. 더 넓고 풍부해진 학생운동과 사회운동의 지평으로 인해 《80년대 고대 학생운동사2》는 더욱 더 방해한 작업이 되겠지만, 후속편이 빠른 시일에 출간되기를 바란다.

부록 ❶
오픈서클

부록 ❷
그때 그 사람들

| 부록 ❶ | 오픈서클 |

70~80년대 고대 학생운동을 주도했던 오픈서클의 연혁과 활동상을 간략하게 정리했다. 한동안 오픈서클 출신의 활동가들이 학생운동의 중심축이었다.

청년문제연구회
1970년 창립했다. 처음 창립할 때는 학생운동과 거리가 먼 서클이었다. 1972년 군대 갔다가 복학한 조성우(행정 68)가 가입하면서부터 학생운동 서클로 변신하기 시작했다. 1974년 설훈 등의 74학번 신입생이 상당수 가입하면서 더욱 활성화되다. 청년문제연구회는 반유신투쟁을 주도하는 서클이었고, 노원구 상계동에 검정고시 야학인 청호재건학교를 운영하고 있었다. 1975년 4.14 긴급조치 7호로 인해 청년문제연구회가 해체된 후 서클 재건 문제를 두고 가장 큰 쟁점이 된 것이 청호재건학교 운영 문제였다. 결국 이 문제로 서클이 두 개로 분리되었다.

동민회(경제철학회) | 약칭 '경철'
청년문제연구회 해체 후 청호재건학교를 계속 운영해야 한다고 주장한 74학번 김세응(생물), 손영호(신방), 이상준(교육), 홍의락(농경) 중심으로 만든 서클이 동민회다. 1975년 10월 2일 창립했다. 1981년에 이희경(사학 79)가 회장이 되면서 청호재건학교 운영에서 손을 떼고 학생운동에 전념하는 서클로 변신했다. 1982년 3월부터 경제철학회로 이름을 바꾸었다.

고전문제연구회(겨레사랑회, 현대철학회) | 약칭 '겨사', '현철'
청년문제연구회 해체 후 학생운동으로의 일로매진을 강조한 75학번 그룹 강완모(경영), 이상률(사회), 이상진(전기) 등이 주축이 되어 결성한 서클이 고전문제연구회다. 1976년 5월 20일 창립했다. 이후 1978년 5월에 이름을 겨레사랑회로 바꾸었다. 1980년 5.17 계엄 전국 확대에 따라 해체되었다가, 1981년 3월에 서클 재등록을 하며 현대철학회로 이름을 바꾸었다.

민족이념연구회(사회과학연구회) | 약칭 '민이연'
민족이념연구회는 1968년 창립했다. 한경남(행정 68)은 1학년 때부터 창립에 참가했다. 박계동(정외 72), 신태식(교육 74), 최규엽(독문 74) 등이 가입하면서 반유신 투쟁을 주도하는 서클이 되었다. 민족이념연구회 역시 긴급조치 7호 때 서클이 해체되었다. 이후 민족이념연구회는 언더서클로 존속했다가 서원기(신방 75), 이상학(경제 77) 등의 주도로 1978년 5월에 사회과학연구회라는 이름으로 서클 등록을 마쳤다. 1980년 5.17 때 다시 해체되었다가 1981년 3월 사회과학연구회 이름 그대로 재등록했다.

도산연구회(고대아카데미, 문화비평연구회) | 약칭 '문비'
도산연구회는 1968년에 고대 서클로 등록했다. 1973년 신입생 도천수(철학 73)가 가입한 이후 운동권 맥을 만들어가기 시작했다. 타 서클과 마찬가지로 긴급조치 7호 때 해체되었다가 긴급조치 9호 치하에서 등록을 시도했지만 실패했다. 1980년 3월 고대아카데미로 등록했다가 5.17 때 해체되었다. 1981년에는 언더 활동을 하다가 1982년 3월 강준원(사회 80)이 회장이 되면서 문화비평연구회로 이름을 바꿔 다시 등록했다.

인문학연구회 | 약칭 '인연'
1980년 3월 등록 서클이 되었다. 사회과학연구회에서 자매 서클 격으로 만든 오픈서클이 바로 인문학연구회다. 5.17 때 해체되었다가 1981년 3월에 다시 인문학연구회 이름으로 등록을 마쳤다. 1981년 서클 회장은 양동주(철학 79)가 했고, 1982년은 이재현(철학 80)이 맡았다. 양동주가 서클 정착에 많은 노력을 기울였다.

여성문제연구회 | 약칭 '여연'
70년대 운동권 여성 몇몇이 모여 여성문제를 학습하는 조직을 만들자고 의기투합해 1980년 3월에 서클 등록했다. 5.17 때 해체되었다가 1981년 3월에 같은 이름으로 등록했다. 78학번에는 이선영(가교), 79학번에는 장미희(가교), 80학번에는 사연 출신 임현주(정외 80) 등이 있다. 81학번에는 고불회 출신 박선희(사회 81)가 대표적인데, 서클 활동을 주도하며 헌신했다.

인간학회
인간학회는 1981년 3월에 처음 등록했다. 고전문제연구회 창립을 주도했던 이상률(사회 75)이 헤겔철학연구회를 만들었는데, 인간학회의 전신이다. 백병규(철학 77), 김광경(사회 78), 유재완(경제 78) 등이 초기에 활동했던 주요 멤버다. 79학번의 이준철(영문), 김은경(영문)이 열정적으로 활동했지만, 80학번은 한 명도 남지 않았다. 81학번에서 중심적으로 활동한 이는 정기욱(영문), 노용환(사학), 안의식(사학), 강정모(축산) 등이다. 82학번에는 1984년에 회장직을 맡은 정종갑(중문)과 송민기(사학) 등이 서클 활동을 주도했던 인물이다.

문학연구회 | 약칭 '문연'
문학연구회는 1980년 3월에 등록한 서클이다. 당시 4학년 최종길(국문 77)의 주도하에 3학년 황정산(불문 78)과 윤영주(국문 78)과 합심해 만들었다. 그리고 2학년인 이영미(국문 79와 박윤길(국문 79)이 가세했다. 5.17 때 해체된 후 1981년 3월에 같은 이름으로 등록했다.

민속학연구회 | 약칭 '민연'
탈반 활동을 했던 민속학연구회는 백완승(신방 76)과 고등학교 때부터 탈춤을 추었던 주수홍(임학 78)이 주도했다. 1979년에 등록하려 했으나 지도교수를 구하지 못해 실패했지만, 1980년 3월에 등록하는 데 성공했다. 5.17 때 해체되었다가 1981년 3월에 같은 이름으로 등록했다.

고대카톨릭학생회 | 약칭 '카생'
고대카톨릭학생회는 1950년부터 활동을 시작했다. 유재관(사학 81)이 1학년 때 잠시 활동했던 곳이다. 이재선(사학 81)이 사학과에서 신용균(사학 79) 등으로부터 학습지도를 받은 후 이를 기초로 카톨릭학생회 내 스터디 그룹을 만들어 후배들을 키웠다. 카톨릭학생회는 1983학번부터 본격적으로 학생운동을 전개했는데 강병권(경영 83) 등이 대표적 83학번이다.

농악대
농악대는 보성전문 때부터 응원부 아래에 있었는데, 곽충식(농학 76)이 주도해 1978년 3월에 서클로 등록했다. 1982년 5월 28일의 <뿌리를 찾는 놀이> 공연을 문제 삼아 당시 회장 이진백(국교 80)이 서클 등록 안 해주겠다는 압박을 받으며 강제징집되었다. 농악대는 우수홍(농학 81)이 회장을 맡으면서부터 본격적인 운동권 서클이 되었다. 1983년 5.5 대동놀이를 주관하면서 민중문화를 주도하는 운동권 주요 서클로 발돋움했다. 박승현(경제 82)과 김재훈(경제 83)이 회장을 맡으면서 농악대를 더욱 탄탄하게 만들었다.

고대기독학생회 | 약칭 '기생'
1960년대 초부터 서클이 시작되었다. 이재정(독문 62) 전 통일부장관이 기독학생회 출신으로 가장 앞선 선배에 해당한다. 기독학생회가 학생운동과 관련을 맺게 되는 것은 75학번 조성우(농학), 천상만(행정) 등이 활약할 때부터다. 여기에 이혜자(생물 74)가 힘을 보탰다. 이들이 주도하고 76학번 유구영(행정) 등이 크게 활약하면서, 기독학생회는 고대 학생운동을 주도하는 서클로 변모했다.

고대불교학생회 | 약칭 '고불회'
고대불교학생회는 1965년부터 시작했다. 80학번 공계진(화학 80), 전익표(경영 80) 때부터 학생운동에 적극 나서는 서클로 바뀌기 시작했고, 81학번이 활약하는 시점부터 본격적으로 학생운동권 서클로 탈바꿈했다.

부록 ❷　　　　　　　　　　　　　　　　　　　　　그때 그 사람들

이 책을 기획하고 추진하는 과정에서 인터뷰했던 80년대 고대 학생운동의 주역들은 물론 취재 과정에서 활약상을 알게 된. 그렇게 인연이 닿은 분들의 이름을 정리했다. 학생운동에 헌신하며 밀알이 되기를 주저하지 않았던 분들이 명단에 많이 빠져 있다. 그 이름들이 하루속히 채워졌으면 한다.

강난희(수학 80)　　고대 극회, 경제철학회, 현 제주 거주 한의사.
강도기(임학 80)　　농촌사회연구회, 정경연 언더.
강동훈(신방 82)　　사연 언더.
강병권(경영 82)　　카톨릭학생회.
강성복(신방 81)　　신방과 학회, 문정 언더.
강순기(영교 82)　　영어교육과 학회, 김영춘 총학 학술부장, 허인회 총학 학술부장.
강 신(사학 81)　　자진근로반, 사학과 학회, 현 청주 흥덕구 농장 운영.
강영순(경영 79)　　아카데미, 경영학과 학회, 현 인쇄기획사 운영.
강영식(사학 81)　　동민회.
강완모(경영 75)　　청년문제연구소, 고전문제연구소, 겨레사랑회.
강유성(사회 80)　　아카데미, 사회학과 학회, 현 광고회사 운영.
강은구(국문 83)　　국문과 학회.
강인구(철학 82)　　철학과 학회.
강재형(중문 80)　　기독학생회, 전 전교조 교사.
강정모(축산 81)　　인간학회.
강준원(사회 80)　　아카데미, 문화비평연구회, 사회학과 학회, 현 밀양 귀농.
강창선(경영 78)　　기독학생회.
강학모(경제 82)　　경제학과 학회.
강흥구(성대 경영 78)　1980년 11월 교내시위 주동.
고병헌(교육 81)　　유네스코 학생회, 교육학과 학회, 1983년 총학생장, 현 교수.
고영인(건축 82)　　기독학생회, 기생 언더, 전 국회의원.
고형숙(국문 83)　　국문과 학회, 작고.
공계진(화학 80)　　고대불교학생회, 현 시화노동정책연구소 이사장.
곽내혁(철학 79)　　사회과학연구회, 현 기살림연구소 운영.
곽명단(영교 82)　　영어교육과 학회.

곽충식(농학 76)	농악대.
권삼웅(사학 82)	사학과 학회, 문사 언더.
권순찬(경영 81)	민맥, 경영학과 학회.
권종현(철학 83)	철학과 학회.
권혁태(사학 78)	사회과학연구회, 현 성공회대 교수.
금승기(사학 78)	겨레사랑회.
길기관(철학 81)	현대철학회, 현 변호사.
김경랑(독문 81)	사회과학연구회, 독문과 학회.
김경식(독문 81)	아카데미, 문화비평연구회.
김계순(수학 81)	경제철학회, 1983년 경철 회장.
김 관(정외 81)	스피치연구회, 1983년 스피치 회장.
김관회(경제 74)	겨레사랑회, 작고.
김광경(사회 78)	헤겔철학연구회, 인간학회.
김근태(서울대 경제 65)	민청련 의장, 전 국회의원, 작고.
김기하(사회 76)	고대극회.
김기형(국문 81)	국문과 학회.
김기홍(사회 81)	현대철학회, 1983년 현대철학회 회장.
김남중(노문 82)	현대철학회, 겨사 언더.
김대성(경영 81)	동민회, 경영학과 학회, 현 금융서비스노동조합 위원장.
김덕균(사회 79)	기독학생회, 사회학과 학회, 기생 언더.
김도균(경영 82)	호박회.
김동광(독문 77)	민맥, 독문과 학회.
김동선(세종 무역 80)	사회과학연구회, 현 더 팩트 기자.
김동일(금속공 81)	산업문제연구회, 고대과학회.
김동호(의학 80)	의료복지연구회.
김두수(행정 82)	행정학과 학회, 문정 언더, 현 개혁신당 교육연수위원장.
김두황(경제 80)	겨레사랑회, 현대철학회, 1983년 6월 군 의문사.
김명기(경영 80)	경영문제연구회, 경영학과 학회, 작고.
김명인(서울대 국문 77)	역사철학회, 무림, 작고.
김명희(가교 82)	가정교육과 학회.
김문주(행정 81)	행정학과 학회.
김미숙(사회 81)	현대철학회, 사회학과 학회.
김미애(국교 81)	국어교육과 학회.
김미혜(영교 82)	영어교육과 학회.

김봉환(국문 82)	스피치연구회, 국문과 학회, 겨사 언더, 현 사업가.
김상숙(국문 82)	국문과 학회, 전 전교조 교사.
김선균(경제 83)	인문학연구회.
김선중(농학 80)	농촌사회연구회, 현 제천 귀농.
김선혜(국교 81)	국어교육과 학회.
김선홍(통계 83)	통계학과 학회, 민맥.
김성호(철학 81)	철학과 학회.
김성환(경제 81)	기생 언더, 김영춘 총학 기획부장.
김세응(생물 74)	청년문제연구회, 동민회.
김순천(국문 83)	국문과 학회, 기생 언더, 현 르포작가.
김승구(신방 82)	사연 언더.
김승태(독문 81)	독문과 학회, 현 시공테크 부사장.
김신 (사회 83)	현대철학회, 1986년 애학투련 위원장, 작고.
김연웅(철학 83)	철학과 학회.
김영갑(교육 81)	교육학과 학회.
김영국(법학 82)	정경연 언더.
김영번(독문 81)	독문과 학회.
김영수(경제 80)	스피치연구회, 경제학과 학회.
김영수(의학 80)	현대철학회, 의료복지연구회. 현 서울 사당동 개업의.
김영준(경영 83)	겨사 언더.
김영중(정외 80)	사회과학연구회, 현 변호사.
김영진(법대 78)	사회과학연구회, 법률행정연구회, 작고.
김영춘(영문 81)	고대문학회, 영문과 학회, 17대 총학생회장, 전 국회의원, 전 해양수산부 장관.
김영호(신방 78)	기독학생회.
김용일(교육 81)	기생 언더, 1983년 고병헌 총학생장단 기획부장, 현 한국해양대학교 교수.
김용철(체교 80)	기독학생회.
김우경(독문 82)	독문과 학회, 문정 언더, 현 사업가.
김원수(정외 81)	정외과 학회, 현 밀양 귀농.
김유선(서울대 경제 76)	현 한국노동사회연구소 이사장
김유천(농학 78)	농촌사회연구회, 현 사업가.
김윤석(국문 82)	국문과 학회.
김윤태(사회 83)	사회학과 학회, 1986년 총학생회장, 현 고대 교수.
김은경(영문 79)	헤겔철학연구회, 인간학회.
김은실(국문 82)	문화비평연구회, 국문과 학회.

김의겸(법대 82)		겨사 언더, 법대 학회, 현 새만금개발청장.
김익희(경영 82)		고대불교학생회(1984년 회장).
김인수(정외 81)		스피치연구회, 겨사 언더.
김일영(정외 82)		정외과 학회, 1984년 정경대 학생회장, 현 신안포장 대표.
김장오(교육 81)		동민회, 교육학과 학회.
김장훈(의학 77)		기독학생회, 의료복지연구회, 현 안산 개업의.
김재옥 (국문 83)		국문과 학회.
김재윤(통계 83)		통계학과 학회.
김재훈(경제 83)		농악대. 김윤태 총학생회 문화부장.
김정훈(통계 81)		고대불교학생회, 통계학과 학회.
김종각(경제 81)		문학연구회(1983년 회장).
김종관(경제 83)		문사 언더.
김종일(경제 81)		민맥, 경제학과 학회, 정경대 편집부, 작고.
김종호(세종 통계 82)		1984년 경상대 학생회장.
김준영(의학 82)		1984년 의대 학생회장.
김준희(심리 81)		민속학연구회, 고자추 부위원장.
김진국(철학 82)		철학과 학회, 문정 언더, 반미청년회.
김진아(영문 81)		호박회.
김진희(국문 81)		문학연구회(1983년 회장).
김창수(철학 83)		기생 언더, 철학과 학회, 전 평통 사무처장.
김창현(사회 81)		스피치연구회, 사회학과 학회, 겨사 언더, 현 뉴스토마토 창 진행.
김천수(농학 82)		상록회.
김천태(영문 78)		고대극회.
김철훈(독문 81)		독문과 학회.
김태원(법학 83)		호박회, 정경연 언더, 반미청년회.
김태일(국문 84)		국문과 학회.
김태형(심리 84)		심리학과 학회, 현 심리연구소함께 소장.
김학균(농경 82)		1984년 농대 학생회장.
김해자(국문 81)		기독학생회, 기생 언더, 국문과 학회, 현 시인.
김 헌(정외 79)		겨레사랑회, 현대철학회, 현 사업가.
김혁민(경영 82)		경영학과 학회, 1984년 경영대 학생회장.
김현민(신방 81)		신방과 학회, 정경대 편집부.
김현배(정외 81)		동민회, 겨사 언더.
김현수(법학 83)		법학과 학회.

김현수(사학 82)	사학과 학회.
김형욱(정외 82)	유네스코 학생회, 정외과 학회.
김형중(생물 81)	동민회, 경제철학회, 겨사 언더.
김형진(영문 82)	영문과 학회.
김혜영(신방 79)	겨레사랑회, 여성문제연구회.
김홍기(경영 82)	인간학회.
김회경(서울대 교육 77)	1980년 12.11 시위 주동.
김훈식(경영 83)	경제철학회.
김희근(경제 80)	겨레사랑회, 현대철학회.
나미숙(사회 82)	사회학과 학회, 겨사 언더.
나영명(국문 82)	현철 언더.
남명수(서울대 언어 77)	1980년 12.11 시위 주동.
남승우(서울대 정치 81)	1984년 학자추 위원장.
남영숙(경제 80)	겨레사랑회, 현대철학회, 전 문재인 대통령 경제보좌관, 현 이대 교수.
남익우(경영 81)	경영학과 학회, 전 롯데리아 대표이사.
남충희(서울대 철학 77)	1980년 12.11 시위 주동.
남해련(국교 79)	기독학생회.
노기영(사학 81)	기독학생회, 사학과 학회, 문사 언더.
노영태(경영 83)	겨사 언더.
노용환(사학 81)	인간학회.
도천수(철학 73)	도산연구회.
맹찬호(경제 81)	경제학과 학회, 겨사 언더.
문무일(법학 81)	민맥, 전 검찰총장.
문영배(통계 81)	통계학과 학회, 1983년 통계학과 학회장.
문영철(재료 81)	민맥, 고자추 기획부장.
문용식(서울대 국사 79)	깃발 그룹.
문제갑(정외 83)	현대철학회, 겨사 언더.
문택환(임학 80)	아카데미, 상록회.
민경수(국문 81)	국문과 학회.
민병두(성대 무역 78)	아카데미, 제헌의회 그룹, 전 국회의원.
민병렬(서울대 사회 81)	깃발 그룹, 청계피복노조합법성 쟁취 투쟁 연락책.
민주원(교육 83)	교육학과 학회, 현철 언더.
민창호(경제 81)	경제학과 학회.
박계동(정외 72)	민족이념연구회, 사회과학연구회, 전 국회의원.

박광호(임학 81)	상록회.
박구진(경영 73)	경영문제연구회, 현 변호사.
박귀현(사학 81)	사학과 학회, 문사 언더, 작고.
박기종(신방 81)	스피치연구회.
박기환(행정 80)	겨레사랑회, 현대철학회, 행정학과 학회.
박동수(영문 82)	영문과 학회, 전 전교조 교사.
박래군(경제 81)	경제학과 학회, 문정 언더.
박미혜(철학 81)	호박회, 철학과 학회.
박민서(사학 79)	겨레사랑회, 현 천사안경 운영.
박병우(철학 81)	현대철학회, 현 감정평가사.
박부용(정외 81)	스피치연구회, 정외과 학회, 겨사 언더.
박상중(경제 80)	현대철학회, 겨사 언더, 현 사업가.
박상희(교육 82)	인연 언더, 겨사 언더.
박선오(사회 77)	겨레사랑회, 현 사업가.
박선희(사회 81)	고대불교학생회, 여성문제연구회.
박성복(경제 83)	스피치연구회.
박성우(행정 77)	법률행정연구회, 1983년 고병헌 총학생장단 기획부장.
박순주(독문 81)	동민회, 경제철학회.
박승현(경제 82)	농악대(1984년 회장), 허인회 총학생회 문화부장.
박에스더(사학 81)	민맥, 사학과 학회.
박영식(정외 75)	사회과학연구회.
박영준(법학 80)	기독학생회, 전 이명박 정부 지식경제부 제2차관.
박용준(경제 78)	겨레사랑회, 현 거창 귀농.
박유순(한양대 정외 80)	인문사회과학연구회.
박윤길(국문 79)	기독학생회, 문학연구회.
박윤성(교육 81)	교육학과 학회, 문사 언더.
박윤희(국문 80)	한국학연구회, 국문과 학회, 전 고양시의회 의장.
박은홍(사학 81)	기생 언더, 현 성공회대 교수.
박일남(법학 78)	겨레사랑회, 1980년 서클연합회 회장, 작고.
박재구(연대 경제 81)	방언연구회, 1984년 페더 책임자.
박재만(노문 80)	노문과 학회.
박정철(국문 83)	경제철학회.
박정호(심리 83)	정경연 언더.
박종길(독문 80)	아카데미, 문화비평연구회, 방송국, 독문과 학회.

박종혁(국문 78)	한국학연구회, 문학연구회, 국문과 학회, 현 소설가.
박종현(사학 81)	현대철학회, 현철 언더.
박채규(정외 82)	정외과 학회.
박태견(서울대 국문 78)	아카데미.
박헌구(사회 77)	고대 극회.
박형노(국문 82)	현철 언더.
박형영(법학 83)	법학과 학회, 겨사 언더.
박형준(사회 78)	고대문학회, 현 부산시장.
방석수(신방 82)	민속학연구회, 신방과 학회, 겨사 언더, 현 진보당 울산시당 위원장.
방승준(경영 81)	호박회.
배삼희(법학 83)	법학과 학회.
배정범(국문 81)	현대철학회, 현철 언더.
백병규(철학 77)	헤겔철학연구회, 인간학회.
백완승(정외 76)	민속학연구회, 작고.
백 홍(사회 81)	1982년 3월 유인물 사건으로 구속.
서강원(경영 82)	호박회.
서상목(통계 81)	통계학과 학회.
서원기(심리 75)	민족이념연구회, 사회과학연구회, 작고.
서재택(불문 82)	사회과학연구회, 사연 언더.
서호준(재료 81)	산업문제연구회.
석영철(심리 82)	심리학과 학회, 문대 문화팀, 현 진보당 창원시당 활동.
설 훈(사학 74)	청년문제연구회, 고전문제연구회, 겨레사랑회, 전 국회의원.
성정한(철학 80)	호박회, 1982년 문과대 학생장.
성정헌(사학 82)	동민회, 사학과 학회, 문사 언더, 현 작가.
성철준(불문 80)	문학연구회.
성환돈(건축 78)	스피치연구회, 산업문제연구회.
소영진(행정 76)	겨레사랑회.
소준섭(외대 중국어 78)	전망 팸플릿 공동 집필.
손동원(산공 78)	산업문제연구회.
손방의(행정 82)	행정학과 학회, 석화회, 노래얼.
손영호(신방 74)	청년문제연구회, 동민회.
손학붕(경제 80)	한국학연구회, 경제학과 학회, 현 사업가.
손효신(국문 82)	여성문제연구회.
송 건(보건 80)	기독학생회.

송기정(경영 79)	고대 극회.
송나균(국문 76)	국문과 학회, 전 영동여고 교사.
송민기(사학 82)	인간학회.
송민정(철학 81)	호박회, 철학과 학회, 고자추 문과대 위원.
송영규(심리 82)	심리학과 학회.
송영길(연대 경영 81)	1984년 총학생회장.
송재석(수학 79)	겨레사랑회, 산업문제연구회, 현 도예가.
송종환(교육 81)	스피치연구회.
송중근(임학 80)	상록회.
송해룡(의학 75)	의료복지연구회.
신계륜(행정 74)	민족이념연구회, 사회과학연구회, 1980년 총학생회장, 전 국회의원.
신상한(식품 81)	상록회.
신성환(법학 81)	호박회(1983년 회장).
신수현(사회 81)	인문학연구회, 사회학과 학회.
신영미(영교 81)	영어교육과 학회.
신용균(사학 79)	겨레사랑회, 현대철학회, 사학과 학회.
신정훈(신방 82)	유네스코 학생회, 신방과 학회, 겨사 언더, 현 극회의원.
신태식(교육 74)	민족이념연구회, 사회과학연구회.
심재철(서울대 영교 77)	농촌법학회, 1980년 서울대 총학생회장, 전 국회의원.
안강호(의학 82)	의료복지연구회.
안민재(성대 80)	1984년 페더 책임자.
안선덕(국문 80)	동민회, 국문과 학회.
안성주(신방 81)	현대철학회, 신방과 학회, 작고.
안순종(건축 82)	경제철학회.
안진석(의학 83)	현대철학회, 의과대 학생회.
안희대(정외 73)	한국학연구회, 작고.
안희식(사학 81)	인간학회.
안희정(철학 83)	현철 언더, 반미청년회.
양동주(철학 79)	인문학연구회.
양민성(철학 82)	철학과 학회.
양영수(통계 83)	통계학과 학회, 사연 언더.
양운덕(법학 80)	호박회, 철학 교수.
양윤석(영문 78)	고대 극회.
양창욱(사회 80)	겨레사랑회, 현대철학회, 사회학과 학회, 현 김두황추모사업회 회장.

양현모(통계 83)	통계학과 학회, 정경연 언더.
양 희(가교 82)	호박회.
어미숙(사학 80)	겨레사랑회, 현대철학회, 사학과 학회.
엄영재(국문 77)	국문과 학회, 전 양정고 교사.
엄주웅(경제 76)	겨레사랑회.
여경선(국문 83)	국문과 학회.
염태정(사학 77)	도산연구회.
예종영(정외 79)	겨레사랑회, 현대철학회.
오광혁(국문 83)	국문과 학회.
오동열(서울대 철학 80)	1984년 페더 책임자.
오동진(사학 82)	현대철학회.
오상석(경제 76)	겨레사랑회.
오세중(서울대 철학 77)	<전망> 팸플릿 공동집필.
오수용(법학 81)	사회과학연구회, 사연 언더, 현 제주대 로스쿨 교수.
오행선(사회 82)	사회학과 학회.
오현세(농학 80)	농촌사회연구회.
오 훈(사학 82)	사학과 학회.
우수홍(농학 81)	상록회, 농악대.
원성묵(철학 83)	사연 언더.
유구영(행정 76)	기독학생회, 작고.
유기홍(서울대 국사 77)	무림, <전망> 팸플릿 공동집필, 전 국회의원.
유병홍(경제 80)	스피치연구회.
유시민(서울대 경제 78)	농촌법학회, 1980년 대의원회 의장.
유양훈(철학 83)	철학과 학회.
유영주(국문 78)	문학연구회.
유인식(철학 82)	겨사 언더, 작고.
유재관(사학 81)	카톨릭학생회, 사학과 학회, 작고.
유재완(경제 78)	헤겔철학연구회, 인간학회.
유종수(독문 81)	독문과 학회.
유종승(영문 81) 경	제철학회(1983년 회장).
윤 경(통계 81)	고대불교학생회, 통계학과 학회.
윤경진(국문 80)	겨레사랑회, 현대철학회, 국문과 학회.
윤석암(신방 81)	민맥, 신방과 학회.
윤석인(서울대 종교 77)	1984년 페더 책임자.

윤석환(사학 77)	아카데미, 사학과 학회, 작고.
윤성혁(사회 80)	사회학과 학회.
윤영수(국문 83)	국문과 학회.
윤영철(독문 82)	경제철학회, 1984년 서클연합회장(1대).
윤종환(법학 77)	법률행정연구회.
윤지환(정외 82)	정외과 학회, 겨사 언더.
윤진성(국문 83)	국문과 학회.
윤철호(서울대 철학 80)	1983년 인문대 포스트.
윤형기(서울대 토목 77)	1980년 12.11 시위 주동.
윤형노(금속 78)	사회과학연구회.
이경미(독문 82)	독문과 학회.
이경우(경영 81)	불교학생회, 현철 언더.
이경재(법학 77)	겨레사랑회.
이규태(원예 78)	아카데미, 작고.
이규희(연대 법학 81)	1984년 학자추 위원장, 반독재민주화투쟁위원회(민투) 위원장.
이근수(사학 82)	기생 언더.
이기순(사학 81)	사학과 학회.
이길수(통계 83)	통계학과 학회.
이동석(경제 80)	경제학과 학회, 1982년 정경대 학생장.
이동진(영문 80)	민맥, 전 도봉구청장.
이만규(재료 81)	산업문제연구회, 고대과학회.
이명식(행정 76)	법률행정연구회.
이명옥(중문 81)	여성문제연구회, 중문과 학회.
이범재(국문 81)	문학연구회, 문정 언더, 현 사업가.
이병하(서강대 국문 81)	현대문학연구회, 1984년 학자추 위원장, 작고.
이상기(경제 82)	현대철학회.
이상률(사회 75)	청년문제연구회, 고전문제연구회, 겨레사랑회, 헤겔철학연구회, 인간학회.
이상민(사학 76)	1980 10.17 시위로 구속.
이상빈(영문 81)	아카데미, 영문과 학회, 고자추 문과대 위원.
이상수(전기 83)	호박회.
이상준(교육 74)	청년문제연구회, 동민회.
이상준(철학 83)	문학연구회, 고대 극회.
이상진(금속 75)	겨레사랑회, 산업문제연구회, 현 청우회 회장.
이상진(독문 81)	독문과 학회.

이상학(경제 77)	민족이념연구회, 사회과학연구회, 현 한국투명성기구 상임정책위원.
이상현(경영 79)	아카데미, 전 민노당 대변인, 현 사업가.
이상협(행정 81)	행정학과 학회, 작고.
이상희(독문 81)	독문과 학회.
이선근(서울대 경제 74)	아카데미, 전민학련 대표.
이선형(임학 79)	농촌사회연구회, 현 순창 귀농.
이성봉(경제 82)	사회과학연구회, 김영춘 총학 문화부장, 허인회 총학 부총학생회장.
이성헌(연세대 체교 81)	1983년 연대 학도호국단장.
이수봉(사회 81)	문학연구회.
이숙경(독문 82)	독문과 학회.
이순남(중문 83)	중문과 학회, 기생 언더.
이승환(경제 76)	겨레사랑회, 현대철학회, 겨사 언더, 1982~84년 페더 책임자.
이영동(농학 81)	상록회, 1984년 고자추 위원장.
이영미(국문 79)	문학연구회, 현 문화평론가.
이영복(행정 80)	법률행정연구회, 행정학과 학회, 작고.
이영숙(국교 83)	사연 언더.
이영순(사학 81)	사학과 학회, 전 민노당 국회의원.
이영훈(경제 81)	사회과학연구회, 고병헌 총학생장단 문화부장.
이완규(통계 82)	현대철학회, 겨사 언더.
이우관(사회 82)	사회학과 학회, 겨사 언더.
이운학(세종 중문 82)	1984년 문리대 학생회장.
이원국(교육 81)	석화회, 노래얼, 교육학과 학회.
이원욱(법대 82)	인연 언더, 법대 학회, 겨사 언더, 전 국회의원.
이원형(정외 82)	호박회.
이은주(통계 83)	통계학과 학회, 정경연 언더, 정경연 오픈.
이인옥(국문 82)	국문과 학회, 현 마산여대 교수.
이일영(행정 82)	행정과 학회, 현 사업.
이재구(사학 81)	사학과 학회.
이재권(신방 81)	스피치연구회, 신방과 학회, 1984년 민투학련 위원장.
이재선(사학 81)	카톨릭학생회.
이재정(독문 62)	기독학생회, 전 성공회대 총장, 전 통일부 장관.
이재헌(기계 81)	스피치연구회.
이재혁(사학 81)	현대철학회, 고대불교학생회, 작고.
이재현(사회 80)	사회학과 학회, 현 미국 거주.

이재현(철학 80)	인문학연구회(1982년 회장)
이재형(영문 80)	사회과학연구회, 사연 언더, 영문과 학회.
이재희(행정 83)	행정학과 학회.
이정배(경제 82)	경제학과 학회, 겨사 언더.
이정석(전기 80)	기독학생회.
이정우(서울대 공법 81)	1984년 총학생회장.
이정현(성대 경영 78)	휴머니스트.
이정환(국교 82)	국어교육과 학회, 고자추 사범대 위원.
이정훈(사학 82)	스피치연구회, 고대 삼민투 위원장.
이종규(경영 81)	사회과학연구회(1983년 회장).
이종일(전자 78)	산업문제연구회.
이종희(연대 사회 81)	청계피복노조합법성 쟁취 투쟁 페더 책임자.
이준철(영문 79)	헤겔철학연구회, 인간학회.
이창구(경제 79)	한국학연구회.
이천환(의학 82)	의료복지연구회, 의대 방송국, '호의령' 편집.
이철(의학 83)	의료복지연구회.
이충근(경영 81)	경영학과 학회, 현 연암학원 교수.
이태복(국민대 법학 70)	전민노련 대표, 전 보건복지부 장관.
이태주(영문 83)	영문과 학회, 작고.
이택봉(국교 82)	사회과학연구회, 2대 서클연합회 회장.
이해찬(서울대 사회 72)	1980년 복학생협의회 회장, 전 국무총리.
이형숙(교육 80)	겨레사랑회, 현대철학회, 교육학과 학회.
이혜자(생물 74)	기독학생회.
이호식(교육 80)	교육학과 학회, 현 캐나다 거주 한의사.
이호철(통계 83)	통계학과 학회.
이화실(신방 81)	신방과 학회.
이희경(사학 79)	동민회, 경제철학회, 현 문탁네트워크 대표.
임동익(통계 81)	통계학과 학회.
임명규(정외 82)	정외과 학회.
임선수(경제 81)	사회과학연구회, 경제학과 학회, 정경대 편집부, 현 사업가.
임승현(원예 80)	민속학연구회, 현 노무사.
임용우(전자 83)	고대과학회.
임의영(행정 82)	행정학과 학회, 현 강원대 교학부총장.
임종명(사학 82)	인문학연구회, 인연 언더, 겨사 언더, 현 전남대 교수.

임진수(철학 82)	인문학연구회(1984년).
임진희(세종 국문 82)	탈반, 1984년 고자추 위원.
임태경(국문 83)	국문과 학회
임현주(정외 80)	여성문제연구회, 현 파주신문 발행인.
장동환(사회 82)	사회학과 학회.
장미희(가교 79)	여성문제연구회.
장용수(국문 81)	국문과 학회, 고병헌 총학생장단 학술부장, 작고.
장창원(체교 78)	김영춘 총학 체육부장, 허인회 총학 체육부장, 현 오산 외국인노동자 사목.
장하운(사회 78)	민맥.
장 현(수교 77)	1983년 학도호국단장.
전문규(국교 82)	인문학연구회, 석화회, 겨사 언더, 현 연신내 유월식당 운영.
전 성(정외 77)	겨레사랑회, 현 변호사.
전용철(체교 80)	기독학생회.
전익표(경영 80)	고대불교학생회.
정경연(정외 75)	민맥, 현 인덕원 맑은손지압힐링센터 운영.
정기욱(영문 81)	인간학회.
정기남(교육 83)	문화비평연구회, 1985년 서클연합회 회장.
정덕수(재료 81)	산업문제연구회, 정경연 언더, 현 파주농장 운영.
정명섭(통계 81)	고대불교학생회, 사노맹 위원.
정미례(사학 81)	인문학연구회.
정미숙(국문 83)	국문과 학회.
정범모(신방 82)	고대불교학생회, 사연 언더.
정쌍은(농학 77)	겨레사랑연구회, 농촌사회연구회, 현 거창 귀농.
정연주(가교 81)	고대불교학생회, 고자추 진상조사부장.
정영숙(불문 76)	여성문제연구회.
정영현(독문 82)	독문과 학회.
정용찬(통계 82)	통계학과 학회.
정용화(영문 81)	스피치연구회.
정운봉(세종 경제 83)	농악대.
정인길(교육 79)	동민회, 교육학과 학회.
정재호(행정 83)	행정학과 학회, 전 국회의원.
정종갑(중문 82)	인간학회(1984년 회장).
정종원(사학 82)	농촌사회연구회, 사학과 학회, 정경연 언더.
정진만(신방 83)	겨사 언더.

정창윤(법학 82)	정경연 언더.
정택주(노문 80)	노문과 학회.
조경재(경제 81)	경제학과 학회.
조경현(사회 81)	인문학연구회, 인연 언더, 겨사 언더.
조광연(통계 82)	통계학과 학회.
조만희(교육 82)	교육학과 학회, 문사 언더, 겨사 언더.
조석현(법학 79)	사회과학연구회, 작고.
조선희(사학 81)	민맥, 사학과 학회.
조성우(행정 68)	청년문제연구회, 겨레사랑회, 작고.
조성우(농학 75)	기독학생회.
조성칠(세종 중문 80)	탈반.
조승현(법학 83)	고대 극회, 법학과 학회, 현 법대 교수.
조영부(산공 78)	기독학생회, 산업문제연구회.
조중래(영문 82)	석화회, 노래얼.
조진우(사회 82)	인연 언더, 겨사 언더.
조향숙(국문 83)	국문과 학회.
조 혁(노문 82)	노문과 학회, 문정 언더, 반미청년회.
조현모(영문 82)	농악대, 영문과 학회.
조혜련(사학 82)	사학과 학회.
주 덕(통계 82)	통계학과 학회, 정경연 언더, 정경연 오픈.
주봉환(정외 82)	기생 언더.
주수홍(임학 78)	민속학연구회, 고대 극회.
주은경(교육 79)	겨레사랑회, 현대철학회(1982년 회장).
주재환(정외 80)	한국학연구회, 정외과 학회(1982년 학회장).
지민규(국교 82)	응원부, 국어교육과 학회.
진남근(경제 81)	경제학과 학회, 고병헌 총학생장단 총무부장.
진병기(사학 83)	사학과 학회, 현철 언더.
진창원(법학 80)	법률행정연구회, 법대 학회(1982년 학회장), 전 삼성전자 노조위원장.
진현철(철학 81)	호박회, 기독학생회(1983년 회장).
차명진(서울대 철학 79)	1980년 청계피복 야학.
천상만(행정 75)	기독학생회.
천호선(연대 사회 80))	1982~83년 페더 책임자.
최광범(국교 80)	민맥, 전 전교조 교사.
최권섭(세종 물리 82)	탈반.

최규섭(사학 82)	문학연구회, 문정 언더.
최규엽(독문 74)	민족이념연구회, 사회과학연구회.
최근호(화학공 80)	한국학연구회.
최낙문(교육 81)	교육학과 학회.
최남기(경영 79)	동민회, 경제철학회, 경영학과 학회, 현 캐나다 거주.
최대현(의학 82)	의료복지연구회, 사연 언더.
최도영(심리 84)	심리학과 학회.
최복천(사회 81)	호박회.
최봉영(철학 73)	1980년 10.17 시위 주동.
최상재(정외 81)	정외과 학회, 김영춘 총학 총무부장, 전 전국언론노조 위원장.
최세자(영문 81)	문학연구회, 영문과 학회.
최쌍호(경제 82)	기독학생회(1984년 회장).
최영순(사학 81)	사학과 학회. 1984년 문과대 학생장.
최용석(신방 84)	신방과 학회, 사연 언더.
최우영(건축 82)	민속학연구회, 겨사 언더, 허인회 총학 기획부장.
최은석(국문 81)	문학연구회, 국문과 학회.
최은숙(국문 82)	국문과 학회.
최은열(법학 83)	겨사 언더.
최이순(국문 85)	국문과 학회, 문사 언더, 현 동해시 시의원.
최장원(사학 81)	사학과 학회.
최재원(성대 무역 81)	1984년 학자추 위원장.
최재진(영문 82)	영문과 학회.
최종길(국문 77)	문학연구회.
최창환(경제 81)	사회과학연구회, 경제학과 학회.
최청수(금속 78)	스피치연구회, 현 간디서원 출판사 대표.
최호영(심리 81)	심리학과 학회.
최 훈(국교 84)	고대 극회.
최희송(경영 82)	경제철학회.
표신중(산공 76)	고대극회.
하재준(경영 83)	겨사 언더.
하채희(사대 83)	겨사 언더, 작고.
하태규(정외 83)	정외과 학회.
하행민(경영 80)	경영문제연구회, 경영학과 학회.
한경남(정외 68)	민족이념연구회, 사회과학연구회, 작고.

한덕승(철학 82)	스피치연구회, 철학과 학회, 기생 언더.
한상혁(법학 81)	스피치연구회, 전 방통위원장, 현 변호사.
한상현(수교 82)	현대철학회, 수학교육과 학회, 현 교장선생.
한선모(중문 80)	한국학연구회, 경제철학회, 중문과 학회, 작고.
한영란(철학 83)	철학과 학회.
함범찬(국문 82)	기독학생회, 국문과 학회, 1984년 문과대 학생회장
함진숙(중문 82)	중문과 학회.
허 걸(산공 83)	사연 언더.
허 경(지질 82)	1984년 이과대 학생회장.
허인회(정외 82)	정외과 학회, 겨사 언더, 제18대 총학생회장.
허재창(경영 81)	경영학과 학회, 현 중국 무역.
현종웅(전자 82)	1984년 공대 학생회장.
홍기석(사학 84)	문사 언더.
홍기원(재료 80)	동민회, 경제철학회, 현 김두황추모사업회 총무.
홍상태(전자 78)	산업문제연구회.
홍순우(중문 76)	겨레사랑회, 현대철학회.
홍의락(농경 74)	청년문제연구회, 동민회, 전 국회의원.
홍진관(교육 82)	교육학과 학회, 사연 언더.
황규식(사학 82)	사회과학연구회, 인연 언더, 겨사 언더, 현 노무사.
황덕명(교육 82)	교육학과 학회, 1984~85년 사범대 학생회장.
황인철(법학 81)	스피치연구회, 법대 학회, 겨사 언더.
황일민(사회 83)	기생 언더, 김윤태 총학 기획부장.
황재준(국문 82)	기독학생회, 국문과 학회, 허인회 총학생회 총무부장.
황정산(불문 78)	문학연구회.
황정옥(사회 82)	사회학과 학회.
황준영(경영 81)	경영학과 학회, 1983년 경영대 학생장, 미국 시애틀 거주.

80년대 고대 학생운동사 ❶
학우여, 핏빛 광주의 부름을 기억하라!

초판 1쇄 발행 2025년 10월 13일

지은이 홍기원
펴낸이 권무혁
펴낸곳 어나더북스 another books
기획·마케팅 강순기, 최영준
디자인 김미언
인쇄 및 제본 비전프린팅
출판등록 2019년 11월 5일 제 2019-000299호
주소 (04029) 서울 마포구 월드컵로8길 49-5 204호(서교동)
대표번호 02-335-2260
이메일 km6512@hanmail.net

© 홍기원, 2025

ISBN 979-11-93539-11-8 (04300)
ISBN 979-11-93539-10-1 (세트)

* 이 책은 고려대학교 민주동우회가 기록화 사업의 일환으로 기획·추진한 아이템이고, 저술 비용을 지원했습니다.
* 이 책에 표시하지 않은 사진 자료의 출처는 모두 고대신문입니다.
* 책값은 뒤표지에 있습니다.
* 이 책 내용의 일부 혹은 전부를 재사용하려면 반드시 어나더북스의 동의를 구해야 합니다.
* 잘못 만들어진 책은 구입하신 서점에서 교환할 수 있습니다.